徐克勤院士（1907—2002）

1907年出生于安徽巢县，我国著名地质学家、矿床学家、地质教育家，中国科学院院士。1934年毕业于中央大学地质系，同年进入地质调查所工作，主攻钨矿地质，并成为该领域的学术权威。1939年赴美国明尼苏达大学留学，1944年获博士学位。1945年回国任中央地质调查所技正。1946年应聘担任中央大学地质系教授，1947年起任中央大学地质系主任。

长期从事矿床地质及相关学科的教学、科研工作和找矿实践，取得了一系列杰出成就。1947年在湖南瑶岗仙发现夕卡岩型白钨矿床；新中国成立初期发现安徽凤凰山铜矿、马山硫铁矿以及南京岔路口硫铁矿；1954年在攀枝花铁矿调查，确定了矿床特征、成因及其规模；1957年在赣南发现加里东期花岗岩，揭开了华南花岗岩及成矿关系研究的序幕，该项研究于1982年获得国家自然科学奖二等奖；自1973年起开展华南断裂拗陷带内某些沉积-热液叠加改造型铁铜矿床的研究，研究成果于1987年获国家自然科学奖三等奖。

在中央大学、南京大学执教半个多世纪，培养了大批优秀地质人才，为我国地质教育事业做出了重大贡献。

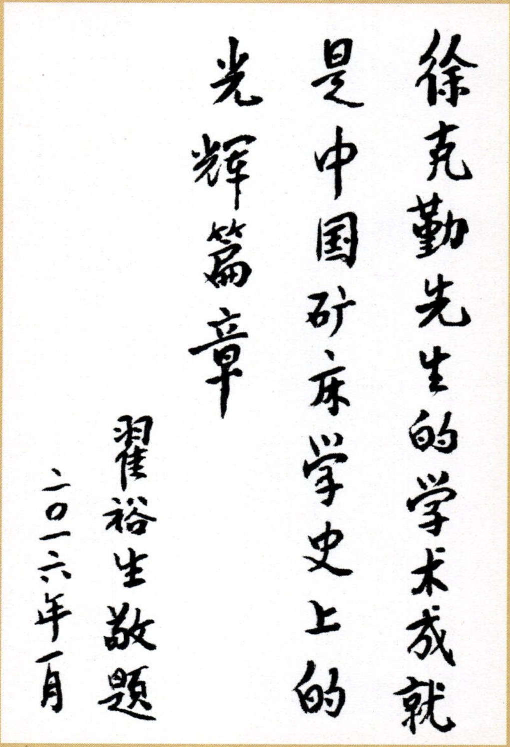

徐克勤先生的学术成就
是中国矿床学史上的
光辉篇章

翟裕生敬题
二〇一六年一月

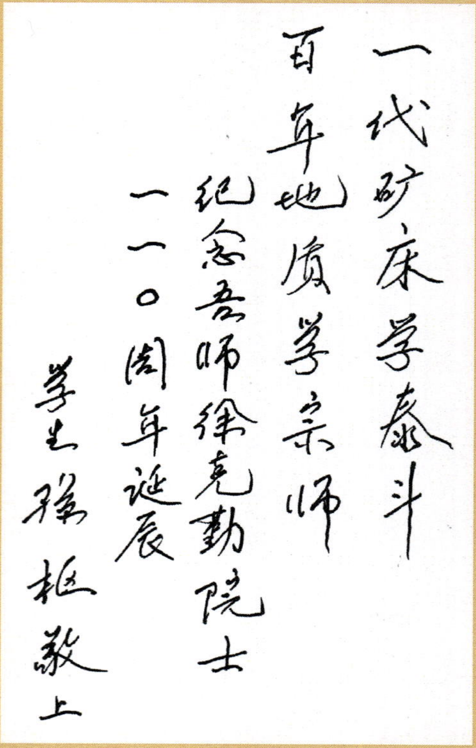

一代矿床学泰斗
百年地质学宗师

纪念吾师徐克勤院士
一一〇周年诞辰

学生孙枢敬上

给徐克勤院士的题词

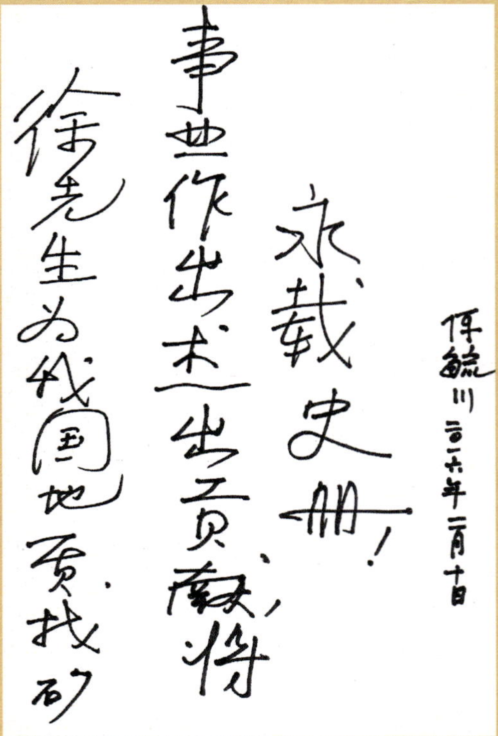
徐先生为我国地质找矿事业作出杰出贡献，将永载史册！

陈毓川 二〇一六年一月十日

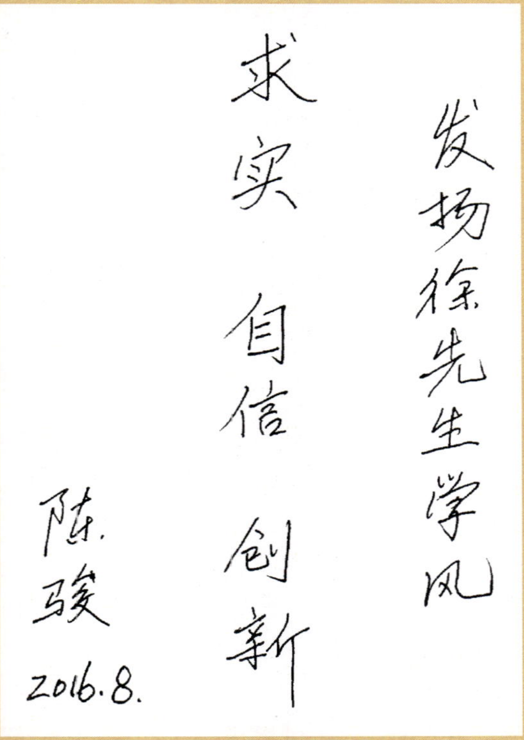
发扬徐先生学风

求实 自信 创新

陈骏

2016.8.

给徐克勤院士的题词

① 1936年7月，中央地质调查所所长翁文灏和同事与美国土壤学家梭颇夫妇合影，徐克勤（左三）、熊毅（左四）、黄汲清（左八）、尹赞勋（左九）、梭颇（左十二）、梭颇夫人（左十三）、翁文灏（左十五）（南京地质博物馆供稿）

② 20世纪40年代，徐克勤在美国留学时留影

③ 20世纪60年代初，徐克勤（前排左二）和李学清（前排左三）、张祖还（前排左四）等南京大学地质系同事在一起

④ 20世纪60年代，徐克勤（右二）、孙鼐（左一）、王德滋（右一）、胡受奚（右三）等考察苏州花岗岩

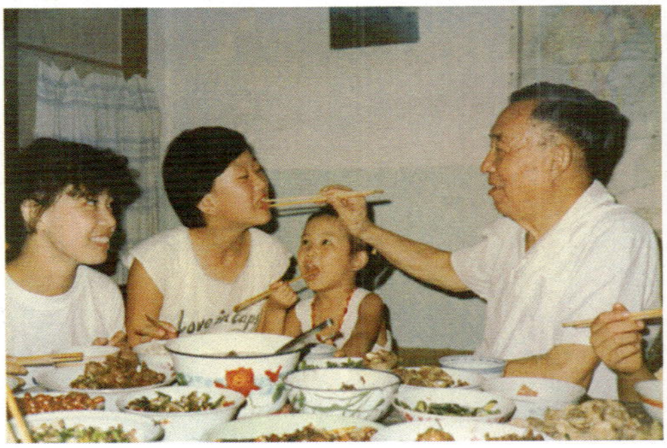

① 1965年，徐克勤全家人合影。前排左起：妻弟、岳母、夫人、徐克勤
② 1965年，徐克勤（左三）和张祖还（左二）、胡受奚（左一）等同事在一起
③ 1972年，徐克勤与外孙女们在一起
④ 1979年，徐克勤（中）与刘英俊（左三）访问中国科学院地球化学研究所
⑤ 徐克勤与他的孙辈们
⑥ 1981年，徐克勤（后排中）与南京大学地质系矿床教研室教师合影

①	②
③	④
⑤	⑥
⑦	⑧

① 1983年，徐克勤（后排中）在云南个旧与南京大学校友合影

② 1983年11月，徐克勤在泰国清迈IGCP220项目筹备会议上讲话

③ 1984年，徐克勤等参观亚利桑那大学地质博物馆，左起：华仁民、陈克荣、徐克勤、李兆鼐、Cox、尚如相、Schmitt

④ 1985年，徐克勤（左二）接待英国帝国理工大学Halls教授

⑤ 1985年秋，徐克勤（左三）与美国地质调查局合作科研人员在南京明孝陵

⑥ 1986年，徐克勤在澳大利亚野外考察

⑦ 1987年，徐克勤（左五）与国内同行在IGCP220项目桂林会议时合影

⑧ 1989年，徐克勤（中）与张祖还（左）、俞剑华（右）在庐山野外考察

① ② ③ ④ ⑤

①1990年，徐克勤在北京出席地学部院士会议期间，虽年事已高，仍辛勤工作

②1992年，徐克勤在家中书房

③1993年，徐克勤（中）与刘宝珺（左一）、常印佛（右一）在新疆

④ 1993年，徐克勤（左五）与参加金矿重大项目的翟裕生（左三）、涂光炽（左六）等评审专家在南京

⑤1994年，徐克勤与矿床-地球化学国家重点学科骨干教师在一起

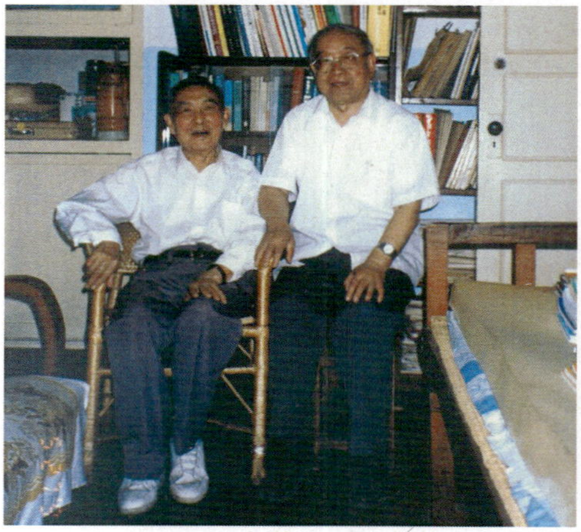

① 1995年，《高校地质学报》首届正、副主编合影。自左至右依次为：杨树锋、张国伟、王奎仁、王德滋、徐克勤、刘瑞珣、莫宣学、卢华复

② 1996年8月在北京第三十届国际地质大会期间与部分校友会面，前排自左至右依次为：施央申、王德滋、徐克勤、郭令智、夏邦栋

③ 1998年，王德滋探望徐克勤时合影

④ 南京大学为徐克勤90岁寿辰祝寿。左起：蒋树声、陈云棠、徐克勤、徐克勤夫人、郭广银

⑤ 徐克勤恢复工作后与南京大学地质系党政班子成员在一起

⑥ 2002年6月，徐克勤已是95岁高龄

⑦ 徐克勤院士（摄于1981年）

谨以此书

纪念徐克勤先生110周年诞辰

科学与人生
中国科学院院士传记

徐克勤传

华仁民／著

科学出版社
北京

图书在版编目 (CIP) 数据

徐克勤传 / 华仁民著 . —北京：科学出版社，2017.2
（科学与人生：中国科学院院士传记）
ISBN 978-7-03-050603-0

Ⅰ . ①徐…　Ⅱ . ①华…　Ⅲ . ①徐克勤（1907—2002）- 传记
Ⅳ . ① K826.14

中国版本图书馆 CIP 数据核字（2016）第 271112 号

丛书策划：胡升华　侯俊琳
责任编辑：张　莉　刘文杰 / 责任校对：李　影
责任印制：徐晓晨 / 封面设计：黄华斌　陈　敬
编辑部电话：010-64035853
E-mail:houjunlin@mail. sciencep.com

科学出版社出版
北京东黄城根北街 16 号
邮政编码：100717
http://www.sciencep.com

北京虎彩文化传播有限公司印刷
科学出版社发行　各地新华书店经销
*
2017 年 2 月第　一　版　开本：720 × 1000　1/16
2019 年 1 月第四次印刷　印张：15 3/4　插页：4
字数：250 000

定价：68.00 元

（如有印装质量问题，我社负责调换）

总序

中国科学院学部科普和出版工作委员会决定组织出版《科学与人生：中国科学院院士传记》丛书，这是一件很有意义的文化工程。首批入传的22位院士都是由各学部常委会认真遴选推荐的。他们中有学科领域的奠基者和开拓者，有做出过重大科学成就的著名科学家，也有毕生在专门学科领域默默耕耘的一流学者。每一部传记，既是中国科学家探索科学真理、勇攀科学高峰的真实情景再现，又是他们追求科学强国、科教兴国的一部生动的爱国主义教材。丛书注重思想性、科学性与可读性相统一，以翔实、准确的史料为依据，多侧面、多角度、客观真实地再现院士的科学人生。相信广大读者一定能够从这套丛书中汲取宝贵的精神营养，获得有益的感悟、借鉴和启迪。

中国科学院学部成立于1955年，经过50多年的发展，共选举院士千余人，荟萃了几代科学精英。他们中有中国近代科学的奠基人，新中国的主要学科领域的开拓者，也有今天我国科技领域的领军人物，他们在中国的各个历史时期为科学技术的发展做出了历史性的贡献。“五四”新文化运动以来，一批中国知识精英走上了科学救国的道路，他们在政治动荡、战乱连绵的艰难岁月里，在中国播下了科学的火种，推动中国科技开始了建制化发展的历程。新中国成立后，大批优秀科学家毅然选择留在大陆，一批海外学子纷纷回到祖国，在中国共产党的领导下，开创了中国科学技术发展的新篇章。广大院士团结我国科技工作者，发扬爱国奉献、顽强拼搏、团结合作、开拓创新的精神，勇攀世界科技高峰，创造了举世瞩目的科技成就，为增强我国综合国力、提升自主创新能力做出了重要贡献，为国家赢得了荣誉。他们的奋斗历程，是中国科学技术发展的历史缩影；他们的科学人生，是中华民族追求现代化的集中写照。

当今世界，科学技术已成为支撑、引领经济社会发展的主要动力和人类文明进步的主要基石。广大院士不仅是科学技术发展的开拓者，同时也是先进文化的传播者，在承担科技研究工作重任的同时，还承担着向全社会传播科学知识、科学方法、科学思想、科学精神的社会责任。希望这套丛书的出版能够使我国公众走近科学、了解科学、支持科学，为全民族科学素养的提高和良好社会风尚的形成做出应有的贡献。

科学技术本质是创新，科技事业需要后继有人。广大院士作为优秀的科技工作者，建设并领导了一个个优秀的科技创新团队；作为教育工作者，诲人不倦，桃李满天下。他们甘当人梯、提携后学的精神已成为我国科技界的光荣传统。希望这套丛书能够为广大青年提供有益的人生教材，帮助他们吸取院士们追求真理、严谨治学的科学精神与方法，领悟爱国奉献、造福人民的科技价值观和人生观，激励更多的有志青年献身科学。

记述院士投身我国科学技术事业的历程和做出的贡献，不仅可为研究我国近现代科学发展史提供生动翔实的新史料，而且对发掘几代献身科学的中国知识分子的精神文化财富具有重要意义。希望《科学与人生：中国科学院院士传记》丛书能够成为广大读者喜爱的高品位文化读物，并以此为我国先进文化的发展做出一份特有的贡献。

是为序。

路甬祥

2010 年 3 月

序

2017年是徐克勤先生诞辰110周年。徐克勤先生是我的恩师，是我从事地质教学与科研的引路人。虽然徐克勤先生已经离我们远去多年，但是他的音容笑貌仍然时常浮现在我们的眼前，我们将永远怀念这位杰出的矿床地质学家和地质教育家。

徐克勤先生于1934年毕业于南京大学的前身——中央大学地质系，同年进入地质调查所从事矿产资源调查和矿床地质研究。他于1939年赴美国留学，先后获得明尼苏达大学硕士和博士学位，1945年回国后继续在中央地质调查所工作，1946年被中央大学聘为地质系教授，1947年起担任地质系系主任。新中国成立后，中央大学更名为南京大学，徐克勤先生继续担任南京大学地质系系主任，直至1984年卸任。

徐克勤先生在地质科学的许多领域都有重要建树和突出贡献，尤其在华南钨矿地质、华南花岗岩及其成矿作用、沉积-后期热液叠加成矿等方面取得了开创性的、具有重大影响的研究成果。他在湖南瑶岗仙发现了我国第一个夕卡岩型白钨矿床。他在江西南康龙回和上犹陡水两地首次发现了加里东期的花岗岩类，并组织、领导了华南多时代花岗岩成因及其与成矿作用关系的综合研究。他提出的“改造型”“同熔型”的花岗岩成因分类方案受到国内外的广泛重视和认可。他领导、主持的科研成果曾获得国家自然科学奖二等奖、国家自然科学奖三等奖、全国科学大会奖、教育部科学技术进步奖一等奖等多项奖励。他本人还获得1995年何梁何利基金科学与技术进步奖。

徐克勤先生长期担任中央大学、南京大学的地质系系主任，培养了数以千计的地质人才，为我国地质教育事业做出了巨大贡献。而且，正是徐克勤先生的远见卓识和长期不懈努力，激发了全系教职员工的巨大热情，使得南京大学地质系成绩斐然，声名鹊起，赢得了极高的声誉，奠定了它在国内地质教育界领先的学术地位。

因此，将徐克勤先生的生平、研究成果、贡献以及学术思想完整地表述出来，是我们南京大学地质人责无旁贷的一件事情。而且，随着时间的流逝，了解和熟悉徐克勤先生的人会越来越少。因此，这又是一件刻不容缓的事情。

该书作者华仁民，是徐克勤先生培养的博士，他毅然承担起这一光荣而又艰巨的任务。从2014年开始酝酿，在近三年的时间里，他北上北京，南抵广州，东访上海、杭州，西赴贵阳，先后采访了六十多位曾经与徐克勤先生相识、共事，或者受过他教育、指导、影响的人，通过“口述历史”，积累点点滴滴的实际素材，在此基础上，用流畅的文笔，生动的语言，写成这本《徐克勤传》，详尽地记录了徐克勤先生的生活历程和学术成就，向读者全方位地展现了这位优秀地质科学家的真实人生。

该书除了对徐克勤先生进行了详细的记录和描述外，还对近一个世纪以来南京大学地质学科的发展与变迁，以及它在我国地质科学研究、地质人才培养中的地位和贡献作了相应的阐述。徐克勤先生所处的时代，也正是我国地质事业从无到有、不断发展的时代。因此，该书在记述徐克勤先生个人经历的同时，也从一个侧面反映了在那些不平凡的岁月里，中国地质学界尤其是矿床地质学界的奋斗、成长与进步的历史。

该书即将付梓，我向作者表示祝贺，也乐于向读者大力推荐。

是为序。

王德滋

2016年10月8日

徐克勤传

目　录

第五章　应聘中央大学　投身教育

第六章　新中国成立初期努力工作

第七章　言传身教　培养人才

第八章　华南花岗岩研究（一）

第九章　华南花岗岩研究（二）

第十章　在“文化大革命”的日子里

第十一章　开启叠加成矿作用研究

第一章

农家之子初成才

一、巢湖边上的农家少年

我国著名地质学家、矿床学家、地质教育家，南京大学教授、博士生导师，中国科学院院士徐克勤先生，1907 年 3 月 15 日出生于安徽省巢县炯炀河镇军徐村，于 2002 年 12 月 19 日在南京逝世，享年 95 岁。

巢县，因其位于巢湖边上而得名。巢湖位于安徽省中部，地处长江与淮河两大河流之间，面积约 800 平方公里，号称我国五大淡水湖之一。巢湖地区属亚热带季风气候区，四季分明，气候温和，光照充足，雨量丰富，无霜期长，且低山丘陵、岗地、圩畈平原、湿地等各类土地类型兼备，农作物适种性广。巢湖地区盛产大米、油料、棉花、蔬菜、家禽及水产品，因此也可算得上是“鱼米之乡”。巢湖中产出的银鱼、白米虾、螃蟹被称为“巢湖三珍”，在皖中享有盛誉。

据说，巢湖地区是中华民族最早形成并堪称第一的氏族部落“有巢氏部落”早期的生息繁衍之地。有巢氏开发巢湖流域的渔、牧、农、商诸业，并迅速发展与壮大，在夏代之前便形成了自己的氏族国家——有巢国（简称巢国）。夏王朝时期，中原人以地理方位称他们为“南巢氏”（简称“南巢”）。大约在公元前 1766 年，商汤打败了夏朝的最后一位暴君夏桀，夏桀逃往南巢避难，南巢同意接纳夏桀，并以此为条件与商汤订立协议，开始了南巢国与商王朝南北分疆而治的局面。春秋时期，相邻的吴、楚两国相继强盛，位处“吴头楚尾”的巢国便长期成为吴、楚的掠夺对象和交兵战场，并最终在公元前 518 年被吴国所灭。秦始皇统一中国后，开始在该地设县。至唐代武德七年（公元 624 年），“巢县”首次成为县名，并延续了一千多年之久。

1949年，安徽省人民政府设置巢湖专区，辖1市6县，驻专署于巢县。1984 年 1 月，巢县改成县级巢湖市。1999 年 7 月，安徽省设立地级巢湖市，将原来的县级巢湖市改称为居巢区。2011 年 8 月，地级巢湖市又被撤销，其下属的某些区、县分别划归合肥、芜湖、马鞍山三市管辖，而居巢区仍改回原来的名称巢湖市，不过它已经变成了在省会合肥市管理下的一个县级市。因此其全名是“安徽省合肥市巢湖市”。至此，当年的“巢县”这一地理名称已不复存在。

巢县一地也出了几位中国现代史上的知名人士。徐克勤故居炯炀河镇军徐村的东偏北方向约 4 公里处，坐落着中国共产党特殊战线负责人李克农将军的故居；在军徐村的西偏北约 6 公里，有国民党著名将领张治中的故居；而在炯炀河镇以东约 20 公里，则有民国时期著名军阀冯玉祥将军的故居。所以，巢县或巢湖市一向都以“三将之乡”而引以为豪。

徐克勤有据可考的祖辈们一直居住在巢县炯炀河镇军徐村。据说，这个只有几十户人家的小村庄是明初开国大将中山王徐达派子弟兵运送军粮的兵站之一，所以后人就称之为军徐村，村里居民的姓氏以徐姓为主。徐克勤幼时曾听说自己也是徐达的第若干代后人，但是惜无家谱可以考证。20 世纪初，军徐村在行政上隶属于巢县的炯炀河镇，该镇西距巢县县城约 30 公里，而军徐村则位于炯炀河镇西南约 5 公里处，所以军徐村交通不便，较为闭塞，村民主要以务农为生。

徐克勤的祖上世代务农，在当地可算得上是个殷实人家。徐家除了在军徐村有自己耕种的土地外，还在合肥市的西郊购置了一块田地，专门出租给别人耕种，收取租金。但是，由于徐克勤的祖父不善经营，加之染上了抽大烟的恶习，导致家道日渐式微。幸亏出身于中医家庭的祖母既识字明理，又贤惠能干，由于她的勤俭持家，徐家才免于破败没落。不过，到了徐克勤父亲这一辈，徐家已经失去了昔日的风光，只是一个极普通的农民家庭了。徐克勤的父亲徐道璋，继承家业，继续务农；母亲徐祖氏，是炯炀河镇一个菜农之女。在徐克勤出生之前，徐道璋夫妻已生育了两女一男共 3 个子女，家境已是日趋贫困。

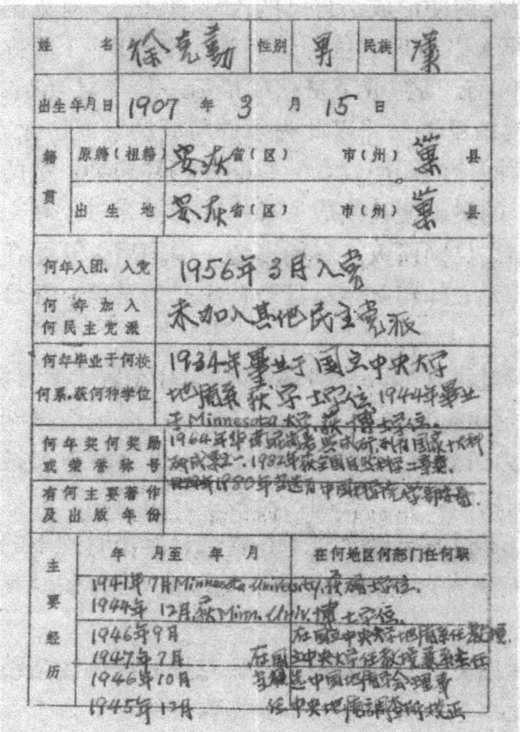

姓名	徐克勤	性别	男	民族	汉
出生年月日	1907 年 3 月 15 日				
籍贯 原籍（祖籍）	安徽省（区） 市（州） 巢县				
籍贯 出生地	安徽省（区） 市（州） 巢县				
何年入团、入党	1956年3月入党				
何年加入何民主党派	未加入其他民主党派				
何年毕业于何校何系、获何种学位	1934年毕业于国立中央大学地质系获学士学位，1944年毕业于Minnesota大学，获博士学位。				
何年获何奖励或荣誉称号	1964年华南[illegible]研究所[illegible]国家十大[illegible]之一，1982年获全国自然科学二等奖。[illegible]1980年当选为中国科学院学部委员。				
有何主要著作及出版年份					

主要经历 年 月至 年 月	在何地区何部门任何职
1941年7月 Minnesota University，获硕士学位。	
1944年12月获 Minn. Univ. 博士学位。	
1946年9月 1947年7月	在国立中央大学地质系任教授，在国立中央大学任教授兼系主任
1946年10月	当选中国地质学会理事
1945年12月	任中央地质调查所技正

徐克勤填写的个人信息登记表

1907 年 3 月 15 日，徐克勤出生了。徐克勤出生的这一天恰逢农历二月初二，是一个被称为“龙抬头”的日子，也是我国农村的一个传统节日。此时，阳气回升，大地解冻，春天来临了，春耕也将开始，所以一些地方的农民把这一天称为“春耕节”“农事节”。对于中国的普通农民家庭来说，每一个男孩的降生都是这个家庭的新希望，徐道璋也指望着徐克勤能给自己这个日趋贫困的家庭带来好运。由于世代务农，徐道璋在按辈分排序为儿子取名克勤的同时，还为其取号“志农”，意在让他勤恳务农，振兴家业。

1912 年徐克勤 5 岁那年，父亲徐道璋因重病不治而去世，弥留之际想到家道衰落，自己没有给孤儿寡母留下什么财富，不禁悲从中来；同时他也感悟到务农或许不是一条好的出路。于是，他在伤心之余立下遗嘱，明确要求妻子徐祖氏不论家道多么艰难，一定要让两个儿子多读书，求上进，以此来改变命运，重振家道。

徐克勤的父亲去世后，全家内外事务都由母亲徐祖氏辛苦操劳。随着两个姐姐逐渐长大，可以协助母亲操持农事及家务，而徐克勤和哥哥徐克家二人则因父亲临终之嘱而得以进私塾上学。徐道璋去世时徐家尚有薄田五亩[①]，靠种植棉粮蔬菜及养蚕养猪等为生；另有合肥西乡出租给他人的部分土地，每年能收取若干租金。但是由于家里缺乏青壮年劳动力，又要供两个男孩读书，所以终究入不敷出，经济状况每况愈下。因此，哥哥徐克家中途辍学，开始帮助家里干农活。到了 1931 年，因为要偿还高利贷，又要供徐克勤上学，所以徐家只好分两次把合肥西乡的土地全部卖出。就连祖上传下来的老宅，也因为经济拮据而卖掉了一大部分，只剩下最北面的一进留给自己一家人居住。

2014 年 5 月，笔者在徐克勤长女徐晓蜀和次子徐晓山的带领下，寻访徐克勤的故居。从巢湖市区向西南行驶，很快就到达了巢湖的北岸。巢湖湖面一望无边，烟波浩渺。巢湖北堤的滨湖大道是新修建的景观大道，不仅平坦宽阔，而且花木扶疏，景色秀丽。沿滨湖大道一直向西行驶约20公里后，向右转入X100县道，再转入一条叫作“建华路”的乡间小路，很快便到了军徐村。

目前，军徐村已不属于烔炀河镇而改属黄麓镇管辖。我们所见的徐克勤故居，只是原来徐家老宅最后面（北面）一进的一排 3 间房子，因此门是朝西开的，大门上挂着“军徐村 43 号”的门牌号码，门顶上还留着一条不知何时贴的红纸横批，用隶书写着从左从右都能读得通的“门盈喜气喜盈门”七个字。

① 1 亩≈ 666.67 平方米。

徐克勤故居正门

徐克勤长女徐晓蜀和次子徐晓山在徐克勤故居堂屋门前

徐克勤的故居因为长期无人居住和照料，所以相当破败。从大门进去是一个很小的天井，有坐北朝南的三间正房，房子东边则是一个很小的园子。三间房的中间是堂屋，屋里正中靠墙安放的是那时每户农家必有的一张长条供桌。此外，还有一张破旧的方桌、一把藤椅和几条长凳。堂屋两边各有一间不大的厢房，里面还保留着一些老式木床、写字台和梳妆台等家具。东边的厢房上面还有低矮的阁楼。

徐家故居的局促和破旧，实在出乎笔者之预料。只有大门上那锈蚀的铁护门和锁环，以及堂屋窗户上规整完好的木窗棂，能隐约显示出这户人家曾经的殷实和富足。

东侧的园子显然荒芜已久，里面杂草丛生，园子正中间的一个小花坛上也长满了野草。据说以前园子里有一棵高大的柏树，现在已经不见踪影。唯一给这个园子带来一丝活力的是院墙旁边的一株石榴树，虽经历多年的风雨，却依然枝叶繁茂，那橙红色的石榴花正在初夏的阳光下怒放，在满园杂草的衬托下显得格外娇艳。

二、就读巢县明强小学

徐克勤小时候聪颖过人，而且也确实喜欢做农事，从小就愿意帮助母亲和姐姐下田劳作。因此，邻居和亲友都曾经建议徐克勤母亲让他在家学着种地、算账，说他或许将来会是干农活的一把好手，从而能成为家里的顶梁柱。但是徐克勤的母亲执意要秉承亡夫遗愿，不顾家境困难，坚持把徐克勤送到私塾学馆去上学。徐克勤的私塾老师名叫徐庚山，据说是当地一位秀才，也是徐克勤的同门叔辈。在私塾学习的数年间，徐克勤熟读了《论语》《孟子》《大学》《中庸》《春秋》等“四书”“五经”，以及《古文观止》《唐诗三百首》等。由于他勤奋好学，成绩优秀，所以深得老师喜爱。

但是，徐克勤那时毕竟年幼任性，也比较淘气贪玩，所以常常和同学们一起做出一些调皮捣蛋的事情，给这位私塾老师制造一点麻烦。例如，农家人对肥料十分看重，而人的大小便又是很好的肥料，所以这位老师在给十几个小孩教书的同时，特地要求他们在他家的厕所大小便，不许回家上厕所。可是这些调皮的农家子弟却不听他的，他们发现厕所附近的墙角有一堆碎瓦片，于是就在瓦片上解大便，然后连同瓦片一起扔到墙外去，放学后再捡回自己家。

有一次，徐庚山有事要临时离开私塾，便给学生留下一大堆作业，防止他们无事做捣乱。可是徐克勤很快就完成了作业，见老师尚未回来，便偷偷溜到旁边的小河里去摸鱼了。徐庚山回来后，立刻叫人把徐克勤抓回来惩罚。徐克勤则辩解说自己是完成了作业才去玩的。徐庚山见徐克勤还敢犟嘴，勃然大怒，便上去扭徐克勤的嘴。这一次受罚给徐克勤留下了较为深刻的印象。

徐庚山病故后，徐克勤经人介绍到巢县县城里的明强小学读高小。1922年春，徐克勤进入明强小学，这时他已经是15岁的大男孩了。

明强小学是当时巢县的一所新式学堂，位于巢县县城中心的卧牛山旁边。卧牛山是巢县的地标性山体，传说暴君夏桀在亡国后被放逐到这里，最终饿死而葬于巢县卧牛山。

在明强小学，学生除了学习国语外，还要学习数学、英文、历史、地理等当时所谓的新式课程。念惯了“四书”“五经”的徐克勤对这些新式课程很感兴趣，学习热情也更为高涨。和同班同学相比，徐克勤不仅年龄较大，心智较为成熟，而且因已经熟读了古书，基础更扎实，因此学习也更轻松自如、游刃有余。

在明强小学读书期间，徐克勤结识了几位小朋友，并逐渐由同学关系发展成为莫逆之交。后来，这几个人虽然小学毕业后离开巢县，上中学、考大学，各奔前程，但是仍旧不忘发小之情，经常利用寒暑假等时间聚在一起。20世纪20年代的中国，内有军阀混战，外遭列强欺凌，百业凋敝，民不聊生。徐克勤这几个热血少年，虽然尚未步入社会，但除了放学后一起打闹嬉戏外，徐克勤他们也经常一起议论天下大事，畅抒理想抱负，希望自己长大后能为祖国的富强做出贡献。徐克勤因为自己英文成绩好，所以一心想学习外交，将来做个外交官，为自己的国家争光。但是他的朋友们都不以为然，认为他基本上是一个敏于行而讷于言的人，而且又是直肠子的性格，胸无城府，不会纵横捭阖，所以不适合做外交官。徐克勤觉得他们的话十分中肯，于是便放弃了做外交官的“理想”。而因为自己生性好动，又十分热爱大自然，所以最终选择了地质学。

在这些同学少年中，最值得一提的有李元庆、鲍觉民、刘光晋三个人。

李元庆（1907—1975）与徐克勤同岁，后来考取中央大学法律系，专修国际法，徐克勤曾赠言于李元庆共勉：“我攻读自然科学，志在为振兴国家科学事业，你研习法律，当为国家在世界上谋求法律地位。”大学毕业后，李元庆未在南京谋职，而是回到家乡在巢县中学任教。抗日战争期间，他毅然投笔从戎，入伍参军，并被委任为陆军步兵学校教官。在抗日战争胜利后的1946年2月15日，南京国民政府成立军事法庭，审判侵华日军战犯。因为李元庆在中央大学所学的专业是国际法，因此被任命为军事法庭的法官，领上校衔，会同其他三名法官一起协助少将衔的审判长石美瑜审判“南京大屠杀”的元凶之一谷寿夫。在法庭上，通晓国际法的李元庆根据国际公认的《海牙陆战规例》和《战时俘虏待遇公约》规定，厉声反驳谷寿夫的狡辩，指出侵华日军对放下武器或丧失战斗能力的中国军人和手无寸铁的无辜平民大肆进行杀戮的罪行根本不是“执行‘天皇的命令’”和“履行‘军人的天职’”，而是赤裸裸的屠杀。李元庆义正辞严的批驳使得谷寿夫不得不低头认罪。新中国成立后，由于李元庆曾担任过国民党政权的官职，所以一度处境困难。徐克勤不忘友情，还曾接济过李元庆，逢年过节都会寄钱给他。

另一位同学鲍觉民（1909—1994），1929 年考入中央大学地理系，1933 年毕业后即受聘于南开大学。1937 年赴英国伦敦大学政治经济学院留学，1940 年获经济地理学博士学位。回国后，曾任西南联合大学教授。1947 年后，历任南开大学教授、经济系主任、经济研究所所长、台湾经济研究所所长，还曾经担任大洋洲经济研究会第一届副理事长，中国地理学会人文地理专业委员会主任委员，《人文地理》杂志主编等。鲍觉民是我国著名的经济地理学家，也是一位具有国际声望的人文地理学家。徐克勤和鲍觉民同为学者，且专业相近，所以虽然不在一地工作，但仍一直保持密切联系。

更值得一提的是徐克勤等人的小伙伴刘光晋。刘光晋生于 1914 年，虽然比徐克勤他们小了几岁，但是却喜欢和他们一起玩耍，而徐克勤他们也接受了刘光晋成为他们的玩伴，并且随着逐渐长大而成为好朋友。刘光晋在抗日战争期间曾经在国民党部队炮兵服役，新中国成立后进入南京无线电工业学校，最后在中国人民解放军理工大学图书馆工作至退休。

刘光晋是巢县县城人，平时住在他的伯父刘景皋家，而刘景皋家就在明强小学附近的北门大街 69 号。当年所谓的“北门大街”，其实也就是一条用青石板铺成的狭窄的路。刘景皋家门前有一块用于打场晒谷的空地，邻里都称之为“刘家大场”。这里是小孩子们聚集玩耍的好地方。

刘光晋也经常带着在学校寄宿的徐克勤等人到他的伯父家去玩。伯父刘景皋当时是巢县的一名盐务稽查人员，专门缉查私盐，属于政府工作人员，家境较为殷实。刘景皋有 3 个儿子和 3 个女儿，加上长期居住在他家的侄子刘光晋，可谓人丁兴旺，家里颇为热闹。徐克勤通过刘光晋认识了刘景皋一家人。其中，刘景皋的大女儿刘光蕙和二女儿刘光淑后来先后成为徐克勤的妻子。

刘光蕙从小聪敏好学，努力上进，小学毕业后到安徽芜湖市第二女子中学读初书，初中毕业后又考入师范学校，主修“唱游”[①]。1931年，徐克勤已经考入中央大学读书，刘光晋就把待字闺中的堂姐刘光蕙介绍给徐克勤，两人便逐渐成为男女朋友。刘光蕙家的祖上据说有鞑靼人的血统，所以子女后代的脸盘都比较大。这一点甚至也反映在徐克勤的子女身上。

人在一生的成长过程中，除了受益于父母、师长的教育之外，同学玩伴之间的相互影响也是极其重要的。徐克勤在巢县明强小学的两年多时间，是他人生中很关键的时期。在这里，徐克勤既学到了各种新的知识，也由于与小伙伴们的朝夕相处，以及后来的继续交往而开阔了眼界。在此之前的徐克勤虽然聪明好学，但仍然是一个如同杜甫诗中“南村群童”那样的农家子弟，到了从明强小学毕业的时候，他已经成长为一个努力学习、关心社会，开始“指点江山，激扬文字”的有志少年了。

① 即唱歌和游戏，是旧时小学低年级与幼儿园中开设的一门课程，相当于现在的音乐课。

第二章

不平坦的南京求学路

一、从东大附中到南京中学

1924年夏，17岁的徐克勤小学毕业，虽然他的字号是“志农”，但是他已经不愿意回到那个偏僻的军徐村去种田务农了。乡野和小河，已不再是他的乐园。他的心中早已有了一片更宽广的天地。甚至，他还坚决拒绝接受母亲已经给他找好的童养媳。

徐克勤要到哪里去继续求学呢？尽管省城合肥离巢县近在咫尺，那里也有几所不错的中学，但是徐克勤和他那几个初出茅庐、心比天高的小伙伴们并不向往合肥，他们更向往的是“六朝古都”——南京。于是，徐克勤与明强小学的几位同学便一起来到南京，报考他们心目中的圣殿——东南大学附属中学（简称“东大附中”）。

说起东大附中，确实是历史悠久，声名卓著，一直是南京及周边地区有志少年梦寐以求的好学校。它最早是清朝洋务派代表人物之一、两江总督张之洞创设的三江师范学堂的附属中学堂，初建于1902年，至1915年更名为南京高等师范学校附属中学。1923年，南京高等师范学校改成东南大学，它的附中也就成为东大附中。新中国成立后经过院系调整，东大附中从1952年起改为南京师范学院附属中学，现在则名为南京师范大学附属中学。这所学校自开办以来，已经培养出了一大批科学家和社会活动家，其中包括数十位两院院士，仅地学领域的院士就有徐克勤、常印佛、陈梦熊、袁道先、安芷生、陈清如、韩德馨等。直至今天，南京师范大学附属中学仍然是南京市乃至江苏省最有竞争力的中学之一。

当然，当年的东大附中因为教学质量高而声名远播，所以它的入学考试也相当难。据说，巢县明强小学的前一届毕业生中也有几个人去尝试报考东大附中，结果却全部铩羽，无一录取。而徐克勤在回忆自己当年参加东大附中的入学考试时，却说觉得考题很容易，发榜时，果然他榜上有名。这样，徐克勤就以优异成绩被这所自己仰慕已久的名校录取了。

考取东大附中后，徐克勤收获了他人生中的第一次成功。

安徽巢县军徐村到南京的距离大约为180公里，如今走高速，只要两个多小时。可是，在20世纪20年代，第一次独自离开家门的徐克勤却是清早出发，在路上花了整整一天时间，直到落日时分，才望见了古都南京那高大巍峨的明城墙。

1924年秋，徐克勤来到南京读书。从此，这位来自安徽巢湖农村的才子便与南京这座城市结下了不解之缘。徐克勤上中学、进大学，和先后在中央地质调查所、中央大学、南京大学工作，以及结婚成家、生儿育女，基本上都是在南京。他的一生中，在南京求学、工作、生活所度过的时间超过了 70 年。

徐克勤对东大附中十分满意，认为它确实是一所好学校，每个老师也都是令他敬佩的好老师。徐克勤记得有一次东大附中借用东南大学的大礼堂开大会，徐克勤看到大礼堂正中有一副对联，上联是："东被文明南州冠冕"，下联是："大师陶冶学海渊源"，暗藏"东南大学"四个字，不禁让他产生了无限敬仰之情，也让他暗暗下定决心，要立志成才。在东大附中，徐克勤更加努力学习，不放松每一门课程，连绘画、音乐等课程都很用心学习，在所有课程中，他的英语成绩是最让老师满意的。因为出身农家，徐克勤对动植物课程也很感兴趣，他还时常在早晨或傍晚到农场去锻炼、活动。

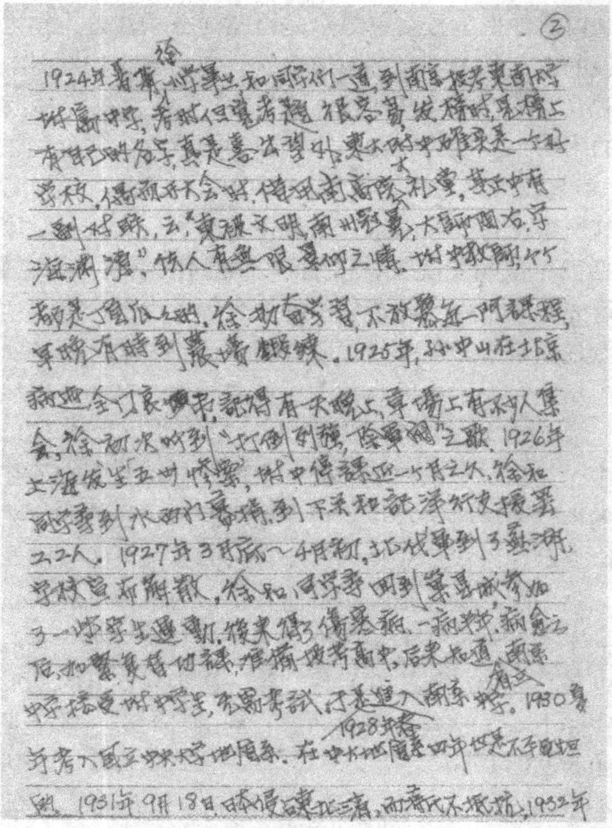

徐克勤回忆自己进入东大附中学习情形的手稿

20世纪20年代中期，中国正处在大革命风起云涌的时代。徐克勤在东大附中学习文化科学知识的同时，也开始更多地接触社会。1925年，革命先行者孙中山先生在北平（今北京）病逝，举国哀悼。徐克勤回忆说：

有一天晚上，我在操场上参加一个集会，第一次听到了“打倒列强，铲除军阀”的口号和歌曲，第一次感到了热血沸腾。

1925年，上海发生“五卅惨案”，引发了全国各地的工人运动和学生运动，东南大学、东大附中的学生也积极投入学潮运动中，东大附中因此而停课近一个月时间。在此期间，徐克勤和同学们多次上街游行，到水西门进行募捐，到下关宝塔桥的“和记洋行”声援罢工工人等。参加这些活动，也使得徐克勤开阔了眼界，并从而逐渐关注社会，关心政治。

1927年3月，北伐军到达芜湖，北洋政府统治下的南京城风雨飘摇。在这种动荡的形势下，东大附中宣布临时解散，而包括徐克勤在内的应届初三学生则草草结束学业，提前初中毕业。毕业后无学可上的徐克勤只得离开南京，返回巢县老家。或许是已经不适应老家农村的饮食起居，徐克勤回家不久就得了一场伤寒病，一病就是半年。等到他病愈时，已是1927年年末，南京已经成为国民政府的首都，一切社会生活均已恢复正常。大病初愈的徐克勤抓紧复习功课，准备报考高中，继续学业。恰在此时，从南京传来一个好消息，当时的江苏省立南京中学（现为南京市宁海中学）可以接受东大附中的初中毕业生免试进入高中学习。于是，1928年春季，徐克勤顺利进入江苏省立南京中学，开始了他的高中学习生活。

徐克勤在读高中时学习也很用功，各门课程成绩都很好。1929年春天，徐克勤听到一些同学在议论高考事宜，说考大学其实并不难，成绩好的人高二就能考取大学，不必等到高三毕业再考。当时徐克勤正在江苏省立南京中学读高二，自认为对各门功课驾轻就熟，成绩优秀，加上自己入学较晚，年龄偏大（当时已经22岁），所以不禁也动了心，很想试一试提前报考大学。但是，报名参加高考的先决条件是必须有高中毕业证书，于是就有一些人设法制造假的毕业文凭，想蒙混过关。有“热心”的好事者知道徐克勤急于报考大学，便帮他找人做了一张假文凭。徐克勤虽然内心惶恐，但毕竟耐不住同学们的撺掇鼓动，便拿着这张假的高中毕业证书去报名投考中央大学，并参加了考试，结果他被中央大学录取了！徐克勤喜出望外，兴高采烈地跨进了他向往已久的中央大学校门。

谁料好景不长，大约一个月后便东窗事发。当徐克勤回巢县家中筹措学费回到学校的时候，就在信箱中发现一封中央大学校长张乃燕先生写给他的信，其大意是说："查阁下之中学毕业证书系伪造，请接此函后自动离校……"。对于徐克勤来说，这无疑是一个天大的打击，不亚于一下子从云端跌落至谷底。对于自己少年轻狂而付出如此巨大的代价，徐克勤除了默默接受之外，别无其他选择。他只好收拾东西，离开中央大学。他本想回到江苏省立南京中学再继续高中学业，无奈南京中学早已得知此事，所以已经将他除名，不肯再收留他了。满心羞愧而又走投无路的徐克勤只好再一次回到巢县老家。

接下来的一段日子，是徐克勤人生中的最低谷，他既觉得无脸见人，大有生不如死之感，又整日无所事事，十分潦倒，几近颓废。在这段时间，徐克勤学会了打牌、抽烟。幸好，他的家人都像以前一样对待他，给他以亲情和温暖。他当年在明强小学的伙伴们也一如既往地把他视作知己，不断地宽慰和鼓励他。

在沉沦了几个月后，徐克勤自己也终于觉醒了。他决心痛改前非、丢掉包袱、振作精神、继续向前。于是，他重新开始认真读书，自学功课。而此时，南京中学的老师们也深为徐克勤这位青年才俊的现状感到可惜和痛心，大家都觉得应该原谅年轻人因一时糊涂所犯的错误，决定要挽救这位学生。南京中学重新向徐克勤发出召唤，幸运的徐克勤从而得以回到学校，插入原来的班级继续他的高三学业。

真所谓"浪子回头金不换"，获得新生的徐克勤自然十分珍惜这次复读机会，比以往更加奋发努力。果然，徐克勤不负众望，他不仅很快赶上了同学们的学习进度，而且以全校第四名的优异成绩从高中毕业。当他最终从校长手里拿到真的高中毕业证书的时候，徐克勤不禁泪流满面，感慨万千。

1930 年夏天，徐克勤终于如愿以偿地考入了中央大学地质系，并从此开始了他长达 70 多年的地质生涯。

二、考入中央大学

国立中央大学建于 1928 年 5 月，是在南京国民政府成立后，由东南大学、河海工程大学等 9 所公立学校合并组建的"国立第四中山大学"更名而来的。1929年，中央大学共设文、理、法、教育、农、工、商、医8个学院。这一设置达到了1929年7月26日国民政府公布的《大学组织法》中所作的“大学分文、理、法、教育、农、工、商、医各学院”所规定的上限——8个学院。中央大学是南京国民政府执政的20余年间唯一设有7个以上学院的大学，因此成为全国学科最全、规模最大的大学，可以说是当之无愧地执中国高等教育之牛耳，为当仁不让的民国第一学府。当时的北京大学、清华大学与中央大学相比均有较大差距，即使合并后的西南联合大学也难与中央大学匹敌。在1948年由美国普林斯顿大学统计的世界大学排名中，中央大学已超过日本东京帝国大学（今东京大学），位列亚洲第一。

20世纪30年代的中央大学

中央大学在理学院下设地学系，其前身是著名科学家竺可桢创建的东南大学地学系，包含地质、地理、气象3个学科，无论师资力量、学生人数、教学设备都在中央大学各系中处于领先地位。至1930年1月，中央大学决定将地学系改称地质学系，而将地理、气象学科独立组建成地理学系。至此，中央大学地质学系正式成立，由留美归来的著名地质学家李学清①教授担任地质学系首届系主任。

① 李学清（1892—1977），江苏吴江人，1913年从上海南洋中学毕业后，考入由丁文江创办的地质研究所学习地质，3年学习结束后留任地质研究所。1922～1924年赴美国密歇根大学留学，获硕士学位；1929年8月被聘为中央大学教授，1930～1941年任中央大学地质系系主任，为地质系的建设和发展做出了重要贡献。李学清是中国地质学会创立时的会员之一，当时已经在国内地质学界颇有名气，尤以矿物学岩石学见长。

徐克勤正是以“中央大学地质学系”名义招收的第一批的 3 名学生之一，同时入学的还有严坤元和郝颐寿二人，他们都在我国矿床地质的有关领域做出过杰出贡献。严坤元早期在福建、江西等地工作，1950 年他带领地质队伍到内蒙古白云鄂博铁矿进行勘查，确定了白云鄂博是世界罕见的稀土矿床，后来长期在安徽省地质局工作。郝颐寿先后在浙江大学、长春地质学院、中国海洋大学等单位工作，20 世纪 50 年代初翻译出版的 E.H. 戴斐生的《野外岩石鉴定法》，为新中国成立初期我国地质院校培养学生提供了重要的基础教材。

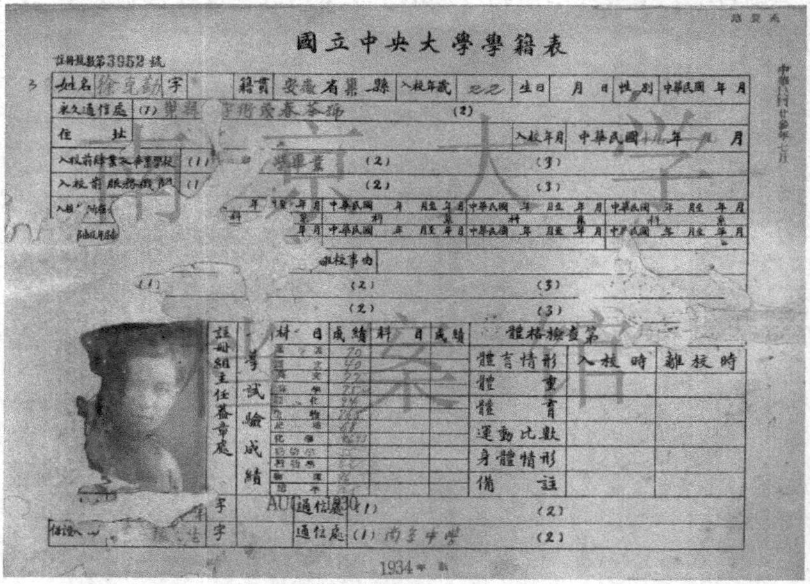

徐克勤的中央大学学籍表

20 世纪 30 年代初，中央大学地质系的学生虽然很少，但师资力量相当雄厚。例如，著名矿床学家、哈佛大学博士郑厚怀教授（1895—1937），从 1927 年回国后就一直在中央大学地质系任教，可惜他英年早逝，1937 年 2 月因患脑膜炎不治而去世时，年仅 38 岁。其他如矿业专家胡博渊（1888—1964）、古生物地史学家李之常（1900—1969）、地质学家朱庭祜（1895—1984）等，也都是从美国留学归来的教授。王恭睦教授（1899—？）则是留学德国慕尼黑大学的博士。此外，当时出任中央大学校长的国民党中央执行委员朱家骅通过国际联盟的资助，聘请了 3 位外籍教授来中央大学执教两年（1931～1933 年），其中有一位瑞士日内瓦大学教授、构造地质学家巴勒加（A.Parejas），就来到地质系担任教授。而担任助教的则有毕业留校的袁见齐、汤克成、孙鼐等。

1931～1934年，徐克勤在中央大学地质系学习的4年时间，其实也是不平坦的。日本帝国主义将侵略中国的野心逐渐付诸行动，并不断升级。1931年“九一八事变”爆发，日本悍然侵占我国东北三省；1932年1月，日本又在上海制造事端，导致了“一·二八淞沪抗战”的爆发。驻守上海的中国军队和民众浴血奋战，打击了日本侵略者的嚣张气焰，为中国全面抗击日本侵略赢得了时间。在国运多舛、民族危亡之际，中央大学的学生始终站在救亡运动的前列。

徐克勤进校不久，“九一八事变”就发生了，中央大学的学生从1931年9月22日起开始罢课。9月24日，南京成立了“首都各界抗日救国会”，中央大学经济系叶元龙教授担任主席。中央大学等校的学生连续一个星期上街游行，并于9月28日在国民政府外交部怒打外交部长王正廷。12月，北京大学等各地学生纷纷来南京请愿，要求政府出兵抗日。12月17日，中央大学与南京及外地来南京的学生举行联合大游行，愤怒的学生砸坏了国民党中央党部大门上的党徽，捣毁了诋毁爱国学生的“中央日报”报馆，遭到军警的开枪镇压，制造了死亡30余人、重伤100多人的震惊全国的“珍珠桥惨案”。

1932年“一·二八淞沪抗战”爆发，时值寒假，留校的中央大学学生组织了后援队，支持十九路军抗战。1933年后，华北局势也越来越危急，中央大学学生继续积极开展抗日救亡的各项爱国活动。

在这几年间，中央大学本身也经历了由于教育经费短缺而导致的办学困难，校长张乃燕从1927年6月就任之后，便因此多次提出辞呈，并最终于1930年10月递交辞职信后直接离校而去。1930年12月，朱家骅接任中央大学校长，但是一年之后他就因爱国学生怒打外交部长、冲砸“中央日报”社等事件而引咎辞职。1932年1月～1932年6月短短的半年时间内，国民政府曾先后任命桂崇基、任鸿隽、刘光华、段锡朋等人出任或代理中央大学校长。

1932年7月，国民政府行政院决定由蔡元培、李四光、竺可桢、罗家伦等人组成中央大学整理委员会，以平息学潮风波和校长人选危机，并由李四光代理校长职务。至1932年8月，曾经是“五四”运动学生领袖、在欧美多所名校留学的罗家伦先生正式出任中央大学校长，才使得中央大学进入了一个相对安宁、稳定和发展的时期。

也许是徐克勤特别珍惜自己进入中央大学学习的机会，所以，他在这

4 年中基本上是心无旁骛，埋头学习，颇有些卧薪尝胆的劲头。因此，徐克勤的各门地质学课程及其他学科课程成绩都非常优秀，这也为他成为杰出地质学家打下了坚实的基础。在地质学的各个专业中，徐克勤又偏爱矿床学，他觉得矿床学不仅与国民经济的关系最为密切，是最有实际意义的学科，而且又是地质学中最具综合性的学科。况且，中央大学的矿床学专业实力非常强，故地质教育界很早就有“北古南矿”之说，即北京大学以古生物学见长，而中央大学（南京大学）则以矿床学和矿物岩石学著称。

徐克勤当年阅读并一直珍藏的《中国矿产志》①

矿床学是研究矿床如何形成的科学。“矿床”的科学定义似乎很难用一句话表达清楚，教科书中一般是这样表达的：矿床是指地壳中由地质作用形成的矿物或其他有用物质的集合体，它的数量和质量达到了一定的要求，并在现有的经济和技术条件下可以被开采和利用。可见，“矿床”的概念实际上包含了 3 个不可分割的条件，涉及地质和经济技术两方面的要

① 《中国矿产志》是我国第一部地质矿产专著，署名为江宁顾琅、会稽周树人（鲁迅）。

求。而通俗地讲，“矿床”就是指某种矿产资源的所在地，包括它的具体蕴藏位置、存在形式及产出单位。从“矿床”的英文名称 Mineral Deposit 或 Ore Deposit 来看，矿床就是矿物或矿石的沉淀、堆积、储存之处。

中央大学地质学系 1933 届学生在安徽进行矿床实习时师生合影

左起：林文英、史明奎、袁见齐、张祖还、孙鼐、殷维翰、郑厚怀、潘承祥

1934 年 5 月中央大学地质学系师生合影，后排右起第三人为徐克勤

1934年春，徐克勤学完全部课程，准备进行毕业实习。为了筹措毕业实习必需的经费，徐克勤找到他的巢县老乡、张治中将军的秘书，请求给予帮助。张治中的老家在巢县黄麓镇洪家疃村，离炯炀河镇军徐村只有十几里路。秘书在征得张治中将军的同意后，便写信给巢县政府商洽此事。结果，徐克勤顺利地得到家乡巢县政府的30元大洋资助，这在当时已经是相当可观的一笔钱了。有了这笔经费，徐克勤便得以充分发挥他学到的基础知识和野外技能，自行测制了一幅巢县至昭关（属安徽含山县）的1∶50 000地形地质图，并编写了一本区域地质报告。这也是徐克勤从事地质工作的处女作。

第三章

进入地质调查所　专攻钨矿

一、到地质调查所工作

1934年7月，徐克勤从中央大学地质系毕业，走上工作岗位。当时他面临的就业选择主要有3个单位：中央大学、中央研究院地质研究所和实业部地质调查所。

留在中央大学任教是一种不错的选择，优点是社会地位高、工作稳定，而且收入也相当丰厚。比徐克勤早一年就读于中央大学地质系、后来长期成为徐克勤同事的孙鼐，就在1933年毕业后留在中央大学地质系任教。

中央研究院成立于1928年，院长为蔡元培。它是民国时期中国最高学术研究机关，相当于现在的中国科学院。中央研究院下设有地质研究所，由著名地质学家李四光①主持，最初建于上海闸北宝通路，1933年迁入南京鸡鸣寺新址（今为中国科学院南京地质古生物研究所）。

同样比徐克勤早一年进入中央大学地质系的学长，后来也长期成为徐克勤同事的张祖还，1933年毕业后进入中央研究院地质研究所任职。

而当时中国的地质矿产调查和研究工作主要是由实业部②下属的地质调查所来承担。成立于1913年的地质调查所是中国建立最早、规模最大的近代地质科学研究机构，拥有丁文江、章鸿钊、翁文灏、黄汲清、杨钟健、尹赞勋、谢家荣、李春昱等一大批中国最杰出的地质学家。研究中国科学史的学者大多认可地质学家是走在中国现代科学最前面的科学家，甚至称成立地质调查所的1913年为中国现代科学史的“元年”。

徐克勤一直对地质调查所心向往之。重要的原因是，徐克勤非常热爱野外地质工作，而地质调查所的工作性质决定了它比中央大学和中央研究院有更多的野外地质调查任务，因此徐克勤很快便决定到地质调查所工作。

---

① 李四光（1889—1971），字仲拱，原名李仲揆，湖北黄冈人，中国现代地球科学和地质工作的奠基人和领导人之一。1910年7月毕业于日本大阪高等工业学校，1913年赴英国留学，先后学习采矿和地质，1918年获伯明翰大学硕士学位；1928年1月任中央研究院地质研究所所长，1948年当选为中央研究院院士；1950年5月任中国科学院副院长；1952年9月任中华人民共和国地质部部长；1955年被选聘为中国科学院学部委员（院士）；1958年9月，任中国科学技术协会主席；1970年8月任国务院科教组组长。他创立了地质力学和中国东部第四纪冰川地质学，提出新华夏构造体系3个沉降带有广阔找油远景的认识，为中国石油工业的发展做出了重要贡献。

② 1930年由农矿部和工商部合并而成。

当时，地质调查所的所长是翁文灏[①]先生。徐克勤不敢直接去找翁文灏所长，于是便拿了自己毕业实习的成果——巢县至昭关的 1：50 000 地形地质图，找到自己的老师——当时在中央大学地质系任教授的朱庭祜[②]先生，请求朱先生为推荐人，向翁文灏所长介绍自己并提出去地质调查所工作的求职申请。

朱庭祜对自己的学生相当了解和信任，他向翁文灏介绍了徐克勤的情况，并极力举荐徐克勤到地质调查所工作，说他将来必定会有突出贡献。翁文灏仔细看了徐克勤测制的地形地质图，感到十分惊讶，他开始不相信这是由一个学生做出来的，怀疑可能是徐克勤的导师代他所做。为了郑重起见，翁文灏没有立即答应朱庭祜的推荐，而是特地委托丁文江[③]先生亲自对徐克勤进行了面试。

徐克勤毕业的那一年，丁文江在南京担任中央研究院的总干事。当时

① 翁文灏（1889—1971），字咏霓，浙江宁波鄞县人。是我国最早期的著名地质学家和地质事业开创者之一，在地质构造、矿产资源、地震研究、地质教育等领域有杰出贡献。他在清末赴比利时留学，1912 年，在比利时法语鲁汶大学（Louvain）获得地质学博士。同年回国，在北洋政府农商部任事。1913 年，翁文灏同丁文江、章鸿钊等人一同创办了地质调查所，并任该所矿产股股长，后来担任所长。翁文灏也在地质研究所任讲师、主任教授，同时在北京大学、清华大学任教授，曾担任清华大学地质学系系主任，兼任代理校长。1932 年，翁文灏出任国民政府军事委员会国防设计委员会（资源委员会的前身）秘书长，开始进入政界。1937 年出任经济部长，在抗日战争期间主管中国的战时工业生产及经济建设。1948 年 6 月，翁文灏出任国民政府行政院院长，同年 11 月辞职。1949 年 2 月任李宗仁的总统府秘书长。1949 年春，翁文灏脱离国民党政府，赴香港居住，后移居法国巴黎。1951 年，经毛泽东、周恩来的邀请，翁文灏经香港回国，是首名回北京的国民党高级官员。

② 朱庭祜（1895—1984），上海人，著名的地质学家、地质教育家，也是中国早期地质事业的开拓者之一。1920 年赴美国威斯康星大学地质系留学，获硕士学位；1922 年进美国明尼苏达大学，1923 年回国。当时朱庭祜除了在中央大学地质系任教授外，还兼任行政院农村复兴委员会地下水研究组主任。

③ 丁文江（1887—1936），字在君，江苏泰兴人，中国地质事业的主要创始人和奠基人之一，著名地质学家和社会活动家。1902 年赴日本留学，1904 年转赴英国，于 1906 年、1908 年先后考入剑桥大学、格拉斯哥大学，1911 年 4 月获得格拉斯哥大学地质学、动物学双科毕业证书和理学学士学位，回国后在上海南洋中学任教。1913 年 1 月，他应北京工商部矿务司司长张轶欧之聘来到北京，2 月担任地质科科长。他积极筹备并和章鸿钊一起创办中国第一个地质教育机构——地质研究所，并于 1913 年 7 月在京、沪两地分别举行地质研究所的入学考试。9 月，丁文江被工商部任命为地质调查所所长兼地质研究所所长。地质研究所和地质调查所的成立，不仅是中国现代地质科学的开篇之举，而且在中国现代科学史上也有重要地位。1913 年 10 月 1 日，地质研究所开学，首批学生包括正取生 27 名和备取生 9 名，他们中间有许多人，如叶良辅、谢家荣、王竹泉、赵汝钧、朱庭祜、谭锡畴、周赞衡、李学清等，都成为我国杰出的地质学家。

的中央大学校长罗家伦是丁文江的好友，深知丁文江在地质和教育等方面的造诣，故特邀请丁文江担任中央大学地质系的名誉教授，并出席系务会议；而当时中央大学地质系的系主任李学清又是丁文江于1913年创办的地质研究所的学生，故称丁文江为恩师。因此，丁文江十分关心并积极参与中央大学地质系的发展。

受翁文灏之托，丁文江约见了徐克勤，并且非常认真地与徐克勤交谈了两天，也认真查看了徐克勤编制的地质图和报告，详细询问了制作过程，感到非常满意。于是，丁文江也极力向翁文灏推荐徐克勤。1934年9月，徐克勤终于接到地质调查所的报到通知，前往北平兵马司胡同9号，正式进入该所工作，并被聘任为“技佐”一职。当时地质调查所的专业技术人员职称一般分为三级：技正、技士和技佐①。

20世纪30年代，是中国地质调查工作蓬勃发展并进入高潮的时期。徐克勤到地质调查所不久，就被派往江西东北部的乐平县调查锰矿。从此以后，他与江西结下了不解之缘。而当时刚刚走上工作岗位的徐克勤肯定不会想到，在时隔62年之后的1996年，他的最后一次野外地质考察，竟然也是在江西东北部地区完成的。

二、初识赣南钨矿

徐克勤在调查了赣东北乐平锰矿之后，又被派往赣西永新县调查乌石山铁矿。1934年年底，徐克勤又接到电报，被地质调查所派往赣州，会同国防设计委员会②的采矿工程师黄伯逵，开始对赣南钨矿进行调查考察，共计考察了赣江以西的几十座大小钨矿山，采集了大量标本。这次赣南钨矿考察历时数月，直至1935年5月徐克勤才回到北平。这是徐克勤第一次正式接触和认识钨矿，并从此开始了对钨矿地质的全面调查和深入研究工作，直至成为国际上最为知名的钨矿地质专家。

钨是一个金属元素，是瑞典化学家舍勒(C.W.Scheele)于1781年从当时称为重石③的矿物中发现的，并以瑞典文tung（重）和sten（石头）的

① 大致相当于现在的研究员、副研究员和助理研究员。

② 后改为资源委员会，是国民政府统制工矿企业的主要机关。

③ 现称白钨矿。

复合词 tungsten 命名这种新元素。1783 年，西班牙人德卢亚尔兄弟 (F.de Elhuyar) 从黑钨矿中制得氧化钨，并用碳还原出金属钨粉。

钨及其合金是现代工业、国防及高新技术应用中极为重要的功能材料之一。钨的熔点高达 3410℃，因此极耐高温。其硬度也在金属中名列前茅，故有“工业牙齿”之称号。钨广泛应用于航天、原子能、船舶、汽车工业、电气工业、电子工业、化学工业等诸多领域。钨在军事工业上有着特殊意义，含钨的高温合金主要应用于燃气轮机、火箭、导弹及核反应堆的部件，高密度的钨基合金则用于反坦克和反潜艇的穿甲弹头。

钨在自然界产出的重要矿物均为钨酸盐。含钨的矿物种类有限，如今在地壳中仅发现 20 余种，但其中具有开采经济价值的只有黑钨矿和白钨矿两种。黑钨矿又称钨锰铁矿①，含三氧化钨（WO_3）76%；白钨矿也叫钙钨矿②，含 $WO_3$80.6%。二者之中尤以黑钨矿易于辨认、开采和利用。

我国的钨矿储量非常丰富，约占世界钨矿的 90% 以上。因此，我国是世界公认的钨矿大国，对世界钨业发展所做出的贡献举世瞩目。我国发现和开采钨矿的历史也较早，张兆瑾（1937）认为中国最早发现的钨矿是湖南资兴瑶岗仙钨矿和河北迁安鹦鹉山钨矿。但是实际上，瑶岗仙钨矿是 1911 年由湖南的李国钦发现的，1914 年建矿山；而鹦鹉山钨矿则是 1913 年由吴蔼宸发现的。所以二者均晚于江西大余县的西华山。目前已经公认，我国钨矿最早于 1907 年发现于西华山，因此西华山也获得“中国钨都”之荣誉。有趣的是，1907 年也正是徐克勤出生的那一年——当然这纯属巧合。继西华山之后，在南岭地区又相继发现不少钨矿区，据侯德封 1936 年的估计，当时的钨矿储量已达到 949 000 吨，价值达 1281 兆元。据 1996 年出版的《中国矿床发现史·江西卷》，我国钨矿的开采始于 1915～1916 年，而且生产不断扩大，至第一次世界大战末期，钨精矿产量达到万吨。从此之后，中国的钨精矿产量就一直雄踞世界首位。

徐克勤进行钨矿地质调查工作的赣南，是当年我国钨矿储量和产量最为丰富、钨矿山也最为密集的地区。

1935 年 5 月，在结束第一次赣南钨矿调查之后，28 岁的徐克勤利用紧张的地质调查工作间隙，忙里偷闲，抽空前往安徽芜湖，与正在那里当小学教师的刘光蕙成亲，结为伉俪。同一年，地质调查所从北平的兵马司胡同 9 号迁到南京的珠江路 942 号新址。徐克勤也开始在南京安家落户。

① 分子式为（Fe、Mn）WO_4。

② 分子式为 $CaWO_4$。

1935～1938 年的青年徐克勤，正可谓是“小乔初嫁了，雄姿英发”。他顾不上新婚燕尔，一心扑在事业上，大部分时间都在江西等地进行野外考察调研。虽然与妻子聚少离多，但业务上却是突飞猛进，很快就令人刮目相看了。

1935 年徐克勤和刘光蕙的结婚照

1935 年 10 月，地质调查所派高平和徐克勤到江西萍乡、分宜、吉安一带考察矿产资源。1936 年 1 月，黄汲清① 结束在瑞士的留学及欧洲各国的考察回国，不久便被地质调查所任命为地质主任，也来到江西考察。

1936 年 4 月，黄汲清、王钰与高平、徐克勤会合后，一同对鄱阳、乐平的煤田地质及区域地质构造进行详细的地质测量和调查，黄汲清在《我的回忆》一书中写道：

之后，我约同徐克勤先生一道去赣西萍乡县，专门研究萍乡安源一带久已闻名的老煤田……我和徐克勤花了二十多天时间，测制了煤田详细地形地质图，下洞子详测煤层厚度和变化，系统取煤样，并采集了大批植物化石……记得我们多次顺斜井，下到土煤窑掌子面，研究煤层，由于通风不良，每次都要出大汗，衬衣全湿，必须洗澡更衣，但那时年轻，满不在乎。

① 黄汲清（1904—1995），四川仁寿人，大地构造学家，1928 年毕业于北京大学地质系，并进入地质调查所任调查员。1932 年夏由中华教育文化基金会选派到瑞士留学，1936 年回国后被任命为地质调查所地质主任，率队赴赣、湘、黔、粤等地进行大规模考察，发现湖南资兴煤田。1937 年发现甘肃玉门油田。1938 年 2 月当选中国地质学会第 15 届理事会理事长。1945 年写成《中国主要地质构造单位》一书，被公认为是对亚洲地质构造的重要贡献，他也因此成为中国历史大地构造学的奠基人。1948 年当选为中央研究院院士。1955 年被选聘为中国科学院学部委员（院士）。黄汲清领导了松辽平原、华北平原等地的石油勘探工作，是发现大庆油田的功臣之一，为我国石油地质事业做出了重大贡献。1985 年荣获美国地质学会名誉会员称号。1986 年任中国地质科学院名誉院长。

在赣西野外地质调查期间，黄汲清对徐克勤扎实的地质基础和认真的工作态度非常满意，两人很快成为好友。黄汲清和徐克勤根据对地层及构造的调查结果，提出中生代三叠纪晚期在萍乡地区发生过一次造山运动，并称之为“安源运动”①，以解释侏罗纪紫家冲煤系砂砾岩与下伏三叠纪页岩之间的不整合接触。两人除了合编《萍乡安源煤田报告》外，还合作撰写了论文《江西萍乡煤田之中生代造山运动》(附 1：100 000 地质图一幅、剖面图 8 幅)，于 1937 年发表在《中国地质学会会志》第 16 卷（丁文江纪念册）。

黄汲清在调查萍乡煤田之后，得知附近的上株岭有铁矿，曾进行过开采，于是约同徐克勤前去调查。不久，黄汲清与徐克勤又转入湖南，与田奇㑺一起调查研究攸县、茶陵境内的上泥盆统“宁乡式”沉积铁矿。

1936 年，地质调查所发起组织了中国地质图编纂委员会，由翁文灏、黄汲清分别担任正副主任。该委员会还确定了需要从速开始编制的 8 个重要区域的 1：1 000 000 地质图幅，限定三年完成。其中的怀宁—南昌幅由朱森负责，李捷、高平、喻德渊、徐克勤参加。而在同时，地质调查所又受资源委员会的委托，于 1936 年 10 月开始兵分 4 路进行大规模的南岭地区矿产资源总调查。该项调查以黄汲清为总主持，其中南岭东段（赣南—粤东北）由高平、徐克勤承担。因此，地质调查所于 1936 年秋再次派遣高平、徐克勤、丁毅前往赣南，并测制赣南地质图。丁毅是中央大学地质系 1935 年毕业生，是徐克勤的同门师弟。1936 年 10 月中旬，高平、徐克勤等人前往赣南的吉安、泰和、遂川、万安、赣县等地调查，然后折向西行，到达湖南桂东，与黄汲清、张兆瑾、路兆治等会合，并继续在湘南、粤北考察。

1937 年 2 月，南岭地区矿产资源总调查项目结束，徐克勤与丁毅仍继续进行钨矿调查和勘测，先后到西华山、生龙口等矿区，历时半年之久。1937 年秋～1938 年春，徐克勤、丁毅再次前往赣南各钨矿区进行详细调查。

1936 年，徐克勤的长子徐晓骥出生。因为徐克勤一直忙于在各地考察，所以根本无法照顾家庭，妻子刘光蕙只好独自回到巢湖自己的娘家去生产，由母亲陪伴照料。当时徐克勤正在河北工作，据说儿子出生的前一天他梦见一匹老马旁边带一匹小马。因此便给儿子取名“晓骥”，“晓”字代表儿子生于拂晓，“骥”字则既寓意于马又寓音于河北（冀）。

① 相当于印支运动在江西萍乡地区的表现。

功夫不负有心人，经过数番寒暑，几度春秋，艰难困苦的野外调查和细致踏实的室内研究终于结出丰硕成果，徐克勤从一个初出茅庐的大学毕业生，迅速成长为中国地质学界在钨矿地质领域内颇为耀眼的一颗新星。当时国内地质学界的权威刊物是由中国地质学会创刊于1936年的《地质论评》。这本杂志在1937年第2卷第6期上刊登的“地质界消息”中，对徐克勤的工作做了这样的报道和评价：

徐克勤与长子徐晓骥（摄于1937年）

徐克勤、丁毅二君仍继续研究赣南钨矿，做详细之地形地质图，并定出重要区域之矿区。同时会同资源委员会人员勘定几处重要矿区之平巷位置，徐君对钨矿矿床之生成专心研究，对于赣南地质亦加以详密之考查，其将来工作结果当必大有贡献于矿床学及探矿工程也。

可见，在经历近4年持续不懈的钨矿考察调查研究之后，徐克勤在钨矿地质领域的成绩已经得到中国地质学界的充分肯定和高度赞扬。

三、《江西南部钨矿地质志》问世

20世纪30年代的赣南山区，不仅道路艰险，交通闭塞，工作条件极差，而且在深山密林之中，还时常有土匪出没。徐克勤当年在这里进行地质调查，经历了许多困难和风险，甚至也多次遭遇土匪。

有一次徐克勤带着挑夫在野外考察，傍晚住进了一家小旅馆。当地的土匪见他是外来客，就来找他。徐克勤拿出名片给土匪首领看，但是土匪不识字，他们搞不清徐克勤究竟是干什么的，只觉得他有点“来头”，于是非要和他打麻将。徐克勤当时心里很害怕，但也没办法，只好硬着头皮陪几个土匪打麻将，而且故意输一些钱给土匪。土匪高兴了，觉得徐克勤讲义气，就没有给徐克勤的考察再制造麻烦。

一次野外考察途中，徐克勤等人与几个土匪在山上狭路相逢。土匪看到徐克勤等雇的伙计都挑着沉重的担子，以为有金银财宝或是其他值钱的货物，便一路尾随而行，伺机下手抢夺。徐克勤觉察到这些人可能是土匪，便暗暗想办法应对。当走到一个凉亭时，徐克勤叫大家停下来休息，并且把所挑带之物全部摊开。土匪走近一看，见全是石头，别无他物，只好灰溜溜地走开了。

还有一次，徐克勤独自在赣南山区考察钨矿地质，只雇了一名挑夫跟随他翻山越岭。一天傍晚，徐克勤和挑夫错过了宿头[①]，只好来到山中一户农家借宿，谁知道这一家正是土匪！入夜，徐克勤听到隔壁房间有人说话，凝神一听，原来是几个土匪回来了，正在把抢来的大洋（银元）进行分赃，银元发出“叮叮当当”的响声，令人不寒而栗。那天徐克勤身边也带着银元，所以心里非常害怕，但是地处深山之中，又在深更半夜，也无法贸然逃走。徐克勤和挑夫二人只得屏住呼吸，彻夜不眠，好不容易挨到晨光微曦，趁土匪尚在熟睡之际，赶紧离开了匪窝。

可见，地质工作，尤其是野外地质调查，因为多在深山荒野进行，其可能遇到的风险自不待言。新中国成立前，中国的山区普遍贫穷落后，甚至闭塞荒蛮。因此，在中国地质事业的发展过程中，就有不少地质英才在野外地质调查过程中因各种风险而失去了宝贵的生命，其中有的甚至是被匪徒残忍杀害的。例如，毕业于北京大学地质系的古生物地质学家赵亚曾，1929 年 11 月 15 日在云南省昭通因守护地质资料而被土匪杀害；1944 年 4 月，中央地质调查所技正、古生物学家许德佑和助手陈康、马以思在贵州晴隆黄厂附近进行地质调查时，也被土匪杀害。还有一些地质学家则是因车舟之祸而不幸去世。例如，1938 年在湖南因翻车而身亡的矿床学家吴希曾和王德森；1940 年在重庆因翻船而牺牲的煤矿地质学家闫增才；1942 年在甘肃徽县因车祸遇难的工程地质学家林文英等。其中，林文英和吴希曾分别于 1933 年、1935 年毕业于中央大学地质系，是徐克勤的同门师兄和师弟。

艰难困苦，玉汝于成。徐克勤和丁毅在总结历时 4 年的赣南钨矿地质

① 即借宿之处。

调查成果的基础上，写成了一本《江西南部钨矿地质志》。但是这本书却由于各种原因而未能及时出版，正如后来李春昱先生在该书之序中所言："野外调查，四易寒暑；编绘整理，煞费时日。而又值国家多难……书稿虽成，而以印费昂贵，久未付梓。"因此，在徐克勤1939年赴美国留学之前，这本专著仍然未能出版。直到抗日战争期间的1942年春季中国地质学会在重庆开会时，才由时任江西地质调查所所长的高平提出建议，时任经济部部长的翁文灏亲自批准，并指示由资源委员会下属的钨业管理处出资予以出版。1943年，该书作为中央地质调查所"地质专报"甲种第十七号正式出版。

《江西南部钨矿地质志》全书共360页，分为一、二两篇。第一篇为"地质"，介绍赣南的地理概况及地层、构造、火成岩等地质特征；第二篇为"钨矿"，又分为"概论"和"各论"两部分，"各论"部分一共介绍了36个钨矿床，"凡赣南产钨之地，悉数在本幅地质图范围之内"。全书除了有37幅插图外，并附有40幅地质图。

徐克勤对地质工作认真严谨、一丝不苟。因此，《江西南部钨矿地质志》中对各矿的调查工作，无论是盘古山、归美山、大吉山、西华山、洪水寨等著名的大矿山，还是各个中小矿床，均力求详尽而且准确。徐克勤不仅对矿山现状进行了描述，而且还根据自己的实地调查、测量等具体工作，对一些当时储量尚不清楚的钨矿进行了储量估算。而他对储量估算之准确，不断为后来的实际采矿过程所证实，从而令当地的矿山工作者佩服不已。

浙江大学地质系教授柳志青1963年毕业于南京大学地质系，他毕业后曾经在江西省地质研究所工作，后来到浙江大学任教。在笔者采访时，他讲了这样一件给他留下深刻印象的事。浙江大学地质系建设实验室时，需要扩充标本，就派柳志青到他工作过的江西省去采集一些钨矿矿石标本。有一次他到了遂川的良碧洲钨矿，是一个很小的钨矿。那几天正值山洪暴发，大水把进矿山的桥冲坏了，班车不通。柳志青便打电话到矿部，说明来意，问他们能不能派车过来接他一下。矿领导一听说是徐克勤先生的学生来了，十分重视，不仅派车去接，而且在矿部门口列队夹道欢迎，并打出"热烈欢迎南京大学柳志青教授来矿指导工作"的横幅，让柳志青既受宠若惊，又哭笑不得。

徐克勤当年曾来过良碧洲钨矿，并将它也写进了《江西南部钨矿地质志》中。柳志青问矿长，当年徐克勤先生调查的情况和他们开采过程的具体情况是否有变化。矿长风趣地回答说："没什么变化，徐先生当年估计这个矿储量有5000吨，我们现在已经差不多采完了，但只采到了4900吨，徐先生还差我们100吨钨呢！”矿长这一番话引得众人哈哈大笑。柳志青进到采矿坑道，发现这确实是一个小矿，钨矿脉产在花岗岩和云英岩里，只有十几米的深度，再深就没有钨了。矿脉也很细，仅十几厘米宽。但是浅部矿很富，矿脉内几乎全是钨。柳志青看了很久，怎么也想不出30年前在没有深部开拓的情况下，徐克勤是如何估算出这个矿的储量的，而且与实际开采量的误差竟然如此之小！他不由得从内心深处对徐克勤又增添了几分敬佩。

如果说，良碧洲钨矿因为是一个小矿，所以储量容易估算的话，那么，类似的情况也出现在赣南钨矿“四大名山”之首的西华山。20世纪80年代后期，徐克勤的一些博士研究生到西华山考察的时候，矿长经常嘱咐这些学生，要他们好好向徐克勤老师学习。因为西华山钨矿经过半个世纪的开采，证实了当年徐克勤估算的钨矿储量非常准确，难怪矿长对徐克勤佩服得五体投地。

《江西南部钨矿地质志》不仅对赣南众多钨矿床的特征进行了较为系统、详尽的描述，而且对该地区的区域地质、地层划分、构造（造山）运动、花岗岩类分布及其与钨矿床的关系等方面都有精辟的论述。徐克勤特别注意构造运动与花岗岩之间的关系，并强调燕山运动对于花岗岩的形成最为重要，与钨矿的关系也最为密切。20世纪30年代徐克勤在江西的工作，为他以后进一步开展钨矿地质、华南多旋回花岗岩类及其成矿关系的研究奠定了坚实的基础。

1998年出版的《江西地质矿产志》在“钨矿勘查”一节中写道：

1936～1938年，徐克勤、丁毅3次调查赣南钨矿，著《江西南部钨矿地质志》，是第一份全面系统、科学价值很高的赣南钨矿地质调查报告。

除了《江西南部钨矿地质志》外，徐克勤还是《江西西部地质志》的作者之一。以中央地质调查所“地质专报”甲种第十六号形式于1940年年底出版的《江西西部地质志》，记载了高平和徐克勤在1935～1936年合作调查江西西部地质所获得的成果。

1937年2月，徐克勤在中国地质学会第13次年会上成为该学会的正式会员。同年，他在地质调查所的职称也由技佐擢升为技士。

由于钨矿在中国矿产资源中具有特殊意义，所以除了徐克勤外，当时国内还有其他许多地质学家对赣南等地的钨矿进行过调查研究。最早的有 1917 年从美国留学回国的卢其骏，此后有江西省地质矿产所的燕春台、查宗禄。而与徐克勤同时期的有周道隆、上官俊、张兆瑾、马振图等。1937 年，张兆瑾在《地质论评》第 5 期上发表《中国钨矿之成因及分类》一文，总结了中国钨矿的 4 种“产状”，实际上就是 4 种类型：一是产在花岗岩中的矿床，如瑶岗仙花岗岩中可能有少许微粒钨矿存在，属于（岩浆）凝聚成因矿床，但没有实际经济价值；二是伟晶岩脉中的钨矿，如广东乳源江湾圩的猪蹄石钨矿、湖南桂东县青硐钨矿，属于（高温）汽化矿床；三是接触变质或变质岩中的矿床，这是最普遍的一种，如资兴瑶岗仙、汝城白云仙等，属于高温热液矿床；四是火成岩中的石英脉钨矿，如茶陵邓阜仙。关于与钨矿有关的花岗岩，张兆瑾认为江西多为黑云母花岗岩，而湖南、广东多为更酸性的白云母花岗岩。他还认为钨矿形成的时代一在震旦纪之前，一在侏罗纪之后。1938 年，湖南大学的胡伯素教授在《地质论评》第 1 期上发表了《中国钨矿分类之我见》，对张兆瑾的文章进行了评论，并提出若干自己的意见。

张兆瑾、胡伯素的两篇文章发表后，受到国内钨矿界的重视。此时，徐克勤已经在赣南等地对钨矿地质进行了 3 年多时间的考察调查，掌握了大量第一手资料，深感张兆瑾、胡伯素“二文中所列举者，尚嫌过于简略，且所举各点，不无可商讨之处”。因此，徐克勤和丁毅在 1938 年《地质论评》第 2 期上发表了一篇题为《中国钨矿成因及分类之我见》的文章。这是徐克勤最早公开发表的一篇学术论文，也是他第一篇关于钨矿的重要著作。在这篇文章中，徐克勤和丁毅指出，钨锡矿床的形成非单纯的一次矿液上升之结果，而是数次岩浆分异产生的含矿流体（ore fluids）继续上升的结果——这在当时，其实是一种非常创新性的认识。他们较为详细地论述了与花岗岩分异演化过程相伴随的钨矿成矿期（stage），从早到晚划分为伟晶期、汽化矿床期、汽化与高温热液过渡矿床期、深成矿床期和初期中温热液矿床。他们还针对张兆瑾、胡伯素文中与钨矿成因有关的其他问题阐述了自己的观点。

1937 年 7 月，抗日战争全面爆发，实业部地质调查所的北平分所于 10 月底正式撤销。淞沪战役后，南京危急。11 月中旬，国民政府命令各机关迁移。中国地质学会立即从南京峨眉路 21 号迁往湖南长沙，临时借用上黎家坡 33 号湖南省地质调查所内设立通讯处。地质调查所在进行紧急动员后，于 11 月 16 日、17 日、18 日三天将图书馆、陈列室、各办公室、实验室的重要物件打包装箱共计 202 箱运往下关码头，装船西运；地质调查所主要人员 20 余人则由副所长黄汲清带队，于 11 月 18 日从南京乘船先到汉口，再赴长沙，也在湖南省地质调查所内设临时办事处。徐克勤随地质调查所一同西迁。

在侵华日军炮火即将危及南京之际，徐克勤的妻子刘光蕙带着一岁大的儿子先离开南京，到巢湖老家躲避战乱。后来随着战火蔓延，刘光蕙只好和母亲、儿子离开家乡，继续逃难，经过江西、湖南，最后到达重庆与徐克勤团聚，并在沙坪坝的郊区居住下来。

1937年12月，南京被侵华日军占领。1938年年初，政府撤销实业部，原隶属实业部的地质调查所改属经济部，并将名称改为经济部中央地质调查所，仍由翁文灏、黄汲清分别担任正副所长。1938年8月，中央地质调查所又从长沙迁至重庆北碚，并在桂林、昆明分设办事处。而中央研究院所属的地质研究所则迁至桂林。

1939年3月初，中国地质学会在抗日战争时期的陪都重庆召开了第16届年会，并按惯例举办了学术报告会，会场包括沙坪坝重庆大学大礼堂、中央大学大讲堂、中央地质调查所等。徐克勤在3月3日下午的学术报告会上宣读了两篇论文：一篇是《江西南部造山运动地质构造与火山岩之活动》，另一篇是《赣南钨矿概述》。

随着地质机构迁往西南，中国地质矿产调查的工作重心也逐渐西移。1939年6月，资源委员会在成都筹建川康铜业管理处。同年秋，该管理处向中央地质调查所借请徐克勤和彭琪瑞两位地质学家，前往西康地区调查了荥经的前后聚坝铜矿、铜厂沟铜矿等矿区，并且总结了《西康荥经铁矿矿业述略》发表于《地质论评》上。这也是徐克勤第一次在西南地区进行的矿床地质调查活动。

在艰苦的八年抗日战争期间，中国的前方将士浴血奋战。而中国的地质科学家也一刻都未曾懈怠，继续在非沦陷区及大后方的国土上努力进行各项地质矿产的调查及研究，尤其是对于西南、西北地区的地质调查，更是取得巨大进步。1937年10月，地质调查所所长翁文灏发表《告地质调查所同人书》，指出“在此努力抗战时期，我所同人莫不各思尽其所能，为国家增其力量”，号召大家“岁寒知松柏之劲节，时艰见国民之性情。当此国步艰难之日，更是我辈深刻策励之时，敢奉数言，共相勖勉”。在1942年的中国地质学会第19次年会上，当时的理事长朱家骅高度评价抗日战争以来中国地质学界的发展，认为它在科学界中“更为显著，其对国家的贡献，并不在前方将士之下”。中国的地质工作者为赢得抗日战争的胜利做出了应尽的重要贡献。

第四章

美国六年留学生涯

一、赴美国明尼苏达大学留学

1939 年，徐克勤获得当时的“中美文化教育基金”资助，由中央地质调查所公费选派赴美国留学。“中美文化教育基金”实际上出自 1901 年《辛丑条约》规定的“庚子赔款”中所摊给美国的那一部分。从 1909 年起，美国将该赔款浮溢部分本利退回，充作留美学习基金，依托这部分资金，清政府于 1911 年年初成立了专门为培养赴美留学生的清华留美预备学校，一般认为是清华大学的前身。1924 年 6 月，美国国会通过决议，把该款项余额（本利合为 12 545 437 美元）退回中国，作为发展中国文化教育的基金，即“中美文化教育基金”，用以扩大美国在中国文教领域的影响。

在当时的中央地质调查所副所长黄汲清建议下，徐克勤选择到明尼苏达大学（University of Minnesota，Twin Cities）地质系读研究生，师从国际著名矿床学家艾孟斯（W.H.Emmons）。黄汲清还为徐克勤写了推荐信，对徐克勤参加中央地质调查所 5 年来的工作给予高度评价。

THE NATIONAL GEOLOGICAL SURVEY OF CHINA
PEHPEI, CHUNGKING, SZECHUAN, CHINA.

Pehpei, Sept. 27, 1939.

Prof. W. H. Emmons,
University of Minnesota
Minneapolis, U. S. A.

Dear Sir:

This is to introduce Mr. K. C. Hsu, geologist of the Geological Survey of China who is going to the U. S. A. for advanced studies in geology especially in the studies of ore deposits. During his five years' service in the Survey he has done excellent work both in geological mapping and in the investigation of ore deposits. His main activities were confined to the southern part of Kiangsi province in which the world-famous tungsten deposits are located. For nearly two years he was undertaking field work in that region, mapping out the geological formations and going from one deposit to another making detailed surveys of the granitic bodies and associated wolframite, cassiterite and molybdenite-bearing veins. Since his return from the field in the spring of 1938, he has been busily engaged in the writing of his report which has just been completed.

Having obtained a fellowship from the China Foundation for the promotion of Education and Culture he has the opportunity to go to the United States, and we advise him to go to you since we know of no better place where he could get thorough training in the study of ore deposits. We hope you will accept him as a special research student and allow him to work in your laboratory. We also hope that whenever possible, you will assign him pieces of field work.

Anything you can do for Mr. Hsu will be greatly appreciated.

Yours truly,

T. K. Huang

(T. K. Huang)
Acting Director

黄汲清为徐克勤留美写的英文推荐信

1939年9月，是白露已过、秋分未到的时节，一场骤雨初歇之后，山城重庆已经有了一丝凉意，颇有点“寒蝉凄切”的清秋气象。32岁的徐克勤告别妻儿，离开重庆，顺江而下，到上海后换乘远洋轮船赴美国留学。经过了近两个月的漫漫海上航程，辗转千里烟波，终于在当年的11月下旬到达位于美国中北部的明尼苏达大学。

明尼苏达大学始建于1851年，历史悠久，是美国著名的州立大学，具有优良的教育、体育和服务社会传统，被誉为“公立常青藤”。明尼苏达大学也是美国最具综合性的高等学府，其地质学科在全美大学中也颇有影响力。从20世纪20年代起，明尼苏达大学就接受中国学生和学者前往留学，其中地球科学领域的留学生除了徐克勤外，还有较早的采矿学家张正平（留学时间为1919～1922年）、水文地质学家朱庭祜（留学时间为1922～1923年），以及石油地质学家潘钟祥（留学时间为1943～1946年）、矿床地球化学家涂光炽（留学时间为1946～1949年）、同位素地球化学家江博明（留学时间为1958～1961年）等人。

艾孟斯教授在1939年12月1日给黄汲清写了回信。信中说，徐克勤几天前到了明尼苏达大学，并顺利完成了在研究生院的报到注册，将从下学期开始学习和工作。艾孟斯在信中还说“我们都很喜欢徐（We all like Mr. Hsu very much），并期待着与他愉快合作”。

已届而立之年的徐克勤十分珍惜这次来美国留学的机会，想到战火纷飞的祖国，想到在重庆时时可能遭受侵华日军狂轰滥炸的家人，更增强了他努力学习的动力。徐克勤在美国期间学习非常认真，1939～1942年这3个学年，他总共选修了26门研究生课程，而且各门功课成绩都很优秀。他还利用各种机会参加野外地质实习课程，到美国的一些矿山考察。因为他在矿床地质方面已经具有一定造诣，英语基础又相当好，所以很快便成为明尼苏达大学研究生中的佼佼者。由于成绩突出，他在1942年硕士毕业

徐克勤在美国留学时的照片

后就被破格入选为著名的美国自然科学荣誉学会（Membership of Sigma Xi Society）会员。而一般来说，入选这个学会的会员都是博士中的优秀者，或是已经取得一定成绩的科学家。每个美国自然科学荣誉学会会员都能获得一把会员独有的金钥匙。徐克勤很珍爱这把金钥匙，常常把它带在身边。

1940 年，徐克勤（左一）在美国南达科他州著名的 Black Hill 金矿区

通常情况下，徐克勤在获得硕士学位后就要启程回国。但是，当时中国国内抗日战争的硝烟正浓，一时难以结束。而且，珍珠港事件使得浩瀚的太平洋也成为激烈的战场，樯倾楫摧，商旅不行。或许正是由于这个原因，中央地质调查所所长翁文灏特许徐克勤暂不回国，继续在美深造。于是，徐克勤从 1942 年开始在艾孟斯教授指导下攻读博士学位。

为了提升自己的矿床知识水平，增强野外实际工作能力，徐克勤一心想到矿产资源丰富的美国西部地区实地考察钨矿和其他矿床地质。但是，美国的矿山基本上都是由矿业公司经营开采的，是所谓的“私有财产”（private property）；作为一个中国留学生，人生地不熟，如何能顺利地进入这些矿山？这显然是徐克勤面临的一个棘手问题。他的导师艾孟斯教授积极为他寻求帮助，并专门于 1942 年 6 月写信给负责矿产资源调查的美国地质调查局（United States Geological Survey, USGS）主任门登霍尔（Mendenhall）博士，又于 7 月写信给该局的金属矿床分部首席地质学家休伊特（Hewitt）博士，希望他们能够安排徐克勤参加美国地质调查局某一个矿产资源调查小组的野外考察和研究活动。但是，门登霍尔博士回信表示，由于美国地质调查局隶属于美国内政部（Department of the Interior），是一个政府机构，只能雇用美国公民，所以为中国留学生徐克勤做这样的安排确有困难；他还提出，必须由中国大使馆向美国国务院提出有关需求的申请，才有可能予以考虑。

在请导师艾孟斯帮助的同时，徐克勤也给国内的中央地质调查所翁文灏所长写信请求支持。翁文灏很快就给徐克勤回了信，指示他到纽约去找李国钦[①]（K.C.Li），说李国钦一定能够为徐克勤到美国中西部考察矿山提供帮助，翁文灏还特地给徐克勤汇去1000美元，专门用于资助他攻读博士学位期间在美国考察矿床地质。艾孟斯教授听说此事后，也马上于7月9日给李国钦写了一封信。

第二次世界大战期间，李国钦已经加入美国国籍。由于战争导致钨的价格快速上涨，李国钦的华昌贸易公司也扩大了业务范围，从原来单一的锑矿产品贸易，变为同时从事钨矿进出口，华昌贸易公司还在纽约的长岛（Long Island）开设了一个钨矿砂的精选厂。

其实，当徐克勤在国内的赣南、湘南等地进行钨矿地质调查之时，就已经知道了李国钦这个人。因为湖南瑶岗仙的黑钨矿正是由李国钦发现的。因此，徐克勤得到翁文灏的指示后，很快就与李国钦取得了联系。李国钦在接到徐克勤和艾孟斯的信以后，也很快分别回了信，并表示一定会尽力帮助徐克勤参加野外考察。

1942年7月底的一天，徐克勤正在怀俄明州境内黄石公园附近考察时，接到了李国钦发来的电报，要徐克勤尽快到纽约去和他见面，并说有要事相告。黄石公园离纽约大概有3600公里，徐克勤接到电报后不敢怠慢，立即动身，乘坐了整整一天半的“灰狗”大巴（Greyhound bus），赶到了纽约。

---

① 李国钦(1887—1961)，字炳麟，湖南长沙人。他在兄长的帮助下，通过考试进入由近代实业家、华兴会成员之一的梁焕奎（1868—1931）创办的湖南高等实业学堂（中南矿冶学院、今中南大学的前身），入矿科第一班学习。1910年毕业后，他又赴英国伦敦皇家矿业学院留学深造，并于1914年回国。当时，梁焕奎在长沙已经开设华昌炼锑公司，所炼出的纯金属锑质量超过英国。于是，从英国回来的李国钦就进入华昌炼锑公司工作，并出任该公司业务部副经理。1915年年底李国钦前往美国，担任华昌炼锑公司纽约分公司的副董事长兼总经理，经营锑矿的出口。1916年，李国钦将纽约分公司改组为华昌贸易公司（Wah Chang Trading Co.），自任董事长兼总经理，很快便成为国际军工原料巨商，在国际矿产品贸易领域占有一席之地，成为在美中国商人中的佼佼者。

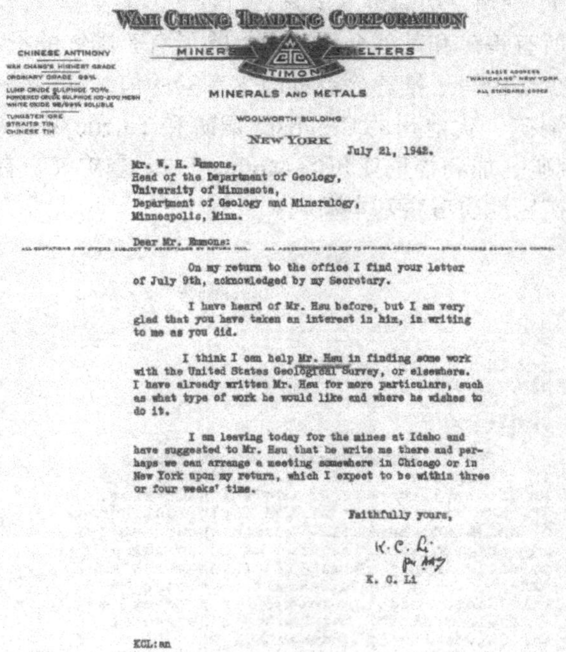

WAH CHANG TRADING CORPORATION

MINERS — SMELTERS

ANTIMONY

MINERALS AND METALS

WOOLWORTH BUILDING

NEW YORK

CHINESE ANTIMONY
WAH CHANG'S HIGHEST GRADE
ORDINARY GRADE 99%
LUMP CRUDE SULPHIDE 70%
POWDERED CRUDE SULPHIDE 100-200 MESH
WHITE OXIDE 98/99% SOLUBLE
TUNGSTEN ORE
STRAITS TIN
CHINESE TIN

CABLE ADDRESS "WAHCHANG" NEW YORK
ALL STANDARD CODES

July 21, 1942.

Mr. W. H. Emmons,
Head of the Department of Geology,
University of Minnesota,
Department of Geology and Mineralogy,
Minneapolis, Minn.

Dear Mr. Emmons:

On my return to the office I find your letter of July 9th, acknowledged by my Secretary.

I have heard of Mr. Hsu before, but I am very glad that you have taken an interest in him, in writing to me as you did.

I think I can help Mr. Hsu in finding some work with the United States Geological Survey, or elsewhere. I have already written Mr. Hsu for more particulars, such as what type of work he would like and where he wishes to do it.

I am leaving today for the mines at Idaho and have suggested to Mr. Hsu that he write me there and perhaps we can arrange a meeting somewhere in Chicago or in New York upon my return, which I expect to be within three or four weeks' time.

Faithfully yours,

K. C. Li

K. C. Li

KCL:an

李国钦给艾孟斯的回信

李国钦也早就知道徐克勤在国内钨矿地质领域所做出的贡献，他见到徐克勤后，便直接提出希望徐克勤留在美国与他共事，并说在薪酬待遇方面可以格外照顾。徐克勤当即表示，自己是国家公费派出，而且现在正在攻读学位，并没有留在美国工作的思想准备。但李国钦仍极力劝说，并希望徐克勤再认真考虑一下。次日，徐克勤再去拜访李国钦，明确告诉他打算读完博士学位后就回国，不能留在美国工作，并向他表达了歉意。李国钦见徐克勤决心坚定，知道无法说服他，也只好作罢，便给徐克勤写了几封去往相关矿业公司和矿山考察的推荐信。徐克勤向李国钦表示感谢之后，又踏上了他的西行野外考察之路。

二、获得博士学位　拒绝重金诱惑

1942 年的夏、秋两季，徐克勤开着一辆二手汽车，单人独骑跑遍了美国中西部的 11 个州，历时近 5 个月，行程 3 万多英里[①]，考察了当年正在开采的几乎所有钨矿和其他金属矿山。除了有李国钦的推荐信外，艾孟斯教授也给不少矿山写了推荐徐克勤前去考察的信，其中著名的矿山有内华达州的 Ely 铜矿、犹他州的 Bingham 铜矿和 Tinctic 铅锌矿、科罗拉多州的 Climax 钼矿、加利福尼亚州的 Mother Lode 金矿等。有了这些信件，徐克勤的野外矿床地质考察基本顺利。

September 21, 1942

Ely Copper Mine
Ely, Nevada

Gentlemen:

One of our students, Mr. Ketchin Hsu, is making a visit of certain mineral deposits in the western part of the United States. Mr. Hsu is a member of the Geological Survey of China and has spent several years studying the tungsten deposits of China which normally supply about 60% of the world's tungsten. He has an excellent report on this field which he intends to present as a requirement for the Doctor's degree at the University of Minnesota.

Mr. Hsu has been at the University of Minnesota doing post-graduate work. He is a fine gentleman, a fine scholar, and very trustworthy. Any courtesy that could be extended to him would be greatly appreciated.

Sincerely yours,

WHE:ALR

W. H. Emmons
Professor and Head of
the Department of
Geology

Letter also sent to:

艾孟斯教授为徐克勤考察内华达州 Ely 铜矿等矿山写的推荐信

这次考察，大大丰富了徐克勤在矿床地质方面的实践知识，也积累了更多野外地质工作的经验。当然，尽管不像当年在赣南山区会遇见土匪，但是孤身一人驾车进深山，也有许多艰难险阻。有一次，徐克勤开车行驶在落基山脉（Rocky Mountain）的深山中，虽然是秋天，但是由于纬度和海拔较高，所以突遇大雪。恰恰在这个时候车子又出了故障，周围根本找不到人，而当地还常有野狼出没。眼看日薄西山，天色渐晚，徐克勤强压住内心的恐惧，沉着镇定，最终把车子修好，安全驶离了这荒山野岭。

① 1 英里≈ 1.609 千米。

徐克勤在美国考察矿山时留影

1943年，徐克勤总结了他这几年在美国学到的矿床学理论，以及所调研的世界各地钨矿地质文献资料，并结合自己在国内多年调查研究钨矿地质的成果，开始撰写题为《钨矿地质》（*Geology of Tungsten Deposits*）的博士学位论文。这篇论文既论述了中国赣南等地的钨矿和美国的钨矿，也兼论了世界其他地区的钨矿。在论文中，徐克勤划分了钨矿的类型，阐述了它们的地质特征及成因，资料翔实，内容丰富，乃是当时及后来很长一段时间内国际上最重要的钨矿地质文献之一。同时，他将该论文中有关赣南钨矿的部分资料进行压缩加工后，写成一篇题为《中国赣南钨矿床》（*Tungsten Deposits of Southern Kiangsi, China*）的文章，提前发表在国际矿床学界的顶级刊物《经济地质》（*Economic Geology*）上。这两篇关于钨矿的论文都在国际地质学界产生了巨大影响，使得徐克勤成为国际知名的钨矿地质学家，奠定了他在国际钨矿地质领域的权威地位。

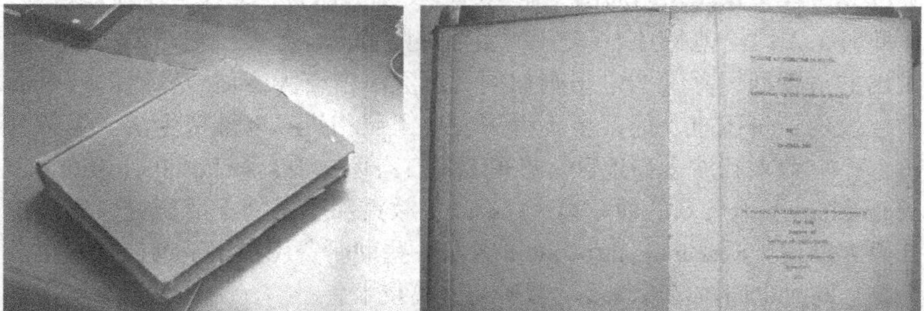

徐克勤的博士论文外观及扉页

随着第二次世界大战进入高潮，军火工业对钨和其他金属的需求量大增。1941 年 12 月，太平洋战争爆发，美国直接参加第二次世界大战。1942年6月，美国成立了以美国地质调查局为主导的军事地质组（Military Geology Unit）。由于中国是全球钨矿最丰富的国家，徐克勤又是最熟悉中国钨矿的人，而此时徐克勤本人正好就在美国，因此，美国军事地质组就想到要聘请徐克勤来参与钨矿资源方面的工作。1943 年年末，美国军事地质组组长查尔斯·亨特（Charles B. Hunt）博士专门给徐克勤写了一封信，对他在钨矿地质领域的工作表示赞赏和敬佩，并诚挚地邀请徐克勤去该组工作。他在信中还特别提出，尽管当时徐克勤尚未获得博士学位，但鉴于徐克勤在中国中央地质调查所的任职资历及他在钨矿地质领域取得的成就，他们仍将以“资深地质学家”（Senior Geologist）的职位聘用他，年薪 5000 美元。在当年，美国的人均年收入还不到 2000 美元，年薪 5000 美元是相当高的报酬了。

徐克勤深知美国地质调查局的科研实力及其在国际地质学界的显赫地位，也很希望能有机会利用他们的巨大资源和先进设备进行矿床地质研究工作。因此，他相当谨慎地给亨特博士写了一封回信，在回信中，他一方面询问美方具体要他做什么工作；另一方面提出是否可以用半天时间参加该组的工作，半天时间从事自己的研究。亨特博士在回信中明确告诉徐克勤，他们需要的主要是徐克勤在中国钨矿领域的经验，并强调工作将会很忙，不可能用半天来做自己的研究。在弄清楚美方的意图之后，徐克勤断然拒绝了这一具有极大诱惑力的高薪聘请。

1944 年 12 月，徐克勤完成学业，顺利通过论文答辩，获得了明尼苏达大学的哲学博士学位。徐克勤离开生活了 5 年之久的明尼苏达，来到纽约的中国留学生办事处等待回国。但是，由于太平洋战事正酣，徐克勤无法乘坐越洋轮船回国，而飞机票又十分昂贵，非徐克勤所能承受。而此时，国内给他每月 66 美元的生活补贴费已经停发，他给翁文灏先生发出的请寄回国路费的电报则如同石沉大海，杳无音信。徐克勤顿时面临巨大的经济困难，他甚至不得不卖掉了照相机，以维持生活。无奈之下，徐克勤来到波士顿地区，在麻省理工学院（Massachusetts Institute of Technology）地质系的拉尔森（Larsen）教授那里做博士后研究，通过担任研究助理（Research Associate）获取一些助研费用，用于维持日常生活开支。同时也向拉尔森教授学习矿物分离技术。

1945 年 1 月，拉尔森教授向徐克勤介绍了一个叫吉布森（Gibbson）的人。吉布森提出想乘休假之机到中国去看看矿，问徐克勤能否陪同他一起去。吉布森承诺不仅可以为徐克勤提供往返中国的机票，而且还保证以后能在哈佛大学给徐克勤谋到一个讲师的职位。不过，徐克勤虽然急于回国，但是他觉得自己是一个中国公费留学生，不应该为了钱而私自带美国人到中国看矿；而且，徐克勤进一步了解到吉布森的真正意图是想了解中国华南的铀矿资源，以便为美国刚刚研制的原子弹寻找铀矿的后备原料基地。所以，尽管徐克勤囊中羞涩，急需回国路费，但他还是毅然谢绝了吉布森的提议。

徐克勤在美留学期间先后三次拒绝重金高职的诱惑，坚持学成回国，体现了一个中国学者高尚的爱国主义精神和“贫贱不能移”的大丈夫风骨，无愧为一个真正的爱国者。

三、学成回国

1945 年 8 月 15 日，日本天皇宣布无条件投降，中国人民终于迎来了抗日战争的胜利。此时的徐克勤也盼来了国内寄给他的回国路费。1945 年 11 月初，在美国度过整整 6 年之后，徐克勤终于踏上回国之路。

此时的徐克勤，既满怀学成报国之壮志，又十分急切地想要见到久别的妻子与儿女。当他乘坐的轮船涉过重洋，终于进入上海吴淞口码头时，他望着这久别的故土，内心无比欣喜，十分激动。而当他看到黄浦江中进进出出的仍然都是飘扬着外国旗帜的轮船、军舰时，不由得产生一种耻辱之感，同时也更激发起他强烈的民族自尊心。站在甲板上，徐克勤下决心要尽自己的力量发展中国的地质事业，为振兴国家的经济而寻找出更多的矿藏，改变祖国贫穷落后的面貌。

徐克勤到达上海后，先回了一趟巢县老家探望亲人。见到长期战乱后故乡的萧瑟，旧屋的凋零，徐克勤不胜感叹。而更令他伤心的是，为家庭操劳了一辈子的慈母已经年迈，身体也日趋衰弱。但是，所谓“忠孝不能两全”，短短两天之后，徐克勤就不得不告别母亲，赶往重庆去了。而令徐克勤始料未及的是，就在他走后不久，母亲就得了疟疾，由于当地乡村医生没有对症用药，最终导致徐克勤母亲不治身亡，令人唏嘘不已。

12 月初，徐克勤到达重庆，他先到位于北碚的中央地质调查所报到，然后回到沙坪坝的家，与久别的妻子、儿女团聚。徐克勤当年离家的时候，长子徐晓骥才3岁多，而长女徐晓蜀刚出生两个月，尚在襁褓之中。徐晓蜀回忆说，在重庆的那几年，因为妈妈要教书维持生计，所以就和哥哥住在沙坪坝，而她就跟外公外婆一起在江北的朝阳河乡下生活，只有到了周末才能与妈妈见面，对于“爸爸”，她根本就没有一点儿概念。她的小伙伴们有时会讥笑她没有爸爸，她也无言以对。不过，她记得有一天家里收到一张从美国寄来的照片，照片上的徐克勤穿着西装、戴着领带，非常神气。她就把这张照片拿给小伙伴们看，并骄傲地说，“我有爸爸！看我的爸爸多神气！”

毕竟是血浓于水，徐克勤回家后，已经6岁的女儿很快就和爸爸十分亲热了。每天傍晚，徐晓蜀见到外婆和妈妈开始准备晚饭时，她就知道爸爸快要下班回家了。于是，她就赶快跑到门外，爬到一棵树上眺望，看见爸爸来了，她就要爸爸把她直接从树上抱下来，而徐克勤也高兴地把宝贝女儿背进家门。

虽然徐克勤不是那种“英雄气短，儿女情长”的人，但是漫长的留学岁月，也使徐克勤饱尝了“此去经年，应是良辰好景虚设”的滋味。所以在经历了6年的分离之后，徐克勤倍感家庭的亲切和温暖。

中央地质调查所的同仁们热烈欢迎徐克勤从美国学成归来，获得美国博士学位的徐克勤的专业职位被晋升为技正，并继续被委派到华南地区从事钨锡等金属矿床的地质研究工作。

1945年12月下旬，中央地质调查所从重庆搬回到南京珠江路的原址。徐克勤也随调查所来到阔别8年的南京，并安排了家庭的居所。不久，妻子刘光蕙和子女、岳父母，以及妻妹刘光淑一家也从重庆乘坐民生轮船回到南京。

1946年4～9月，受中央地质调查所委派，徐克勤等三人与资源委员会矿产测勘处的张兆瑾、霍学海组成南岭稀有金属调查队，前往桂粤湘赣4省进行钨锡等矿产资源的调查，其中最主要的任务就是会同广西第一区矿务局管理处的秦崇晓等，前往广西东北部调查稀有金属矿产资源。桂东北尤其是富（川）-贺（县）-钟（山）地区矿产丰富，但是由于地处荒僻，交通不便，加之山高林密，土匪出没，所以路途相当艰险。为了保障徐克勤等人的人身安全，以及调查工作的顺利开展，经济部特地颁发了“指令”，要求各“省政府转饬各该调查区域县政府切实协助保护”，并发给徐克勤等人“护照”3张。

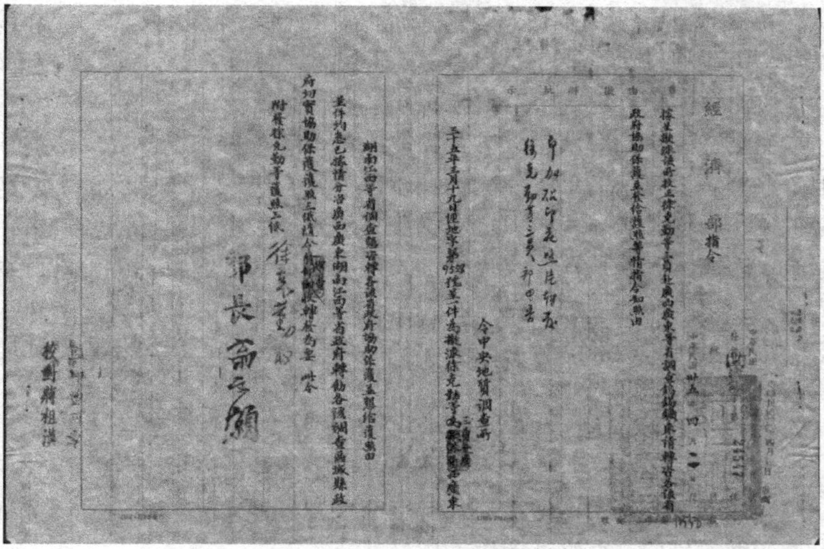

经济部派遣徐克勤等人赴广西等地开展地质调查的指令

在广西姑婆山地区的地质调查过程中，徐克勤发现花岗岩侵入于泥盆系地层，而又被下侏罗统的西湾煤系及长石砂岩所覆盖。因此确定该花岗岩可能属于印支期。这一认识后来一直延续了数十年。徐克勤等人还专门对广西富钟县（今钟山县）花山乡的铀矿进行了复勘，并编写了《广西钟山黄羌坪之矿床地质》，对花山铀矿的成因及规模进行评价。

钟山铀矿最早是由我国地质学家南延宗、吴磊伯发现的。南延宗是徐克勤的师兄，1931 年毕业于中央大学地质系。1943 年 5 月，在中央研究院地质研究所工作的南延宗到广西进行矿产地质调查，当他在广西富钟县花山乡的黄羌坪调查锡矿时，在一个曾经开采过锡钨矿的废旧窿口上，看见很多鲜艳的黄色粉末状物质。出于职业敏感，南延宗便用刀刮了一些黄色粉末样品带回去，交给同行的吴磊伯去进行化验和鉴定，看看其中是否存在稀有元素。通过显微镜下鉴定，两人确定具有完好四面体晶形的黄色粉末是一种铀矿物。同年 8 月，当他们随中央研究院地质研究所所长、著名地质学家李四光到广西考察时，便再次顺路来到钟山县黄羌坪对该铀矿点进行复查，发现铀矿物是沿着一条钨锡伟晶花岗岩脉中的断层面生长的，虽然数量不多，但千真万确是铀矿。南延宗和吴磊伯认为铀矿的生成与伟晶花岗岩有关，是汽化矿床经风化作用沿裂隙形成的次生铀矿，并鉴定出晶质铀矿、脂铅铀矿、磷铀矿。这也是在中国第一次发现铀矿。两人在 1943 年 12 月的《中国地质学会志》上发表了《记广西东部几种矿物》

一文，首次描述以上几种次生铀矿物，从而引起了学术界的关注。1944年4月，南延宗、吴磊伯二人又撰文《广西富贺钟区铀矿之发现》，发表于《地质论评》第九卷第1、2合期。

徐克勤这一次到广西富钟县花山地区对铀矿进行复勘，也是他第一次实地考察和认识华南的铀矿床。他经过认真调查研究，认为该铀矿为次生磷酸铀矿、沥青铀矿，呈极薄之层状浸渗于长英岩中的断层壁间，由于数量甚微，因此无开采价值。徐克勤等人还对当地砂锡的尾矿成分进行鉴定分析，确定其中有较为丰富的独居石，其所含的钍、铀分别为1.58%和0.6%。后来的地质勘查也证实，在花山岩体中部多处产出风化壳型独居石矿，储量达7000多吨。

除了检查花山铀矿点外，徐克勤还考察了广西南丹的大厂锡矿。随后，他再次前往赣南几个大型钨矿山进行了考察。徐克勤这一次在桂、粤、湘赣诸省进行的矿产资源调查考察活动，是他作为中央地质调查所工作人员所做的最后一次野外地质工作。

第五章

应聘中央大学　投身教育

一、应聘中央大学地质系

1946年，中央大学地质系的李学清教授在任教18年之后休假一年。同年10月，中央大学正式向徐克勤发出邀请，聘请徐克勤来母校担任地质系教授。地质系同时还聘请资源委员会矿产勘测处副处长李庆远为兼任教授。

从中央地质调查所的技正，到中央大学的教授，这是徐克勤职业生涯中的一个重大转变。关于徐克勤为何离开中央地质调查所而进入中央大学任教授的具体原因，现在已无法考证。笔者根据自己了解的情况进行综合分析，推测主要有以下几个因素和几方面考虑。

第一个主要因素是经过4年赣南调查，6载美国留学，徐克勤长期与家人分离，饱受离别之苦。直到1945年年底，一家人随中央地质调查所从重庆迁回南京，才终于安定下来。1946年9月，徐克勤的第三个孩子徐晓山在南京出生。年近40的徐克勤想要在地质工作和家庭生活之间寻找更好的平衡。中央地质调查所的野外调查任务很重，而且大多孤军作战，工作的地点多在穷乡僻壤，甚至深入不毛，在当时的国内社会状况下风险很大。这或许是经历过太多艰难险阻、已到不惑之年的徐克勤首先要考虑的因素之一。

笔者曾见到一段关于徐克勤1946年某次野外考察经历的记载，是这样描述的：

> 1946年，徐克勤在踏勘途中，走到古代伍子胥过昭关的狭谷，发现一人仰卧山石丛中，棉袄盖头。原以为是坏人躺在地上耍花招——企图谋财害命！刚转身逃走，闻到一股刺鼻的死尸臭味，挑夫将棉袄揭开，倒吸一口寒气，惊出一身冷汗。原来是个无头尸！徐克勤联想到自己漂泊不定，前途渺茫，随时又都有亡命的厄运，感慨万端，吟诗一首，抒发自己忐忑不安的心情："曝骸山岭使人惊，转恨生涯路不平。我亦莽榛漂泊者，未知何处卜吾坟。"惊吓之余，徐克勤抖擞精神，继续工作！

笔者目前难以考证这段文字的真伪，但一直对它心存怀疑。因为它所说的事发地点"古代伍子胥过昭关的狭谷"，其实就在安徽的含山县北，离徐克勤老家巢湖三四十公里，当年徐克勤曾在这里测制地质图以完成大学毕业论文。然而，那里既没有崇山峻岭，也并非匪徒出没之处。更何况，在这段文字所说的1946年内，也没有徐克勤去安徽昭关地区进行野外工作的记录。如果说这件事是发生在广西的花山、姑婆山一带，倒较有可能出现这段文字中所描述的情景。不过，尽管这段文字的真实性值得考证，但它也道出了野外地质工作的巨大风险。相比之下，大学教授的职业和工作环境显然比中央地质调查所要安全稳定得多。

第二个可能的因素是徐克勤在美国留学6年之久，除了在明尼苏达大学先后攻读硕士、博士学位外，还到麻省理工学院做了近一年的博士后研究。这段经历使他对大学教育产生了浓厚兴趣，也深知教育对于推动社会发展和进步的重要意义。因此，徐克勤产生了从事教育事业的意愿。

第三个可能的因素是徐克勤回国后对中央地质调查所新的人事关系不太适应。徐克勤出国之前的中央地质调查所的老领导，如他所熟悉的、也是对他十分信任的翁文灏、黄汲清等都已经不在其位了，这或许也难免使得刚刚回国的徐克勤产生了些许物是人非之感。

总之，当母校中央大学向徐克勤发出任职邀请时，他便毫不犹豫地接受了。徐克勤以教授的身份又一次踏进中央大学的大门，从此开始了他从事地质教育事业并最终成为我国杰出的地质教育家的生涯。

当时的中央大学地质系，除了李学清、张更、陈旭、姚文光、戈定邦、张祖还等教授外，还聘请了中央地质调查所、中央研究院地质研究所、资源委员会等单位的知名专家学者，如黄汲清、谢家荣、李春昱、俞建章、张文佑等作为兼职教授，为学生授课。著名矿床学家、资源委员会矿产勘测处处长谢家荣[①]，就兼任中央大学地质系教授，讲授煤田地质学。

1946年，徐克勤已经是颇具盛名的矿床学家，他的加盟，使得中央大学地质系在矿床学及相关学科领域的师资力量大大加强。

中国科学院院士王德滋是著名的岩石学家，他于1946年考入中央大学地质系，与徐克勤几乎“同时进校”。他清楚地记得自己第一次见到徐克勤的情景。当时的中央大学校园分为两个部分，校本部在南京四牌楼，也

① 谢家荣（1898—1966），字季骅，上海人。地质学家、矿床学家、中国地质学会创始人之一。1913年考入丁文江创办的地质研究所学习地质学。1917年留学美国，1920年获威斯康星大学硕士学位，同年回国后在地质调查所任职，撰写《矿床学大意》，开始从事矿床学领域的研究。并曾在中山大学、清华大学、中央大学等校兼任教授。1935年任地质调查所北平分所所长。1936年建议创立《地质论评》并任编辑主任。抗日战争时期，谢家荣主持矿产测勘处的工作。1948年当选为中央研究院首届院士。1949年年后，谢家荣先后被任命为南京市军管会、华东工业部和中央财经委员会的矿产测勘处处长。1950年9月被任命为中国地质工作计划指导委员会副主任兼计划处处长。1952年任地质部地质矿产司总工程师。20世纪50年代以来兼任燃料工业部石油地质顾问，对全国的石油地质勘查做出重要贡献。

就是现在的东南大学所在地；而分部在丁家桥，是医学院、农学院及全校一年级学生的宿舍区，此外也有部分教师住在丁家桥。为了方便师生出行，学校每天都有几趟接送的通勤班车往返于本部与分部之间。而所谓的通勤车，其实就是在卡车上放了几条长凳而已。当时徐克勤住在丁家桥的教师宿舍，因此每天早晨要乘校车到四牌楼校本部去上班。王德滋回忆道：

有一次我乘校车到四牌楼校本部的图书馆去借书，上了通勤车不久，就上来了一位风度翩翩的中年教授，穿一件夹大衣，戴一副金丝边的眼镜，很有派头。他和我坐在同一条板凳上，并问我是哪个系的，我回答说地质系，他微笑着说，那我们是同系呢！我猜想这位一定是地质系的某一位教授，但因为是新生，胆子小，就没有敢问他是哪位。直到二年级，从丁家桥迁到四牌楼的科学馆，才知道他就是大名鼎鼎的徐克勤教授。

徐克勤进校任教的第二年，即1947年，中央大学地质系系主任张更①教授休假一年。当时的中央大学校长、我国著名物理学家吴有训便任命徐克勤接替张更，代理系主任一职。

张更在休假一年结束后回到学校任教，但是并未回到地质系系主任的岗位，系主任一职仍由徐克勤继续担任。为此，张更和徐克勤二人之间的关系曾引起较多的议论，有些人甚至说是徐克勤“霸占”主任岗位不肯让出。现在张更、徐克勤两位先生均早已作古，后人已经无法知晓真实的原因。不过，笔者揣测，当时的文人学者对于“名利”二字其实不是那么斤斤计较的。作为徐克勤的学长，张更或许觉得让徐克勤担任系主任更加合适一些。1957年2月，参加工作不久的青年教师林天瑞，被地质系派到北京的几个主要地矿单位去调研、学习地质资料的管理工作，恰逢徐克勤在北京参加中国地质学会第二次全国代表大会。会议期间，徐克勤有时候会利用晚上的空余时间去拜访在北京的地质前辈和好友。有一次，徐克勤就带着林天瑞到北京石油学院的教师宿舍去拜访了当时担任石油地质系系

① 张更（1896—1982），浙江瑞安人，1928年成为中央大学地学系的第一届毕业生。1934年考入美国哈佛大学，师从著名矿床学家林格仑先生，并与朱森一起考察美国矿产资源。1937年1月回国后，在南京中央研究院地质研究所工作，并于抗日战争爆发后随所迁往桂林。1940年，张更在重庆受李学清之聘进入中央大学地质系任教授，1942年年底接替病故的朱森而被任命为系主任。张更在抗日战争期间一直担任中国地质学会理事直至1949年。张更学识渊博，对金属、非金属矿床均有很深造诣。新中国成立后张更主要从事石油地质勘查，1953年参与了北京石油学院的建校工作并任该校地质系系主任。

主任的张更先生。据林天瑞的印象，张更先生非常热情好客，徐克勤对他很尊重，但也很随便而不拘谨。张更和徐克勤两人相谈甚欢，十分融洽，根本没有任何芥蒂。

1948年6月中央大学地质系部分师生合影

前排左起：萧楠森、张祖还、姚文光、陈旭、李学清、张更、徐克勤、丁传谱、蒋志超

二、发现瑶岗仙白钨矿

1947年7月中旬，刚刚担任中央大学地质系系主任的徐克勤受资源委员会委托，前往湖南资兴县瑶岗仙钨矿进行资源评价，同行的有应届毕业生季寿元、赵世彰等。瑶岗仙钨矿是1911年由湖南人李国钦考察锡矿时发现的。1914年，李国钦回国成立粤汉钨矿公司，着手开采瑶岗仙的黑钨矿，瑶岗仙因此而成为我国最早的黑钨矿开采矿山之一。当时，资源委员会想将瑶岗仙钨矿收归国有，但是矿主的出价高达20亿元。徐克勤去瑶岗仙钨矿的目的，就是要从矿床地质的角度，对正在开采的黑钨矿石英脉矿床做进一步的评估勘测，帮助政府分析是否值得以20亿元收购该矿山。

在湘南地区，凡是被称为“仙”的地方一般都是海拔较高的大山，除了资兴的瑶岗仙之外，还有汝城的白云仙、茶陵的邓阜仙等，它们也都是著名的钨矿区。笔者曾在 1979 年夏天跟随阮惠础老师等人到瑶岗仙钨矿去考察，先是坐火车到达湖南郴州，下火车后又改乘长途汽车。时值盛夏，天气十分炎热，无论是火车站还是汽车站，都是环境闷热，人流拥挤，空气污浊。当我们沿着七拐八弯的盘山公路来到瑶岗仙钨矿时，已是黄昏时光，一下车，顿觉此地空气清新，温凉宜人，放眼望去，只见满山苍翠，暮霭缭绕，仿佛真的到了仙境一般。

徐克勤等人到达瑶岗仙矿山的第二天，学生赵世彰突患疟疾无法参加工作，徐克勤就带着学生季寿元到矿区外围进行考察。瑶岗仙海拔 1600 多米，山势险峻，道路崎岖，非常难走。有的地方人迹罕至，根本就没有路，但是为了观察地质现象，徐克勤和季寿元仍然攀缘而上。徐克勤边走边观察，同时还要做记录，不知不觉已经是下午两点钟了，师生二人还没有吃午饭，只觉得饥肠辘辘。这是一个叫作和尚滩的地方，周围没有住户，山坡上稀稀拉拉的只有农民种的玉米，刚结出干瘪的果实，于是他们只好掰下两个尚未成熟的玉米来充饥。正在此时，徐克勤突然发现路旁的草丛中有一种棕黑色的土状物，与沿途所见的岩石不同。他立即仔细察看，并推测它是某种特殊岩石风化后又经氧化所致。徐克勤顿时忘记了饥饿，开始努力搜寻，终于找到了一些半风化的夕卡岩①露头。有着丰富钨矿研究和野外实践经验的徐克勤，知道在一定条件下夕卡岩可以伴生白钨矿，而这里又已经有了黑钨矿。因此，这种半风化的夕卡岩引起了他的极大重视。

白钨矿（钙钨矿）是一种在野外较难用肉眼鉴定和辨认的矿物，但是在紫外光灯的照射下，它会发出蓝色的荧光，容易与其他矿物区别开来，所以紫外光灯是快速鉴定白钨矿的最有效的工具。由于当时没有携带紫外光灯等设备，也没有镜下鉴定的条件，徐克勤只能凭借自己的经验，依靠肉眼来鉴别白钨矿。徐克勤继续追索夕卡岩露头，并且将夕卡岩的大致分布范围填绘于地形图上。同时，他又采集了几十块可能含有白钨矿的夕卡岩样品，以便带回南京进行室内研究。徐克勤还根据夕卡岩的出露范围及估计的白钨矿品位，粗略估算了白钨矿矿床规模，认为很可能已经超过了当时的黑钨矿储量。

回到南京以后，徐克勤立即进行了室内研究工作，结果十分令人鼓舞。无论是手标本的紫外光灯检查，还是岩石切片的显微镜下鉴定，都证实徐克勤等人采集的绝大多数样品中含有白钨矿。徐克勤在前人未报道过

① 夕卡岩，一般是指因火成岩侵入含钙质岩石中，发生交代反应而形成的一种接触变质岩。

白钨矿的瑶岗仙钨矿区发现了颇具规模的夕卡岩型白钨矿床，这无疑是对中国钨矿事业的巨大贡献。

需要说明的是，在1947年徐克勤发现瑶岗仙白钨矿矿床之前和大致同时，国内已经有若干关于白钨矿的报道了。例如，1943年，资源委员会矿产测勘处的金耀华、杨博泉在对云南省文山县老君山地区进行矿产地质调查时，也调查并报道了接触交代型白钨矿床（夕卡岩型白钨矿床），并在当年的《地质论评》上先后发表《云南文山玉树乡母鸡冲间地质矿产》及《云南文山老君山白钨矿床之成因及其意义（节要）》的论文。但是，由于当时政治、经济等原因，有关白钨矿的报道未能引起适当的重视。时至今日，滇东南文山等地区已经先后发现了多个大型钨矿。

在1948年召开的中国地质学会第23届年会上，黄懿、朱福湘提交的论文摘要报告了他们从1946年冬至1947年夏在赣南调查矿产期间，利用紫外光灯对大吉山、杨眉寺、西华山、漂塘、上坪等若干钨矿（均为石英脉型黑钨矿）的矿石进行观测的初步成果，发现了与黑钨矿共生的钨酸钙矿（白钨矿），并估计“全赣南的钨酸钙矿储量或可相当于钨锰铁矿的0.5%”。

湖南省地质调查所的黎盛斯于1949年在《地质论评》上发表了一篇《湘西白钨矿之发现》的短文，记述了他在1943年春前往湘西冷家溪金矿区从事探矿工程，发现在淘金的重砂中含有白钨矿，进而在长江金矿等矿山的坑道内发现了在石英脉中与金共生的白钨矿。而且白钨矿含量与金的品位有明显的负相关，以至于当地矿工有所谓“生金不生蚨（钨）”的说法。进一步研究发现，在湘西地区的许多金矿（如东安溪、西安溪、渣滓溪等）都有白钨矿产出，主要是与金或锑共生于石英脉内。后来的勘查表明，湘西地区是我国金-锑-钨共生矿床的最重要产地。而且，当时黎盛斯还听闻在湘南汝城白云仙、湘东茶陵邓皐仙等地方的钨锡矿床中也有白钨矿存在。

然而，以上这些关于白钨矿的报道都是已知的矿床或矿石，并非首次发现。而且，正如徐克勤后来在文章中所指出的，由于“高温热液类的钨铁锰矿（黑钨矿）石英脉矿床和接触交代类的夕卡岩型钙钨矿（白钨矿）矿床同在一地出现，且同具工业价值，在世界他处尚少先例”，因此，徐克勤的这一发现在我国钨矿史上具有重大意义，也是对钨矿床地质的巨大贡献。

著名矿床学家、中国地质大学教授翟裕生院士在与笔者的交谈中对徐克勤发现瑶岗仙白钨矿这一成果给予高度评价，认为这是了不起的发现。

他说他在给学生讲授矿床学的时候经常举此为例。他还总结了徐克勤之所以能发现这个大型白钨矿，除了具有丰富的野外矿床地质工作经验之外，更得益于徐克勤认真踏实的工作态度，以及对地质现象，尤其是对新事物的敏锐感知、仔细观察和正确判断。

翟裕生的这一评价非常中肯。的确，徐克勤在工作时间是非常集中精力、专心致志的，而且勤于观察、勤于思索。1962 年毕业于南京大学地质系的孙明志回忆起 1960 年徐克勤带领他们班几个同学到安徽马鞍山进行矿床学课程实习时的一件事，给他留下了深刻的印象：有一位女同学是班级里的文体积极分子，性格活泼，爱说爱笑。在野外实习行走的时候，这位女同学偶尔会用地质锤敲打一下矿车和铁轨，发出叮当的响声。徐克勤见了就很不高兴，立刻批评她不能这样，要求学生在实习时一定要专心，要集中思想。孙明志后来成为徐克勤的研究生，毕业后留校任教，并作为徐克勤的重要助手，经常随同徐克勤一起到野外考察。他在总结自己的感受和体会时说：

徐先生工作的时候很专心，眼中看的、心里想的都是有关的地质现象，而对其他一些无关的事情考虑很少，不像我们走在路上经常会看看风景、讲讲笑话之类。正是因为如此，徐先生就善于发现有用的地质现象，而且对于曾经到过的地方，所看过的现象，都有深刻的印象和记忆。例如，在他长期工作过的赣南，他甚至对一些小地名、小路，过了几十年都能记得，而我们却做不到。

1948 年暑假，徐克勤再赴瑶岗仙钨矿。这一次，他带上了紫外光灯，对和尚滩一带的夕卡岩白钨矿进行了较为详细的调查，并测制了 1∶2500 地形地质图。在此基础上，徐克勤起草了地质报告。他的工作成果显示：瑶岗仙夕卡岩型白钨矿床的地质条件相当好，矿体顺层延长约 1 公里，厚度和延深都较大，应该是一个具有相当规模的矿床。从紫外光灯检查及样品化验的结果来看，矿石品位也已经达到了开采要求。

当时，徐克勤很希望能有钻探工程来进行验证，以查明矿床的延深范围，确定矿石储量。然而，当时的国民党政府已经处在风雨飘摇之中，自身尚且岌岌可危，因此根本无暇顾及矿产的勘查开发工作。所以，不仅资源委员会收购瑶岗仙钨矿的设想成了泡影，而且徐克勤对瑶岗仙的工作也只得止步于此了。直到新中国成立后，在徐克勤的建议下，地质部门才于 1954 年 3 月开始对瑶岗仙的夕卡岩型白钨矿床进行大规模的勘查。

1948年7月，在中国地质学会理事会上，徐克勤首次被推举为下届理事的候选人之一。同年10月23日的理事会上宣布了改选结果，徐克勤等5人当选为候补理事。徐克勤也被聘任为《中国地质学会志》的编辑之一。

三、苦心经营地质系

徐克勤从1947年开始担任中央大学地质系系主任，是地质系独立建系以来的第四任系主任。从此，徐克勤在地质系系主任的岗位上工作了37年，直到1984年才卸任，被称为“史上任期最长的系主任”，可谓“前无古人，后无来者”。徐克勤也为中央大学 - 南京大学地质系的建设和发展做出了无可替代的重要贡献。

当年的一些学生回忆起他们第一次见到徐克勤的情景，感觉依然历历在目。

1948年考入中央大学的刘孝善，一年级是在地理系学习的，进入二年级时想转到地质系来学习，于是就到四牌楼校本部科学馆三楼的地质系办公室找徐克勤主任申请。刘孝善回忆说，当时他觉得徐克勤是留美归来的博士，很了不起，但见面聊天后发现他很随和。徐克勤看了看刘孝善的学习成绩，基本上很满意，就问刘孝善为什么想转到地质系。刘孝善回答说新中国成立后，国家要建设，地质找矿应该大有前途，国家也需要，所以就想转到地质系来。徐克勤听了很高兴，马上就同意了。与刘孝善同一年级，后来成为北京大学地质系教授的钱祥麟也从地理系转到了地质系。

1949年入学的韩同蓉是从上海的专科学校进入中央大学的。她原来学的是文科经济类的专业，但是却对地质学比较感兴趣，因为可以经常到野外去跑跑，于是她就想改读地质系。韩同蓉回忆起当年找系主任徐克勤提出申请时的情景，感到徐克勤待人很和蔼，但又很严格。徐克勤说，地质和你原来学的专业不符，如果你要到地质系，表示欢迎，但是，就要从一年级读起。韩同蓉表示愿意，于是就进了地质系。

徐克勤不仅是一位优秀的矿床学家，而且在岩石学、矿物学等领域也有很深的造诣。他到中央大学任教及后来继续在南京大学任教期间，一共讲授了矿床学、光性矿物学、岩石学、应用岩石学和矿相学5门课程。

关于徐克勤讲课的情景，许多当年的学生也都有深刻的印象。大家比较一致的感觉是他讲课时虽然不像有些老师那样按照书本顺序有条理讲授，但是知识含量很高，需要学生会听，而且记笔记的压力较大。王德滋回忆说：徐克勤先生在讲矿床学这门课的时候，经常列举大量的实例，既有中国的，也有美国的，而且讲课时中英文混用，无论是讲述还是板书，都是既有中文又有英文，学生记笔记往往也只能中英文结合，学生戏称为“雨夹雪”。在这种情况下，对学生的英文要求也比较高。实际上，中央大学对学生英文的要求一直就是比较高的，王德滋在中央大学期间需要学习的英文课程就有英文阅读和英文作文两门，占总学分的近 1/3，不少学生被淘汰也主要是因为英文成绩不好。当时的教材也是以英文为主，图书馆里的英文书也很多，能满足学生借阅之需。王德滋印象中新中国成立前地质系唯一的一本中文教材就是孙鼐的《普通地质学》，其他都是英文书。

中国科学院院士孙枢是 1950 年考入南京大学地质系的。他回忆道：听徐克勤先生的课，笔记不是那么好记的，他讲课不像有些老师那么条理清晰。但是毕业参加工作以后才感到徐克勤先生讲课的内容非常丰富，实例多，材料新，尤其是紧跟学科的发展。例如，变质岩这门课本来是李学清先生讲，有一段时间李先生身体不好，就由徐克勤来代讲，学生们立刻就发现两位老师讲的这门课完全不同。李学清基本上按照教材讲，而徐克勤完全按照特纳（Turner）的变质相来讲，讲课的内容比较新。

1954 年进入南京大学地质系的郑绵平，现在是我国盐湖科学及盐类矿床研究的权威、中国工程院院士。时隔 60 年后，他仍清楚地记得自己最早知道盐湖和盐类矿床，就是在听徐克勤老师的矿床学课堂上。给他留下深刻印象的是徐克勤专门介绍了两个人，并且把他们的名字写在黑板上：一个是李悦言，另一个是袁见齐①。徐克勤虽然与袁见齐同庚，但是 1930 年才进入中央大学学习，而袁见齐 1929 年毕业于中央大学后即留校任教。因此袁见齐与徐克勤虽是校友，却有师生之谊。

郑绵平一毕业，就被分配到北京的化学工业部地质矿山局，报到伊始，就由该局总工程师——中国盐类矿床地质学家李悦言教授安排参加了柴达木盆地盐湖调查队。一年后，郑绵平又参加了由我国盐湖化学的奠基人柳大纲教授和北京地质学院袁见齐教授率领的中国科学院柴达木盐湖科学调查队。郑绵平回顾这一段历史时感慨地说，正是徐克勤老师当年的课

① 袁见齐（1907—1991），中国盐类矿床研究的开拓者、中国地质大学教授、中国科学院院士，1929 年毕业于中央大学地质系。

程，使他第一次知道盐湖，也正是徐克勤老师在黑板上写下名字的这两位前辈，引领他将盐湖科学及盐类矿床地质作为自己的终身事业。

徐克勤上课时，在两节课之间的10分钟从不下课休息，而是一口气讲到下课。当时地质系的教室在中央大学四牌楼校区科学馆的三楼，楼上也有实验室和教师的预备室。徐克勤经常会在上课中间走到预备室去找东西，学生们对此也习以为常。

据王德滋回忆，他在1947～1949年一共听过徐克勤老师讲的三门课程：第一门是光性矿物学，这门基础课主要培养学生如何使用和掌握偏光显微镜，以便学会准确鉴定岩石、矿物的能力，所以非常重要。但是当年却没有教材，于是徐克勤指定了两本参考书，一本是*Crystal Optics*，另一本是*Optical Mineralogy*。考试时，徐克勤只发给学生一张白纸，自己在黑板上出题目让学生答。当年，王德滋的光性矿物学考试成绩最好，得到99分，而这门课程对王德滋的成长也有着相当大的意义。王德滋后来成了这一领域的专家，他编著的《光性矿物学》成为国内地学各相关专业中最重要、最受欢迎的基础教材之一。第二门课是变质岩岩石学，指定的两本参考书是Harker的*Metamorphism*以及Taylor的*Principle of Petrology*。第三门课是高等矿床学，徐克勤指定的参考书是林格仑和艾孟斯的矿床学，后者是他在美国明尼苏达大学留学时的导师。徐克勤讲述高等矿床学的特色是非常重视围岩蚀变，不仅在课堂上讲述得多，而且他有自己多年积累的一整套围岩蚀变标本，因此还组织了相关的实验课。高等矿床学这门课程，后来经胡受奚、王尔康等人的发展而成为蚀变岩石学。

原中央大学地质系所在的科学馆（今东南大学健雄院）

北京大学地质系教授钱祥麟是1948年考入中央大学地质系的，1952年因国家需要提前毕业。他回忆并对比了李学清和徐克勤两位老师讲课风格的差异：李学清在他二年级时讲授岩石学，讲课条理清晰，一个一个矿物的描述，但也显得有些刻板。有一次上课时李学清老师发现没有带讲稿，就让学生稍等，他自己回家去拿讲稿，来回耽误半个小时。到了三年级，徐克勤讲授岩石学，大家觉得很奇怪，怎么又有岩石学课了？徐克勤笑着说，他给大家讲的是高等岩石学。徐克勤讲课不用讲稿，就一个小本子，上面写几个大字作为提纲，但是他指定的参考书却是很新的教科书。眼看一个学期过去了一半，学生们发现徐克勤一直在讲花岗岩。钱祥麟是当年的岩石学课代表，就问："徐先生您怎么一直讲花岗岩？"徐克勤却回答说："花岗岩很重要，讲不完的。"

徐克勤在初任中央大学地质系系主任之际，抱着教育救国的远大志向，希望为国家资源开发、经济振兴培养更多的优秀地学人才。然而，当时的中国虽然已经从抗日战争的战乱硝烟中走了出来，但是国民党的统治却日趋腐败，所以社会依然是百业凋敝，民不聊生。对于大学来说，一方面是政府拨给的教育经费越来越少；另一方面则是物价一天比一天高涨，所以，学校想培养优秀人才谈何容易？

就拿学生的野外地质实习来说，由于地质学是一门以认识自然现象为基础的科学，具有很强的实践性，因此，野外实习是地质系教学中一个不可或缺的环节。徐克勤特别注重学生的野外实习和基础训练。但是，野外实习显然比课堂教学需要更多的经费支持，而当时的地质系的行政经费只够订几份报纸，根本不可能为野外实习提供费用。巧妇难为无米之炊，徐克勤为此夙夜忧虑，绞尽脑汁，最终想出了两个办法。一个办法是利用本系教师的专业知识和特长，组织身强力壮的年轻教师为一些私营矿山企业提供有偿服务，以获得一些经济报酬或资助；另一个办法是为了抵御通货膨胀，徐克勤就把通过这些服务获得的报酬或资助立即购买一桶桶的汽油，囤积起来。每当师生需要外出实习时，便只需借用学校的汽车，而自带汽油，这样可以节省许多开支。甚至在汽油价格攀升的时候，还可以卖出一些积余的汽油，以便赚取现金来购买教学所需的其他物资。

因此，在那些办学经费十分匮乏的年月，中央大学地质系的学生仍然能够正常进行野外实习。学生们也非常喜欢到野外实习，一是因为在城市、校园里待久了，大家都很希望出去接触大自然；二是从课堂上、书本里学到的许多抽象的理论知识，必须要到野外实地看过后，才觉得生动，才能够牢记和巩固。况且，当时到野外去实习都是自己随车携带着粮食、蔬菜、肉类等食物，自己做饭，所以伙食要比学校食堂有所改善。学生们尤其喜欢跟徐克勤去进行矿床实习，因为所到的矿山的人对徐克勤都非常尊敬和崇拜，全部热情接待，学生们自然也就跟着沾光了。

在新中国成立前夕风雨飘摇的南京城，徐克勤就是这样殚心竭虑，恪尽职守，努力工作，维护了中央大学地质系的正常运行和发展，也赢得了地质系全系师生的信任和爱戴。在徐克勤的领导下，这一时期的中央大学地质系，虽然招生人数不多，但是仍然保持着在国内地质教育界的领先地位。

南京虽然是国民党政府时期的首都，中央大学又是由政府拨款的大学，但是实际上，自从抗日战争胜利迁回南京以后，中央大学一直就是民主进步的堡垒，学生不仅思想活跃，而且敢作敢为。1947 年 5 月 20 日，中央大学和金陵大学的数千名学生上街游行，向国民政府请愿，提出“反饥饿、反内战、反迫害”的口号；这就是震惊全国的“五二〇”学生运动。毛泽东赞扬这是开辟了反对蒋介石独裁政权的“第二条战线”。

从 1948 年年底至 1949 年新中国成立前夕，国民党在战场上节节败退，于是一方面做出和平谈判的姿态，争取喘息时间；另一方面积极做“迁都”准备，企图把关键的工业生产单位及重要的文化教育科研单位都迁到台湾。南京人民在中国共产党领导下，纷纷组织起来开展护厂、护校的斗争。

王德滋院士回忆道：1949 年 1 月，中央大学接到教育部密电，当时的校长周鸿经按照蒋介石命令，想把中央大学先迁到福建厦门，然后再迁往台湾。当这一方案提交校务委员会讨论时，遭到中央大学教授们的强烈反对。徐克勤回国后这几年的亲身经历，使他对国民党及其反动统治彻底失望，因此也积极投入当时的中央大学护校活动中，坚决反对国民党当局将中央大学迁到台湾。徐克勤在教授会上慷慨陈词，理直气壮地说：“当年将学校迁到重庆是因为有日本人侵略我们，现在我们没有外敌入侵，为什么要迁校？我强烈反对迁校。”

中央大学的中国共产党组织、发动全校师生积极行动起来，开展应变护校斗争。当年的护校斗争也非常激烈。王德滋回忆道：学校里有很多仪器设备都已经被装箱待运了，但是教授们闻讯赶来，就坐在箱子上，不准抬走。最后，校长周鸿经无可奈何，只好带上训导长沙学浚、总务长戈定邦等人，仓皇弃校而逃。校长逃跑后，中央大学教授会立即成立了一个自治的校务维持会，由梁希（森林系教授）、郑集（生物系教授）、胡小石（中文系教授）3 位教授为常委，梁希为主任，下设应变委员会，准备了 3 个月的大米，一直坚持到中国人民解放军进南京城，接管学校。中央大学的护校斗争取得了成功。

南京其他高等学校的有识之士也纷纷开展了护校斗争。金陵大学的校长陈裕光、金陵女子大学的校长吴贻芳都坚定地反对将学校迁往台湾。

“钟山风雨起苍黄，百万雄师过大江。”1949年4月23日，人民解放军占领了南京，南京解放了。

在南京解放65周年前夕的2014年4月21日，南京《现代快报》上刊登了一篇纪念文章，其中有当年中央大学航空工程系的应届毕业生赵承龙对南京解放的一段回忆，不妨摘录于下，以便使读者能更直观地了解当时的情景。

南京解放前夕，我是一个即将毕业的大学生，住在四牌楼文昌桥原中央大学学生宿舍，这里现在是东南大学的学生宿舍区。当时我们正在做毕业论文，虽然国民党准备撤离南京，但校园表面上还是比较平静有序的。校内成立了应变会，储备了粮食，组织好对学校财产的保护。宿舍门口的“民主墙”上充满了反对搬迁和全力保卫学校的大字报，民主进步的气氛仍然成为主流。其他一切也都正常，该上课上课，该写论文写论文。

当时的社会上则不同。我虽住在校内，但我父母和哥哥都住在太平路文昌巷，所以校外的情况还是有所了解的，比如物价飞涨、粮店被抢、钞票贬值等。我母亲就经常要到粮店排队买米，去晚了就买不到了。

不过老百姓的生活还是正常过，没有出现惊慌和大逃亡场面，真正忙着撤退的都是国民党政府的高层和军队。我哥哥当时就在教育部工作，他是里面的一名会计，压根没想过要逃跑什么的，还是按点上下班。

南京的解放可以说是很平静，除了解放前那一晚，也就是4月22日晚，我在宿舍里听到远处传来很响的爆炸声，当时心里稍微有些紧张，但一夜相安无事。第二天了解到，这些爆炸声来自当时国民党的军工企业，位于今天的晨光机械厂那里，可能他们撤离前不想留下什么东西，就把里面的东西炸毁了。

4月23日早上，我走出宿舍，想回文昌巷的家里看看。在走到碑亭巷附近，经过一个小邮电所时，看到很多人在打电报，于是我也走进去发了一份报平安的电报，是发给我在重庆的二姐。

刚走出邮电所，就听到“欢迎中国人民解放军”的口号声由远而近，街旁也站满了人群，一支穿着黄绿色军装的队伍精神抖擞地走过来。我很好奇地拨开人群挤到前排，这是我第一次看到中国人民解放军，和我之前看到的国民党军队形象完全不同，国民党军队的制服和皮鞋都是又新又亮的，但中国人民解放军穿得却很朴素。南京就在这样的平静气氛中和平解放了，对我们学生似乎没有任何影响，我们在那年依然按照毕业流程，进行了论文答辩、拍毕业照，只是那年我们的毕业证迟发了几个月。

因为学校在南京解放后，由军代表暂时接管，校名也改为南京大学。这些都要体现在毕业证上，所以我们这一届的毕业证就拿得迟，到第二年才拿到（虽然毕业证上写的是1949年8月，其实是1950年才拿到的）。毕业证上的校名和印章也不同了，其中有一枚“华东军政委员会教育部”的印章，体现出南京解放了。

中央大学地质系1949年毕业班师生合影

前排左起：张瑞锡、张文佑、徐克勤、李学清、陈旭、张更、张祖还、肖楠森

南京解放后的第6天，1949年4月28日，南京市军管会成立，当天颁发的军管会布告上说：“奉中国人民解放军总部电令：‘南京已获解放，为保障全体人民生命财产，维护社会安宁，确立革命秩序，决定在南京市实行军事管制，成立中国人民解放军南京市军事管制委员会，为该市军事管制时期的最高权力机关，统一全市军事、民政等管理事宜。并任命刘伯承为该会主任，宋任穷为该会副主任’。”同年5月，刘伯承又先后被任命为中共南京市委书记和南京市人民政府首任市长。1950年1月，中央人民政府又成立了华东军政委员会，管辖范围包括山东省、浙江省、福建省、台湾省、苏北行政署区、苏南行政署区、皖北行政区、皖南行政区、上海市、南京市。

1949年5月7日，南京市军管会派军代表赵卓接管国立中央大学，徐克勤参加了对中央大学的接管工作，是中央大学理学院接管工作组成员之一。1949年7月中旬，徐克勤前往北京参加了中华全国第一次自然科学工作者代表大会的筹备会，同行的有校务维持会主任梁希等。会后，徐克勤又参加了由竺可桢任团长的参观团，赴东北三省参观工厂、矿山，了解东北老解放区的社会状况。

1949年7月29日，在大部分国土已经解放的情况下，中国地质学会召开了理事会议。会上宣布：鉴于翁文灏、朱家骅二位理事已被人民政府列为战犯，所以决定停止二人的会员权利。8 月 10 日上午，常务理事抽签决定由候补理事斯行健、徐克勤二人分别递补翁文灏、朱家骅的理事名额。于是，徐克勤就在新中国成立前夕正式成为中国地质学会的理事。

1949 年 8 月 8 日，国立中央大学更名为国立南京大学。8 月 12 日，国立南京大学校务委员会成立，由著名林学家梁希担任主席。1950 年 10 月 10 日，华东军政委员会教育部决定，并经中央政务院核定，将国立南京大学改名为南京大学。1951 年 7 月，南京大学改校务委员会制为校长制，著名心理学家、教育家潘菽出任南京大学首任校长。当时的南京大学设文、法、理、工、农、医和师范 7 个学院，共有 40 个系、5 个专修科。地质系仍隶属于理学院，共有 14 名教师和 5 名行政后勤人员，徐克勤继续担任系主任。

1950 年 8 月，中共中央决定成立中国地质工作计划指导委员会，统一领导新中国的地质工作。据政务院第 47 次会议通过的任命中国地质工作计划指导委员会名单，委员共 21 人，依姓氏笔画为序是：尹赞勋、田奇㑇、佟城、李四光、李春昱、李捷、侯德封、孙越崎、孙云铸、孙殿卿、孙健初、徐克勤、张文佑、张更、郭文魁、陈国达、黄汲清、杨钟健、谢家荣、谭锡畴、顾功叙。李四光担任主任委员，尹赞勋、谢家荣担任副主任委员，章鸿钊为委员会顾问。同时，全国地质机构开始实行大调整，新中国成立前的中央地质调查所和中央研究院地质研究所等机构也宣告撤销。

第六章

新中国成立初期努力工作

一、为地质找矿事业做贡献

随着新中国政权稳固，百废俱兴，经济建设事业开始蓬勃发展，而地质找矿工作也受到政府的高度重视。徐克勤积极参与到新中国的地质事业中去，在地质找矿和地质教育两条战线上都开始了紧张繁忙和卓有成效的工作。

当时，在南京东郊至镇江、丹阳一带的宁镇山脉有50多处私人开采的小煤矿，采矿民工多达一二十万人，看似十分兴旺，但实际上由于煤矿的地质性状比较差，开采条件更是非常简陋，所以不仅生产效率低下，且常发生民工伤亡事故。南京解放后，南京市军管会的领导就着手对这一地区的煤矿进行清理整顿，因此特地请南京大学地质系派人去调查。徐克勤亲自出马，立即行动，带领年轻的助教李玶等人到这些煤矿开展实地考察，前后共跑了几个月。

李玶于1943年考入中央大学地质系，1947年毕业后曾留校任教一段时间，现为中国地震局地质研究所研究员、中国工程院院士。他向笔者讲述了当年随同徐克勤考察这些小煤窑，目睹并亲身体验了矿工在井下苦难劳作的情景。他回忆起自己像那些矿工一样，先从井口由辘轳放下去，到了几十米深的井底之后，再爬着进入坑道。煤矿的坑道又矮又窄，既不通风，更没有安全设备，坑道里面温度很高，矿工大都赤身露体，蓬头垢面。那种情形，简直比恩格斯《英国工人阶级状况》一文中所描述的煤矿工人的情形还要糟糕。李玶说到这里，禁不住长叹一声，大有“往事不堪回首”之感。徐克勤等人在调查结束之后，马上给南京市军管会提交了一份详细的调查报告，并提出建议，应尽快取缔这些小煤窑。南京市军管会接到报告后，立即关停了所有小煤矿，拯救煤矿工人于水深火热之中。

新中国成立以后，南京大学地质系的教学工作迎来了前所未有的大发展，学生人数急剧增加，师资队伍也不断扩大。中央大学时期，地质系每年招生数很少，一般都不足10人，最多十几人。例如，徐克勤就读的那一届，就只有他和严坤元、郝颐寿3个学生。而1949年当年，南京大学地质系就招收了新生32人，为建系以来招生人数之最。

尤其值得一提的是，新中国成立后，华东军政委员会工业部立即采纳了矿床学家谢家荣的建议，在南京开办了一所地质探矿专修学校，以补充当时奇缺的地质找矿人才。1949年10月30日，在南京召开了创建该校的第一次筹备会议，确定学校由华东工业部矿产测勘处、南京大学地质系、中央地质调查所、中央研究院地质研究所共同筹办，并由谢家荣、李春昱、徐克勤、俞建章和李善邦组成校务筹备委员会，由谢家荣担任主任委员。1950 年 1 月在南京《新华日报》等报刊刊登招生简章，2 月中旬在南京、上海两地举行入学考试。当时报考者有 759 人，考试后正式录取 141 人，备取 20 人。1950 年 3 月，这所全新的华东工业部南京地质探矿专修学校在南京中山路虹桥 2 号原资源委员会旧址正式开学。

因为师资缺乏，所以南京大学地质系承担了南京地质探矿专修学校主要的教学任务。徐克勤认为，这所学校的学生实际上也都是南京大学地质系的学生，他动员地质系的教师积极承担该校的专业基础课、专业课教学任务，以及相关的实验课和实习，并要求对专修学校学生和南京大学地质系本科学生一视同仁，他本人也为南京地质探矿专修学校的学生上课。经过两年多的专业教育和训练，南京地质探矿专修学校的 100 多名学生于 1952 年 6 月 6 日毕业，他们是新中国成立初期很宝贵的一批地质探矿专业实用型人才，许多人后来成为各个地质矿产部门的部、司、厅、局领导。其中，袁道先成为著名的岩溶地质专家，1991 年当选为中国科学院院士；刘广润成为杰出的工程地质专家，在三峡坝址选定中发挥了关键性推荐作用，1999 年当选为中国工程院院士。

徐克勤在关注地质系师资队伍建设和地质人才培养的同时，在地质找矿方面更是积极响应政府号召，全力以赴地为国家寻找矿产资源。这一时期的徐克勤每年都有半年以上时间在野外工作，足迹遍及大江南北，还组织南京大学地质系师生奔赴普查找矿第一线，为新中国成立初期的地质找矿事业做出了巨大贡献。

1950 年夏，徐克勤组织并亲率南京大学地质系大部分师生前往长江中下游的安徽铜陵、繁昌等地，分 4 条路线进行 1：50 000 地质填图和矿产普查。在这次普查中，徐克勤依靠丰富的矿床学知识和野外实践经验，注意到铜陵地区石英闪长岩侵入下三叠统石灰岩中，在岩体的接触带中发育夕卡岩，附近又有古代采矿遗迹，便认真观察追索，从而发现了铜陵新屋里铜矿（今名凤凰山铜矿）。南京大学地质系的师生们还在铜陵狮子山、鸡冠石等地发现并调查了大量铁帽，以及古代采矿、冶炼遗迹，推测深部有原生硫化物矿床。他们的工作成果为后来铜陵地区的地质找矿和铜矿开发做出了重要贡献。徐克勤为人谦虚，当后来有人告诉他凤凰山铜矿的矿山档案中称该矿是徐克勤发现的时候，他却笑笑说，其实只不过是古代的矿山再建罢了。

同年，徐克勤等人来到安徽马鞍山地区进行普查找矿。徐克勤曾经在

1948 年和张祖还一起来考察过铜井的金矿、向山的硫铁矿、马鞍山的铁矿和炼铁厂，因此对这里的地质矿产情况比较熟悉。在当涂大凹山以南的马山，徐克勤根据地表铁帽的分布，发现黄铁矿呈稠密浸染状产于粗面火山岩中，于是认为马山硫铁矿很有前景，并立即将此情况告诉了时任中国地质工作计划指导委员会副主任兼计划处处长的谢家荣。谢家荣得知后，马上着手进行深入勘查，并请当时计划处负责化工的人员会同徐克勤再去现场调研，随即确定了 4 个钻孔的位置。1951 年打下的第一个钻孔就获得了巨大成功，钻孔钻进到 100 米深都有黄铁矿化，并且尚未见底，其余几个钻孔也普遍见到矿化，由此证实了马山是一个规模很大的硫铁矿，后来的勘探结果共获得了 1 亿吨低品位（含硫约 12%）黄铁矿矿石。当时随同徐克勤前往马山工作的李玶回忆说，由于马山大型硫铁矿的发现和勘查成功，为挽救一个大化工企业做出了直接的巨大贡献。据说谢家荣因此而获得了很高的奖励，徐克勤的教授级别因此被晋升了一级，就连李玶自己也得以被破格提升为讲师。

1950 年年底，徐克勤在带领学生实习过程中，在南京东北郊太平门外的岔路口根据铁帽发现了硫铁矿。岔路口硫铁矿属于与闪长岩有关的岩浆期后中 - 低温热液充填型矿床，矿体主要赋存于三叠系中统周冲村组地层中。虽然矿床规模不太大，但是因为在南京市郊，所以徐克勤对它很重视，并且将它作为南京大学地质系学生矿床学课程的课间实习基地之一。

1951 年，徐克勤在上海参加华东区工业部地质会议，并被任命为华东地质调查所筹备处主任，1940 年毕业于中央大学地质系的构造地质学家朱夏担任副主任。

1951 年夏，徐克勤应他的同学——当时由北京地质调查所派到包头来主持白云鄂博铁矿普查工作的严坤元之邀，带领张本仁等 5 名学生来到内蒙古白云鄂博铁矿考察。白云鄂博矿区位于阴山以北，距离中蒙边界不足 100 公里。1950 年 5 月开始大规模地质普查时，这里还只是一片荒凉的游牧草原，条件十分艰苦，治安情况也较差，工作人员还需当地驻军的保护。徐克勤与大家一起住在勘探队搭建的简陋屋子里，同吃同住，言传身教，让学生们在学到地质知识、提高野外工作能力的同时，也能学会如何克服困难，适应地质工作的艰苦环境。在白云鄂博，徐克勤发现了热液顺层交代的现象，确认了碱性辉石、碱性角闪石的存在，指出所谓的“钠长岩”实际上是闪长岩的钠长石化造成的，而不是另一个侵入体。徐克勤还发现了白云鄂博矿区东南面的海西期花岗岩体边缘具有混合岩化的特征，以及该花岗岩与灰色硬砂岩呈逐渐过渡的关系，由此提出该花岗岩体是由硬砂岩经过深度变质作用（混合岩化、花岗岩化）而形成的。

1951 年秋，在结束了白云鄂博铁矿的地质考察之后，徐克勤和张祖还、汪正然等教师带领张本仁、刘孝善、刘英俊、钱祥麟等毕业班学生到安徽南部的铜陵、繁昌、青阳一带进行地质找矿实习和 1 : 50 000 地质填图。徐克勤不怕困难、不畏艰险、认真工作的态度和精神，深深地打动了同行的学生。中国地质大学教授、中国科学院院士张本仁是 1948 年考入中央大学地质系的学生，1952 年毕业。当年跟随徐克勤在安徽省南部地区实习的张本仁在回忆文章中写道：

徐先生有时工作到正午仍不休息，不顾酷日当头，茅草丛中闷热难耐，毫不迟疑地继续攀登到山脊，进行观察和资料收集。相形之下，我这时正由于酷热、饥饿和劳累而产生畏难退缩情绪，只是看到徐先生走在前面才不得不跟上。

经过了多次这样的野外实习，张本仁“逐渐悟出了在对待艰险苦累上，为什么徐先生会那样自然从容，而我这个比他年轻很多的学生却畏难退缩的道理”。张本仁说：

关键是徐先生对于发展教育和地质科学事业具有崇高的理想和高度的责任心，坚持着尊重事实依据的科学原则和严格的学风，在徐先生看来，只有取得客观资料和数据才能正确认识事物的实质，才能推动科学的发展。因此他很自然地把不畏艰险、艰苦奋斗和勇于攀登作为必备条件包容于为实现自己理想和事业的奋斗之中，久之也就成为他的行动习惯。

张本仁的这一段话，是对徐克勤敬业精神、工作作风的正确阐述和中肯评价。

在新中国成立之初的那几年，作为一系之长和国内著名的地质学家，徐克勤工作十分繁忙。但是，每当新生入学时，只要他在学校里，就都会尽量安排时间与新生见面。1950 年入学的孙枢记得当年新生报到时，新生接待站设在四牌楼校区的大礼堂前，各系都在此摆放了一些宣传展板，介绍本系的概况、专业特长和主要的教师。地质系的展板上介绍的有徐克勤、张祖还、陈旭、姚文光、肖楠森等教授。报到后的第二天，徐克勤主任就和全系 20 个新生见面座谈。孙枢回忆说，他们第一次见到徐克勤时，感到他很亲切、随和。徐克勤了解新生的个人情况及为什么要报考地质系。孙枢清楚地记得，有一个同学的第一志愿是建筑系，第二志愿才是地质系，结果被地质系录取了。徐克勤就对这位同学说，学了地质你会觉得很有意思的，一个矿物的晶体结构比建筑物的结构更加精细。

徐克勤的学生都觉得他待人非常真心实意，没有一丝虚情假意。钱祥麟回忆起他在三年级课程结束后，有一天徐克勤老师找到他，对他说："斯行健①老师觉得你可以学古植物，你愿不愿意？"当时（1951年）斯行健在中国科学院（原中央研究院）当研究员，同时兼职在南京大学讲授古植物学课程。期末考试时，斯行健老师只是在黑板上写了一道题——把你所记得的植物物种都写出来。这就完全靠学生平时学习的积累了，而结果钱祥麟写了满满一本子交上去，所以斯行健老师对钱祥麟非常满意，很希望钱祥麟能够跟他学习古植物。钱祥麟回忆道：

我当时就对徐先生说，我很崇拜斯行健先生，但是我并不想一直搞古植物。徐先生听了后说没有关系，一点也不勉强我。

孙枢是1953年因国家需要而提前毕业的。毕业前夕，徐克勤对他非常关心，还曾经问他有没有报名去苏联留学。孙枢毕业后分配到中国科学院地质研究所②，当时该所就在南京鸡鸣寺，离南京大学很近。他回忆起在上班后不久，有一天回到学校来见到徐克勤，徐克勤就问孙枢："你到所里后都干什么啊？"孙枢回答说"我被分在沉积室，跟随叶连俊先生，过几天就要跟叶先生到南方去考察锰矿了"。徐克勤说："那很好啊，我过去还写过一篇关于锰矿的文章呢，后来因为没有再继续研究锰矿，所以也没发表，你拿去看看吧！"说着，徐克勤还特地翻出那一篇油印的有关锰矿的文稿给了孙枢。

二、鼓励儿子参军保家卫国

从1951年秋季开始，在中国的高等学校开展了一场知识分子思想改

① 斯行健（1901—1964），我国古植物学的开创者，曾留学德国柏林大学学习古植物学。

② 1999年6月，中国科学院地质研究所和中国科学院地球物理研究所合并为中国科学院地质与地球物理研究所。

造运动，目的是促使从旧社会过来的广大知识分子加快进行世界观的改造，以便更好地适应新社会。这一运动后来又扩展到文艺界和整个知识界。

这一场知识分子思想改造运动也进入南京大学。不过，也许是由于从中央大学到南京大学一以贯之的民主气氛比较浓厚的缘故，南京大学地质系的知识分子思想改造运动似乎并没有那么激进。当然也开了会，办了展览之类，当时身为系主任、又是留美博士的徐克勤，更是思想改造的重点，必须要在全体学生会议上做检查。尤其因为当时正值大张旗鼓地宣传抗美援朝保家卫国，所以国内的反美情绪普遍高涨。一些学生把徐克勤用英文写成的博士论文拿出来展览，并标注曰“洋奴的嘴脸”；也有同学在会上质问徐克勤为什么在美国时去接触“洋买办”李国钦，批评他崇洋思想很严重，等等。

尽管南京大学地质系的知识分子思想改造运动总体上较为温和，但是也毕竟开了“学生批判教师”的先河。从此之后，徐克勤的头上似乎高悬着一把达摩克利斯之剑，“接受批判”成了他以后人生路上时时相伴的一项新内容。甚至徐克勤的许多生活细节也成为他被批判的理由。例如，西装笔挺、出差在外自己不洗衣服、用酒精消毒餐具、对身体保养太过分……徐克勤却说，我们搞地质的，身体健康第一重要，不注意保养身体，怎么能跑野外、爬山啊？徐克勤对于卫生情况确实比较看重，肝炎流行期间，他甚至用“来苏尔”消毒液消毒自家的门把手。徐克勤吃东西似乎也很讲究，烧饼、油条都可以吃，但是一般不吃包子，因为担心包子的馅不干净。不过这都是在不出野外时的情况，一出野外，徐克勤不仅爬山、工作不怕脏，而且吃东西也不怕手脏。甚至在敲下一块花岗岩标本后，为了观察得更清楚一些，他会用舌头把样品舔湿。他经常给学生说：“石头是不脏的。”

徐克勤虚怀若谷，对这些批评大多并不在意，所以在大部分时间内对他没有什么太大影响。对他的批评一直延续了 20 多年，在“文化大革命”中达到高峰，随着“文化大革命”的结束而终结。

其实，当年南京大学地质系那些批判徐克勤“崇洋思想严重”的学生并不知道徐克勤在美国留学期间曾三次断然拒绝重金诱惑、一心报效祖国的事情。徐克勤不但一点也不崇洋媚外，而且是一个地地道道的爱国者。有一件“小事”很说明问题，当时，国内报纸上刊登了美军在朝鲜战场上使用细菌弹的消息，徐克勤看了以后，不禁十分气愤，拍案而起。为了表示与美帝国主义的所谓“科学”一刀两断的决心，徐克勤一怒之下，竟毫不犹豫地将他十分喜爱、经常随身携带的美国自然科学荣誉学会会员的金钥匙扔进了粪坑！

徐克勤的爱国主义还表现在他热情鼓励儿子参军保国这件事上。

20世纪50年代初，由于朝鲜战争威胁到新中国的安全，我国政府决定派遣志愿军入朝作战。当时国内掀起了抗美援朝的高潮，部队开始征兵，热血青年纷纷踊跃应征。1951年，徐克勤的大儿子徐晓骥正在南京师范大学附属中学读初三，虽然他年仅15岁，还是个少先队队员，但是也满腔热情，希望能够参加抗美援朝战争。他既害怕父母不同意他参军，又担心自己年龄小不被批准，于是便瞒着家里，自己悄悄到征兵站报了名，并且还虚报了年龄。结果，徐晓骥被录取在海军北海舰队，成为一名新中国的年轻海军战士。徐克勤知道此事后，不仅没有责怪儿子，反而被儿子的爱国热情所感染。他特地买了一支钢笔和一本日记本，准备送给儿子作为纪念——这也是当年最“流行”的礼物了。

1951年7月17日，在儿子即将离家参军的前夜，徐克勤心情激动，夜不能寐，便披衣起坐，用毛笔在那本日记本的前几页给儿子写了一封长长的信，共12页，一直写到次日凌晨。信的开始一段是这样写的：

冀儿：十五年余之前，在你出生的时候，我正骑着一只白马，在探寻祖国地下的资源。当时随着这只白马，是一只小白马，她紧随着她的母亲，一步不离。我感于动物界的亲子的爱，所以我将你取名为小骥，意思是希望你将来驱驰疆原，前程万里。

接着，徐克勤对儿子响应祖国号召，毅然决然报名参军表示支持，他说：

对你这种以身许国的精神，我和你的母亲是引为十分光荣的，我的家里有你这样杰出的忠诚勇敢果断的孩子，我是引为十分庆幸的。

徐克勤工作繁忙，经常不在家，所以他与儿子之间沟通非常少。但是，当儿子即将奔赴抗美援朝战场之际，徐克勤却不免有千言万语要对儿子说。他希望儿子对马列主义要“多多学习，多多体会”“将来成为优秀的马列主义革命工作者”。他告诉儿子，“这次（中国）革命的胜利，是中国人民历史上从所未有的胜利”“中国从半封建半殖民地的地位，一跃而成为世界上头等的崭新的前进的强国，这在三十年前连做梦也难想象到的，也可以说是世界历史上的一个奇迹”。他以自己的亲身经历，认为这应该归功于共产党，归功于毛主席，因此他教导儿子，“你的一生一定要效忠于中国共产党，效忠于毛主席”。

徐克勤给儿子徐晓骥写的信

徐克勤还在信中对儿子说，中国“革命的胜利不是偶然的，也不是孤立的”，而是“全世界无产阶级革命的一部分”“唯物辩证法告诉我们，不能坐着等待帝国主义死亡，而必须主动的能动的用尽我们的力量打倒它”“因此，保卫祖国，打倒帝国主义，这就是你的责任，神圣的责任。”

在这封信里，徐克勤还透露了一条消息，那就是半年前，他曾经给志愿军写过一封慰问信，在那封信中说过“短期内我将率我的徒弟们参军”，但是当徐克勤响应“参军参干”的号召准备投笔从戎时，才得知他早已超过了年龄。不过，他的“几位很杰出的学生已经走上了保卫祖国的岗位”。

当然，儿子毕竟还小，只有 15 岁，所以徐克勤在信中除了讲述许多革命道理和报国大义之外，还写道：

从小的方面讲，因为你年纪还很轻，你的母亲和我都不能不关心你，记挂你，希望你好好地保重身体。并希望你在不妨碍你的工作、你的学习、你的任务的前提下，常时来信给我们，好使我们放心。

就在信的最后写完“祝你身体强健！效忠祖国！”的后面，徐克勤还特意添加了一句“常时来信，有机会过南京时务必来家看看”，充分流露出父亲对儿子的一片深情。

徐晓骥参军后被分配在青岛的北海舰队司令部担任文书工作，由于抗美援朝期间我国最终未派遣海军参战，因此徐晓骥也未能赴朝作战。

徐克勤给儿子徐晓骥写的这封信，充分体现了当时知识分子所共有的一种家国情怀。他们亲历过旧中国的种种黑暗、屈辱和苦难，从内心深处期盼一个人民当家做主的新中国，对中国共产党充满感激和信任，都希望用自己的智慧学识为新中国的建设和发展贡献一份力量。因此，新中国成立之初，不仅是原来在国内的老知识分子焕发了青春，更有一大批留学海外的有志之士毅然选择了回到祖国参加建设。

1952 年 6～9 月，我国大规模调整了全国高等学校的院系设置，把中华民国时期的英、美式高校体系改造成苏联式高校体系。这次调整的特点之一，就是大力发展独立建制的工科院校，如地质学院、钢铁学院、航空学院、矿业学院、石油学院等，其中北京地质学院（今中国地质大学）就是由北京大学地学系及清华大学、天津大学等学校的地质、工程等系科合并而建成的；特点之二就是综合性高校明显减少并被削弱，历史悠久的名牌大学被拆散，而私立高校、教会高校则从此退出了历史舞台。

在这次院系调整中，南京大学的文学院、理学院合并了金陵大学等校的有关院系，改组成为新的南京大学。而南京大学的其他一些学院则脱离出去，分别组建成了南京工学院（今东南大学）、华东水利学院（今河海大学）、南京农学院（今南京农业大学）、南京林学院（今南京林业大学）、南京师范学院（今南京师范大学）、华东航空学院（今西北工业大学）、第五军医大学等。

经过这次院系调整之后，原来拥有文、理、工、农、法、医、师范共

7个学院35个系，学科设置和学校规模为当时全国各高校之冠的南京大学大幅度瘦身，仅保留了13个系。南京大学的校园也从中央大学旧址四牌楼迁到鼓楼的原金陵大学校园。鼓楼岗上那座建于1917年、墙面布满了爬山虎的北大楼很快就成为新的南京大学的标志性建筑。至于南京大学不继续留在四牌楼而是搬到鼓楼的原因有许多种说法：有一种说法是时任南京大学校长潘菽为了照顾脱离南京大学而新组建的南京工学院，同时又考虑到工科的一些大型仪器设备搬迁困难，所以才将原来南京大学的四牌楼校区留给了南京工学院。但是据说潘菽后来对此非常遗憾，说："没有把南京大学留在四牌楼是我生平办错的第一件大事。"

不过，这次院系调整并未削弱南京大学地质系的实力，相反，由于浙江大学相关专业的并入，南京大学地质系变得更强了。例如，岩石学家孙鼐教授的回归加盟，显著加强了地质系的岩矿专业的力量；浙江大学优秀毕业生胡受奚的加入，也增强了矿床专业的实力。此外，转入南京大学的原浙江大学1950级和1951级两届学生共有27人，他们中间有不少人毕业后便留校任教，如施央申、夏树芳、叶尚夫、陈树盛、罗谷风、沈修志等，后来都成为南京大学地质系的骨干教师。

位于南京大学鼓楼校区的东南大楼

不久，南京大学地质系也有了自己的新家。1953年，由我国著名建筑学家杨廷宝设计的东南大楼在南京大学汉口路的鼓楼校区建成。杨廷宝曾任中央大学教授，设计这座大楼时担任南京大学建筑系教授，而当大楼落成时则已成为新成立的南京工学院建筑系教授、系主任。这座东南大楼是新中国成立后南京高校中最早建造的一座民族式大屋顶教学楼，后来（2008年）还入选为第一批南京市重要近现代建筑。从此，南京大学地质系就一直扎营于东南大楼达半个多世纪，直至2012年才离开东南大楼，迁到仙林校区的朱共山楼。

三、调查攀枝花铁矿

徐克勤从事地质工作从来不怕困难，不畏艰险，因此在野外条件下有时候也会不慎受伤。加之，他又不是那种十分小心谨慎的人，所以他一生也不知道摔了多少跤。1952 年，他在河北野外地质考察快要结束时，从毛驴上跌了下来，但是他并未在意，考察结束后仍然乘汽车去青岛看望当时正在服兵役的长子徐晓骥。从青岛回到南京家中后，仍然感到走路不适，这才到工人医院（今江苏省人民医院）去检查，原来是髌骨骨裂。医生在他的膝盖上打了石膏，又过了一个月才恢复正常。家里人问他疼不疼，他说有一点疼，但可以忍受。徐克勤就是这样一个坚强的人。这可能是徐克勤在新中国成立后的第一次伤筋动骨，也是较轻的一次，在他后来的地质生涯中还发生过多次骨折。

1953 年夏，徐克勤了解到四川白水河地区有铜矿正在开采，吸引了不少学者前往考察研究，而且对矿床成因也有争议，于是决定也去看看。因为那个铜矿位于川西的龙门山褶皱带，海拔 3000 多米，离南京又比较远，而且当时南京大学地质系里的事情也比较多，所以很多人都劝徐克勤不要去了。可是，对矿床的浓厚兴趣使徐克勤力排众议，最后还是带着青年教师刘英俊到白水河铜矿去了。据夏邦栋教授回忆，当时他是重庆大学地质系矿物岩石专业的毕业班学生，正由李承三①老师带领着到白水河铜矿进行毕业实习。得知徐克勤来铜矿考察时，李承三便邀请徐克勤给重庆大学正在实习的同学作报告。夏邦栋也听了徐克勤的报告。他回忆说，徐克勤对矿床提出了自己的见解，当时其他专家都认为铜矿的形成是热液交代了石灰岩，而徐克勤指出是交代了变质火山岩。正是第一次见到徐克勤所留下的深刻印象，使得夏邦栋在毕业后毅然选择了到南京大学地质系工作。

从院系调整的 1952 年开始，为了适应国家发展经济、大力推进地质找矿事业发展的需要，培养大量应用型地勘人才，南京大学地质系响应国家号召，连续三年（1952～1954 年）开办了包括金属非金属矿产地质和水文地质及工程地质两个专业的二年制专科班，先后共招收了近 1000 名学生。为了保证专科班的教学质量，地质系不仅通过选留和引进，大力加强了师资队伍，而且在 1952 年、1953 年毅然停止招收本科生。直到 1954

① 李承三（1899—1967），我国著名地质学家、地理学家和地质教育家，曾经在中央大学地质系任教。

年，地质系才恢复招收了院系调整后的第一届4年制本科生。

1954年，这些专科班学生陆续结束学业，奔赴工作岗位。为了让他们尽快地适应地勘工作，徐克勤不辞辛苦，亲自为他们联系毕业实习乃至毕业后的工作地点和单位。

1954年夏，徐克勤组织南京大学地质系金属非金属矿产地质专业的应届专科毕业生共100多人前往西南地区的云南、贵州、四川三省进行毕业实习。这是一次完全和地质勘探单位的生产任务紧密结合的生产性实习，目的就是为大西南地区的地勘单位输送急需的地质人才。因此，参加实习的许多毕业生都将会在实习结束后留在当地，直接参加地质队的工作。

实习队由徐克勤亲自带队，全体师生一同从南京乘坐轮船，溯江逆水而上，经过了9天9夜，到达重庆。他们在重庆人民大会堂集中进行了1周时间的培训学习，由西南地质局的总工程师刘增乾和荀朝霞给学生上课，讲工作要求和规范，专业地质人员则向师生介绍地质矿产情况。培训结束后，实习队便一分为三，3个队分别由徐克勤带队到西康、由张祖还带队到云南、由杨宏达带队到贵州，开始正式的野外生产性实习。

徐克勤和1952年毕业的年轻教师俞鸿年等，带领应届毕业生40多人前往四川西南部的西康省[①]进行矿产普查。在此之前，原地质部于1954年6月刚刚组建了西南地质局508队（川西南矿产地质普查大队），队部设在会理的鹿厂。南京大学地质系的教师、学生与西南地质局508队地质人员一起，在川西南的会理、盐边、攀枝花一带开展铁矿和铜、镍等矿产的普查工作。徐克勤还临时兼任了该大队的副队长。他们沿途经过天宝山铅锌矿、石棉矿，以及炉厂、小关河、力马河等铜、镍矿床。每到一个矿床，徐克勤都首先带领学生实地考察，讲解与矿床地质有关的各种现象；对于认为有进一步工作意义的矿床，就留下几位同学在该矿床继续实习，并结合生产开展研究工作。就这样一路走下来，当徐克勤最后从会理前往攀枝花的时候，身边只剩下张利民、杨逸恩、李家钰这3位学生了。而攀枝花铁矿成为这次实习的最后一站。

1954年8月下旬，徐克勤一行到达攀枝花铁矿，对该矿进行评价工作。据当年跟随徐克勤的张利民回忆，当时从会理到攀枝花没有公路，都是山间小路。他们4人及雇用的当地挑夫都是每天边走路边看地质，走了整整3天。这段路，不但交通条件不好，而且由于地处偏僻，生活条件也很差，所以徐克勤经常派出两位同学先行到前方寻找居民点以便安排当天

① 现已撤销。

的食宿。

攀枝花位于四川省西南部群山之中的雅砻江畔。雅砻江发源于巴颜喀拉山南麓，从青海自北向南一路奔腾而下，在这里汇入金沙江。一般认为，攀枝花铁矿是我国地质学家常隆庆教授在1936年首先发现的，常隆庆在1937年9月发表的《宁属七县地质矿产》一文，第一次向世人披露了攀西地区丰富的矿产资源。他在另一份考察报告中指出："矿产方面，则发现弄弄坪之沙金矿及其他之处煤、铜、铁等矿……最有价值者当属盐边县攀枝花之磁铁矿"。但也有记录显示攀枝花铁矿应是1940年9月6日由国民政府军事委员会西昌行辕地质专员常隆庆和西康技艺专科学校教授刘之祥共同发现的，常隆庆因此还在年终考绩中获得"光华奖章"，而刘之祥获得了教育部的2000元奖励。此外，还有史料记载的是：1940年6月，经济部资源委员会川康铜业管理处的探矿工程师汤克成发现了攀枝花铁矿。汤克成是徐克勤的学兄，1929年毕业于中央大学地质系。

不过，虽然攀枝花铁矿已经被发现多年，但是由于它地处荒僻，交通不便，所以一直未能对它进行真正的勘探和开发。而常隆庆等学者也因当时条件所限，对攀枝花铁矿的工作程度较低，认识也不足。

徐克勤和几个学生在攀枝花工作了近1个月，他们以兰家火山为中心，对尖包包、兰家火山、倒马坎3个矿床的矿床地质，以及外围相关的岩石、地层、构造都进行了较为全面的野外考察和测量，并对矿体进行刻槽取样，磨制光薄片并进行镜下鉴定。由于徐克勤曾经在北美考察过斯蒂尔沃特（Stillwater）等与基性、超基性岩有关的岩浆矿床，所以他很快辨认出攀枝花是一个与基性岩有关的晚期岩浆矿床，主要矿体是产在巨大的辉长岩岩床近底部、平行于辉长岩堆积流层理的层状矿体，厚度较大且稳定，自北东向南西沿走向延长约7.5公里，倾向北西。由此证明了过去认为是3个孤立的铁矿小山头——尖包包、兰家火山、倒马坎，实际上是一个连续的层状辉长岩体，岩体近底部即为矿体（带），只是由于被一系列稍晚的近南北向断层切割而彼此有些位移。徐克勤等人还在倒马坎以北的河边发现了矿体的其余部分，进一步证实了矿体的连续性。徐克勤等人在鹿厂的实验室里对矿石样品进行了化验和鉴定，获得了关于矿石工业品位、矿物成分、元素组合等基本性质的第一手材料，发现在矿体底部含有少量铜和镍。徐克勤还运用盐酸浸蚀法查明磁铁矿和钛铁矿的共生关系，初步确定了矿石的可选性。

1954年9月底，徐克勤在结束了对攀枝花的考察调研后，经过数天辗转跋涉，来到云南昆明。10月2日，徐克勤在昆明向地质部办公室的刘毅和时任西南地质局局长的黄汲清报告了攀枝花钒钛磁铁矿的检查结果，认为攀枝花矿床是一个巨型的钒钛磁铁矿，矿层很厚，规模可达1亿吨，具有巨大的开发前景，因此建议地质部门应及早对攀枝花铁矿进行勘探。

20世纪30年代就和徐克勤一起到赣西等地进行过地质矿产调查的黄汲清，对徐克勤十分了解和信任。因此，在收到徐克勤的报告后，他便立即行动，于当年12月就指派工程师秦震为攀枝花铁矿勘查负责人，前往矿区，会同留在攀枝花的南京大学地质系毕业生杨逸恩等人编制地质勘查设计，包括矿区勘查与外围普查两大部分。1955年1月，西南地质局新组建了508队二分队，专门负责攀枝花铁矿普查勘探工作。该队于1956年5月改名为攀枝花铁矿勘探队，李玉平为队长，秦震为总工程师。攀枝花铁矿的大规模普查勘探从此正式拉开序幕。勘探高峰期间，全队职工达1800多人，雇用民工2000多人，开动钻机28台。攀枝花铁矿的勘探还得到了苏联专家的指导。

经过两年多的普查勘探，西南地质局于1958年6月编写完成并提交了《攀枝花钒钛磁铁矿储量计算报告书》，报告编写人除了主持的总工程师秦震外，还有如程坤祥、陆祖雄、杨逸恩、吕觉述等当年跟随徐克勤到川西南实习并且加入508地质队的南京大学毕业生。可见，攀枝花钒钛磁铁矿的成功勘查乃至后来的矿山建设，都凝聚着我国几代地质工作者的心血。而徐克勤和南京大学地质系师生的辛勤工作和科学认识，也发挥了极其重要的作用。

《中国国家地理》2006年第4期有一辑“攀枝花为什么这样红”的专刊，里面介绍了徐克勤和南京大学师生在1954年8～9月的工作成绩。而在2001年出版的《中国矿床发现史（综合卷）》一书关于攀枝花的叙述中，虽然没有提及徐克勤的名字，但是也这样写道：

> 1954年夏……西南地质局组建508地质队，在会理、盐边一带铁、铜、镍等矿产普查，并请南京大学地质系实习学生测制了1∶25 000地质图1幅，并分别在兰家火山、尖包包、倒马坎等矿区各取了样品，估算了3个矿区的铁矿石储量达1亿吨以上。这是中华人民共和国成立后首次对攀枝花铁矿远景作出的估价。

目前，攀枝花已成为我国西南地区最大的铁矿石原料基地和全国最大的钛原料基地，是全国四大铁矿区之一。攀枝花铁矿探明储量的钒钛磁铁矿达近百亿吨。其中钒、钛储量分别占全国已探明储量的87%和94.3%，分别居世界第三位和第一位，享有“世界钒钛之都”的美称。矿石中还伴生有铬、钪、钴、镍、镓等多种有用金属元素。

第七章

言传身教　培养人才

一、培养学生的野外工作能力

作为一位优秀的地质教育家和一系之长，徐克勤把很多精力倾注在本、专科学生的培养上。他针对地质学本身的专业性质及学科特点，并根据自己10多年的地质工作经验和体会，尤其是20世纪30年代在江西等地的钨矿地质调查及40年代在美国西部的野外考察，深知地质学（尤其是矿床学）的研究对象是在野外。因此，徐克勤在地质学教学上极其注重培养学生的野外观察、野外认知和野外工作能力。他要求加强学生的野外实习，经常说，“如果没有看过100个矿床，就不能成为好的矿床学家”。他一贯提倡教师要走出课堂，多去野外。他甚至看不起那些“只会在课堂上讲课”的教师。

张本仁在当学生时不仅听过徐克勤讲授的矿床学课程，还跟随徐克勤到过10多个不同类型的矿区参观、考察和实习。他在回忆文章中这样写道：

> 在徐先生主持地质系教学的全过程中，始终贯彻了培养解决实际问题的能力型人才的教学理念，并由此形成的教学环境和教学方式。其具体表现为：在教学计划的安排上做到理论教学和实践教学环节并重，实行启发式教学，信赖和培养学生学习的自主性和积极性……学生课内学习负担不重，能有充分时间用于自学和独立思考；同时各类野外实践教学就安排得比较充分，而且紧密结合课程进行。

他还列举地层学和古生物学课程教学为例，除了室内标本实习课外，还专门安排了以宁镇山脉为代表的中国南方地层和以山东大汶口至济南剖面为代表的中国北方地层的野外实习。这样不仅明显提高了学生对课程的理解和掌握，而且还增强了学生野外地质观察的能力。

张本仁的这一段话，是对徐克勤和南京大学地质系当年关于人才培养模式和教学理念的最好评价。

据1954年入学的姜凤琪回忆，他们是在二年级时听徐克勤讲授的矿床学课。她觉得徐先生讲课知识面广，实际例子多，而且也比较风趣，不死板教条。她每次听课时都选择坐在第一排，记得有一次上课时刮风，把徐先生的讲稿纸吹落到地上，坐在第一排的姜凤琪便去捡起来交给讲台上的徐先生；她瞥了一眼那张讲课稿纸，发现上面只写了几行大大的英文。

一学期下来，姜凤琪牢牢记住了徐克勤讲的三句话：第一，野外观察是基本功，学地质不到野外是没有用的；第二，显微镜下鉴定是基本技能，必须掌握；第三，外语是基本工具，必须学好。姜凤琪说，她一直记得徐先生的这三句话，也将其贯彻到自己的教学实践中去。

徐克勤关于野外地质工作重要性的谆谆教导，以及他长期亲身从事野外调查的实践，使南京大学地质系的师生们逐渐形成了注重野外考察工作的良好习惯。因此，20 世纪五六十年代地质系学生的野外考察功底普遍较为深厚。姜凤琪回忆起有一次徐克勤带领他们来到岔路口硫铁矿进行课间实习，见矿山的大门紧闭，便找到门卫说明来意，谁知门卫不让师生们进去参观实习，还要徐克勤拿出介绍信。徐克勤顿时大怒，他叫门卫打电话请矿山的工程师出来。工程师和矿上其他负责人一出来，看见是徐克勤，连忙说“请进请进”。徐克勤对矿山的人说：“我如果不带学生来看矿，学生怎么认识矿？学生不认识矿，将来怎么找矿？我们地质系培养学生就是要能找矿，矿山应该让学生们来参观实习，让他们从实际中学习矿床学，为什么不让进？”几句话让参加实习的学生们懂得了理论联系实际的重要性。

徐克勤对学生的野外实习要求也非常严格。学生到野外如果没有带“三大件”——铁锤、罗盘、放大镜，尤其是没带地质锤，他一定要批评。他还要求学生在野外做到“三勤”，即勤敲打、勤观察、勤记录。他教导学生：跑剖面不是光走路，要边走边动脑思考，想想前面一个点和后面一个点的关系，要把前一个点打的标本拿在手里看，跑完一条剖面，应该对这个地方的地质构造特征有一个比较清晰的印象。

徐克勤也善于在野外对学生进行针对性的训练。例如，在安徽马鞍山的一次实习中，徐克勤有一天在路边见到一块角砾岩，就停下脚步，过去敲打了一下，然后问同学们：这是什么角砾岩啊？因为马鞍山地区的角砾岩比较复杂，种类很多，徐克勤就利用这个机会，先让学生观察、鉴定、讨论，然后他再讲解，通过在野外实际所见到的现象帮助学生掌握在课堂上学到的知识。1956 年毕业的姚金炎回忆起一件实习时发生的趣事，也发生在马鞍山。一位同学在地上捡到一块类似角砾岩的东西，便拿去请教徐克勤。徐克勤看了看，没有马上回答，而是问那位同学是在哪里找到的，让他带大家一起去发现地看看，一看那里并没有岩石露头。徐克勤这才对大家说，这只是一块混凝土（水泥胶结的小石块）而已，不是角砾岩。徐克勤借机告诫大家，以后获取标本一定要在露头上敲打，而不要随便从地上捡。

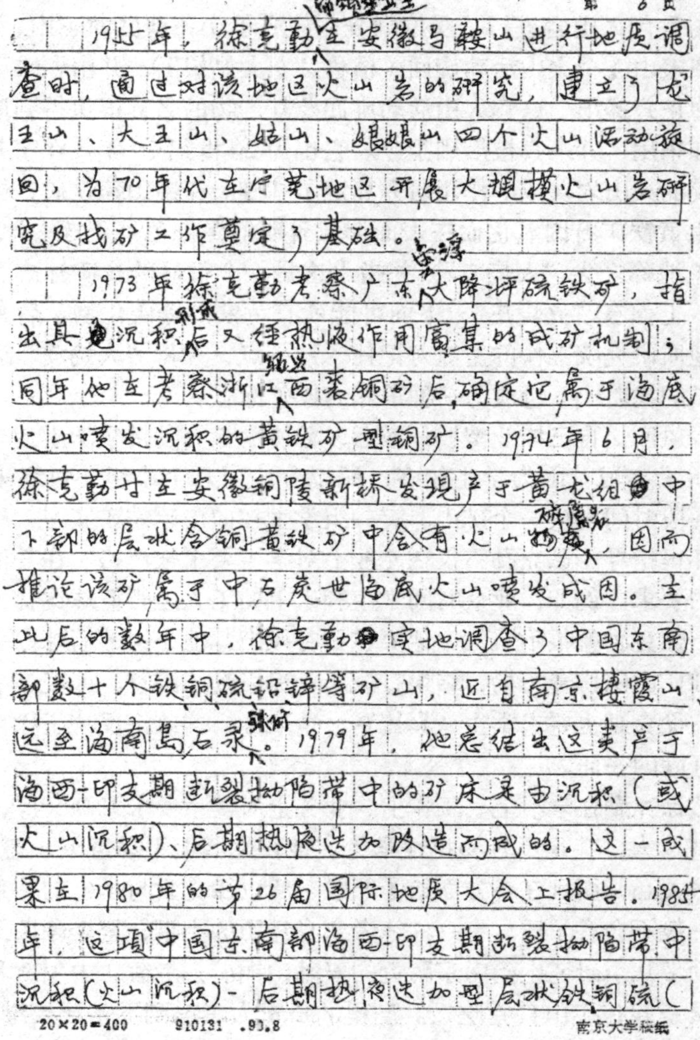

第 6 页

1955年，徐克勤偕陈锡基先生在安徽马鞍山进行地质调查时，通过对该地区火山岩的研究，建立了龙王山、大王山、姑山、娘娘山四个火山活动旋回，为70年代在宁芜地区开展大规模火山岩研究及找矿工作奠定了基础。

1973年徐克勤考察广东英德大降坪硫铁矿，指出其是沉积-改造后又经热液作用富集的成矿机制；同年他在考察浙江绍兴西裘铜矿后，确定它属于海底火山喷发沉积的黄铁矿型铜矿。1974年6月，徐克勤等在安徽铜陵新桥发现产于黄龙组中下部的层状含铜黄铁矿中含有火山碎屑物质，因而推论该矿属于中石炭世海底火山喷发成因。在此后的数年中，徐克勤实地调查了中国东南部数十个铁铜硫铅锌等矿山，近自南京栖霞山、远至海南岛石碌铁矿。1979年，他总结出这类产于海西-印支期断裂拗陷带中的矿床是由沉积（或火山沉积）、后期热液迭加改造而成的。这一成果在1980年的第26届国际地质大会上报告。1985年，这项"中国东南部海西-印支期断裂拗陷带中沉积（火山沉积）-后期热液迭加型层状铁铜硫（

20×20＝400 910131 .93.8 南京大学稿纸

笔者1993年撰写《徐克勤传略》，这是徐克勤对原稿所做的修改，其中有关于徐克勤等人在安徽马鞍山一带进行地质考察的内容

在海南富铁矿会战期间，徐克勤和陈泽铭等人到三亚的田独夕卡岩型铁矿考察时，徐克勤看见一个学生正在用罗盘测量岩脉的产状，但是测量的方法不规范，他就马上走过去，亲自教学生应该如何正确使用罗盘来测量产状。

1955年，徐克勤带领本科毕业班学生罗谷风、顾雄飞、童航寿等人

到安徽马鞍山一带开展毕业实习。徐克勤指导学生首次对广泛出露于宁芜地区的中生代火山岩进行了层位划分，建立了宁芜地区龙王山、大王山、姑山、娘娘山 4 个火山活动旋回（俗称“龙大姑娘”），并由顾雄飞在其毕业论文中正式提出。这套火山活动旋回及其产物的名称很快得到地质学界的认可和采用，并一直被沿用至今。它也为 20 世纪 70 年代在宁芜地区开展大规模的火山岩及成矿作用研究奠定了基础。在向山硫铁矿，徐克勤还针对原生黄铁矿石因氧化而在表面形成鲜明的黑红色外壳这一地质现象，把它形象地称之为“火烧皮”，并指出这是一个很好的找矿标志。他告诉学生们，上面有“火烧皮”，下面可能就有黄铁矿等硫化物。后来到核工业北京地质研究院工作的童航寿记住了这一点，并将“火烧皮”运用到铀矿、金矿的找矿中，也成为一种很好的找矿标志。

罗谷风回忆自己毕业留校任教后，曾协助徐克勤带领学生到马鞍山的几个矿山去实习。因为学生较多，所以分成了几个小组，每组去一个矿山，过一段时间再换一个矿山。有一组学生在向山硫铁矿实习，徐克勤也正好在那里指导。徐克勤不仅在专业上对学生要求很严格，在其他地方也有极高的要求。例如，业余时间学生和矿上的工人进行篮球比赛，结果学生输了，徐克勤就很不服气，他要求罗谷风把其他小组的篮球好手组织起来，再和矿山队比赛一场，结果打赢了，徐克勤才满意。即使是小小的象棋比赛，徐克勤也要求学生认真比赛，争取赢。这或许反映了徐克勤性格中争强好胜的一面。

虽然徐克勤在学习上、工作上、业务上对学生要求既高又严，但是他从不盛气凌人，甚至不轻易批评学生。他在生活上平易近人、态度随和，对学生很关心，而且在各方面给予照顾，所以徐克勤与学生的关系一直很融洽，一般不会有矛盾。有一件笔者亲身经历的小事，至今印象深刻。那是徐克勤带几个研究生到南京附近的安基山铜矿去考察，中午就和矿里的陪同人员一起在矿山食堂吃饭。矿里的负责人考虑到下午还要继续工作，所以就叫陪同人员快一点吃。徐克勤听到后马上制止，说：“催工不催饭，大家好好吃饭吧！”虽然只是简单朴素的一句话，却充满了人情味，体现了徐克勤对学生和他人的关心。

三年“困难时期”，徐克勤带领一批师生在江西野外考察。有一天在结束工作返回住地的途中，路过一个卖烧饼的铺子。徐克勤见大家都又饿又累，于是也不先问价钱，就叫大家都来吃烧饼。饥肠辘辘的师生们饱餐一顿，吃完后一结账，老板说一个烧饼要两元钱——这也就是当时所谓的“高级饼”的价钱。徐克勤也大吃一惊，因为在他的印象中烧饼是很便宜的，只要几分钱一个。同行的师生们不服气，都要与那个老板理论，徐克勤却哈哈大笑，说没关系，只要大家不挨饿就好，说完就如数付了钱。

除了重视野外实习外，徐克勤很早就开始注重教学与科研的结合。他强调教师既要重视教学，教给学生必要的基础知识，又要重视科研，而科研必须结合国家的任务和当前生产的需要。1957 年 6 月，徐克勤提出本科毕业生都要做毕业论文，而为了鼓励教师指导学生的毕业论文，徐克勤提出应该让指导老师有机会到全国各地去考察那些标准地质剖面和典型地质现象，使地质系的教师有更多机会了解全国的地质情况，开阔眼界。就在当年，南京大学地质系便组织了几个组，每组包括若干名教师，分别到秦岭、五台山、中条山和胶东等地进行考察。古生物专业的林天瑞回忆起当年他随杨宏达、俞鸿年等老师到河北、山东等地考察，尤其是到山东临朐著名的山旺盆地参观考察古生物化石的情景，至今仍兴奋不已。

二、光荣入党

1956 年 1 月，中共中央在北京召开了关于知识分子工作的会议，对新中国成立以来的知识分子政策作出重大调整，以适应大规模经济建设和社会发展的需要。参加会议的代表有 1000 多人。会后，中共中央政治局通过了《中共中央关于知识分子问题的指示》，并制定了一系列在政治上、工作上、生活上改善知识分子待遇的政策，从而使国内出现了一个短暂的、较为温和的知识分子政策时期。对于徐克勤来说，1956 年也是非常重要的一年，在他的身上就至少发生了两件“大事”。

第一件“大事”是徐克勤加入了中国共产党。1956 年 4 月，中共中央转发了组织部《关于在知识分子中发展党员计划的报告》，提出在高级知识分子中发展中共党员。各个高校积极响应，纷纷吸收高级知识分子中的优秀分子加入中国共产党。南京大学吸收第一批入党的高级知识分子有 7 人，其中地质系就有 3 人，他们是李学清、张祖还和徐克勤。其中张祖还是由九三学社转为中国共产党党员的。

徐克勤一直是一个政治上要求进步的人，尤其是新中国成立以后，徐克勤作为系主任，始终对自己有严格的要求。1954 年，徐克勤还当选为江苏省人民代表大会代表。

听到学校要在教授中发展党员的消息后，徐克勤便连夜写了一份入党申请书，情感真挚，言辞恳切。当时的校党委书记陈毅人看了徐克勤的入党申请书后，非常感动，说徐克勤这样一个留学美国的高级知识分子，对党的感情这么深，把党比作母亲，非常难得。经过政审，确定徐克勤本人没有任何历史问题后，陈毅人书记决定由他亲自作为徐克勤的入党介绍人，发展徐克勤入党。

徐克勤在政治上是非常要求积极上进的，而且他是那种前后一贯的、完全自觉的积极上进，不是为了做给别人看。他努力学习，改造思想，争取进步。即使是对于加入中苏友好协会这样的事情，他作为系主任，也积极领先。入党以后，徐克勤更是在政治上对自己严格要求。笔者采访曾经担任过徐克勤所在党支部的负责人陈泽铭、赵一英等人，他们都一致认为徐克勤参加政治学习、组织生活非常认真，从不缺席，也没有因为自己的学术地位而放松党组织活动。徐克勤的一位博士生尹琳回忆说，他毕业后留校在矿床教研室工作，那已经是20世纪90年代初了，徐克勤年事已高，但是尹琳印象中每次政治学习徐克勤都会准时到教研室来参加，而且非常认真。有一次尹琳到徐克勤家里去，发现徐克勤正在认真看报，而看的文章就是前一天下午政治学习时布置大家“自学”的内容。这令尹琳不胜惊讶，更加肃然起敬。

所在支會

姓名	徐克勤	性别	男
年齡	44	籍貫	安徽
入會年月		職業	教授
號碼		發證日期	
住址	文昌橋41号南大教舍		

會員入會志願書

我相信蘇聯是中國人民的好朋友。中蘇友好合作，對建設新中國和保衛世界和平是有力的保證。我志願參加中蘇友好協會爲會員，爲發展和鞏固中蘇兩國友好合作而努力。

徐克勤1951年参加中苏友好协会的会员证

第二件“大事”是徐克勤被评为一级教授。教授评级，是提高知识分子社会地位的一项措施，也是为了更好地落实知识分子政策，改善知识分子待遇。当时南京大学全校评出的一级教授并不多，其中有数学家曾远荣、有机化学家高济宇、无机化学家戴安邦、国学大师胡小石等。地质系在进行教授评级的时候，徐克勤得知系里要为他申报一级，而将李学清等教授申报二级和三级，便立即找到系党支部，要求不要把他评为一级，因为徐克勤觉得李学清先生是他的老师，他不能比李先生高，他最多和李先生一样评个二级，否则他会很难过的。地质系党支部就到学校的评级领导小组去反映徐克勤的想法，学校的答复是不可，说其他有的系还拼命争，你们却要让，学校里已经决定了，坚持要把徐克勤评为全校地学的唯一一个一级教授。徐克勤在地质学界很有声望，贡献也很大，而且又是留学美国的博士，所以完全有条件评为一级教授。

对于徐克勤来说，是否评上一级教授对他的学术地位似乎影响并不大，但是随之而落实的工资待遇却如久旱逢甘露一样，给他带来了莫大的实际帮助。因为徐克勤的家庭规模在新中国成立前的这几年中迅速扩大了，继 1946 年第二个儿子徐晓山出生之后，1947 年他又添了一对双胞胎儿子，当时徐克勤正在湖南岳阳考察，便给他们取名晓岳、晓阳，在家里就叫他们大双、小双。1949 年，徐克勤的小女儿徐晓燕出生。这样，徐克勤一共有了 6 个子女，加上他和妻子及岳母，便成为一个规模不算小的九口之家。徐克勤虽然是教授，但是工资并不高，加之人口多，负担重，所以经济上并不宽裕。在最困难的时候，徐克勤甚至不得不请助教季寿元把自己在美国穿的呢大衣拿到当铺卖掉，以换钱贴补家用。尤其是每到新学期开始的时候，因为几个孩子都要上学，需要交一大笔学费，这个时候徐克勤就有点捉襟见肘了。于是，他只好到学校工会去申请一笔借款，用来交清孩子们的所有学费，然后逐月从工资里扣一部分钱归还借款，到了学期结束放假的时候，借的钱也基本上能还清了。徐克勤被定为一级教授后，工资收入增加了，家里的经济状况也明显好转。

为了减轻家庭负担，徐克勤的夫人刘光蕙从 1952 年开始就重新参加工作，仍在小学教音乐课程。她先是在华东军区干部子弟学校任教，后来由于搬家到南京大学附近的平仓巷，所以又调到南京市汉口路小学当教师，直至退休。

徐克勤家风淳朴，孩子们都很节俭。家里人多，吃饭便分成两桌。一般是 3 个大人和两个大孩子晓骥、晓蜀一桌，4 个小的孩子晓山、晓岳、晓阳、晓燕另一桌。徐克勤出身农家，喜欢农事，便在院子里开辟了一小块地，种菜种花，并让孩子们一起浇水劳动。徐克勤天性好动，热爱大自然。作为地质学家，一年中他已经有很多时间走南闯北从事野外考察工作了，但是当他在南京时，也几乎每个周末都会带孩子到南京城的周边去郊游。而且专挑别人一般不走的乡间小路，一路上还告诉子女，这是什么石头，这是什么树，这是什么花。在他的带领下，子女们也都非常喜爱户外活动。

1956 年也是徐克勤首次招收研究生的一年。1955 年 8 月 31 日，国务院颁布《中国科学院研究生暂行条例》，9 月 5 日，中国科学院开始招收研究生，这是新中国成立后最早开始招收研究生的单位。接着，包括南京大学在内的国内一些有条件的高等学校也开始招收研究生。1956 年夏，南京大学地质系没有应届的本科毕业生，而来自北京大学地质系的两位毕业生俞受鋆和王鹤年刚被分配到南京大学地质系，此时正在招收研究生，便都报考了徐克勤的研究生。因为他们二人在北京大学学习成绩非常优秀，所以徐克勤最后决定免试录取他们。

徐克勤与他首次招收的两位研究生合影

左：王鹤年；右：俞受鋆

徐克勤对培养研究生非常重视。因为俞受鋆和王鹤年是第一届研究生，所以徐克勤对他们不但特别关心，而且要求十分严格，还特意为他们制订了详细的培养计划。徐克勤非常重视地质基本功的训练，尤其强调两个方面的实践能力：一是野外地质观察；二是室内镜下研究。实际上徐克勤本人在这两方面就非常出色。给俞受鋆、王鹤年留下印象最深的是徐克勤要求他们必须认真看完中央大学从德国购买的各种标准矿物的薄片和各类岩石的薄片，共三大盒，每盒有数百片。徐克勤亲自指导他们看光薄片，从而为他们的岩矿镜下鉴定打下坚实基础。作为矿床学研究生，徐克勤还要求他们最少要去考察几十个矿山，进行矿床地质观察。他还制订了看矿床的宏大计划，包括到东北看哪些矿，西北看哪些矿，华南看哪些矿。俞受鋆和王鹤年在北京大学本科阶段学的外语是俄语，因此徐克勤还亲自指导他们学习英语。

徐克勤的严格要求和热情指导，使俞受鋆和王鹤年终生受益。徐克勤的敬业精神、高尚师德和人格力量更是深深地教育了他们，成为他们后来教书育人、科学研究的榜样。

三、大力培养年轻教师

长江后浪推前浪。徐克勤深知教师是办好学校和院系的关键，师资队伍建设对于学科发展有着不可替代的重要意义，因此他十分重视地质系的教师队伍建设，不但关心，而且扶植地质系年轻教师的成长。王德滋回忆说，他是 1950 年 7 月从南京大学地质系毕业的，同时毕业的还有俞剑华、刘元常等共 8 名学生，由学校统一分配工作。当时地质系只有一个留校任教的名额，学校确定由俞剑华留校，王德滋则被分配到哈尔滨工业大学读研究生班。徐克勤考虑到地质系教学工作的需要，便向学校领导提出增加一个留校名额，力争让品学兼优的王德滋也留校任教，并终于获得了学校批准。已经收拾好行李、正准备北上哈尔滨的王德滋因此而得以留在南京大学地质系担任助教。

徐克勤发现 1952 年来自浙江大学的胡受奚业务基础扎实，聪明好学，便对他大力培养，每当地质单位和矿山来人请徐克勤去指导，徐克勤都要把胡受奚带上，让他有机会多看多学。1955 年，徐克勤与胡受奚等人又一次来到华北，一边考察五台山等地的地质和矿产，如山西繁峙的铁矿、钼矿等；一边带领毕业班学生进行野外实习。

1955 年 8 月 3 日，苏联专家 B.A. 别里捷耶夫来到长春地质学院地勘系矿床教研室任教，主讲成矿理论，并编写了《矿床学》（上、下册）教材。别里捷耶夫还在长春地质学院开办了一个矿床学的研究生班。国内地质院校纷纷派送矿床学和相关专业的骨干教师到该研究生班来进修学习。我

徐克勤（左一）和胡受奚在华南野外考察花岗岩

国不少著名的矿床学家如翟裕生、张贻侠、郑明华等人都曾经在该研究生班学习。南京大学地质系也派出了胡受奚、刘孝善、俞鸿年3位教师参加学习。

在徐克勤的帮助下，胡受奚很快脱颖而出，他不仅成为徐克勤的得力助手，而且成为南京大学地质系矿床学科的新一代领军人物，在国内崭露头角，迅速得到矿床学界的广泛认可。

夏邦栋1953年从重庆大学地质系毕业后分配到南京大学地质系。他回忆起当年刚到南京大学时，徐克勤和地质系其他领导、老师们对他和其他新教师盛情接待，系里不仅召开热烈的欢迎会，还让老教师带着他们到玄武湖等地游览。1954年，华东地质局总工程师严坤元接到群众报矿线索，说是在安徽宿松地区发现有磷矿的苗头，于是便请徐克勤派一些师生参加寻找磷矿的工作。徐克勤就派夏邦栋和另一位刚毕业留校的年轻教师陈树盛带领20名学生到安徽宿松，与华东地质局的3名地质人员一起执行寻找磷矿的任务。最后，夏邦栋等人在宿松与湖北黄梅交界附近的打虎坪发现了一个小磷矿，圆满完成了华东地质局交给的任务。野外调查工作结束后，夏邦栋回到南京，向徐克勤作了汇报。徐克勤听后非常高兴，并鼓励夏邦栋认真总结，把找矿成果写成文章发表出来。夏邦栋回忆说，“听了徐先生的话感到非常受鼓舞，可惜自己当时还没有水平来写论文，只好辜负了徐先生的这一期望。”

1955年从南京大学地质系专科毕业的林天瑞至今难忘当年系主任徐克勤对他的关心和培养，他毕业后被学校抽调到人事处工作一年，于1956年年底回到地质系。当时系里安排他去筹建和管理资料室，而他自己则想去教研室当教师搞业务，所以心里有些想法。林天瑞回忆道：徐克勤主任亲自找他谈话，说一直以来地质系的资料室是由党支部书记俞剑华兼管的，没有专人负责，而地质资料既是地质工作得以开展的最基本条件，又是地质工作成果的最基本反映，还牵涉到很多保密图件、资料的管理，因此非常重要，必须有可靠的人专门负责，绝非“打杂”。徐克勤还亲自把他带到资料室，林天瑞一看，果然里面比较零乱，资料少，也没有编录。针对林天瑞希望做教师搞专业的想法，徐克勤不仅表示理解，而且还答应系里不将他作为行政人员编制，而是教师编制，今后待资料室建成，有了合适的管理人员后，林天瑞仍可以回到教研组去从事教学科研业务。为了更便利于对林天瑞进行指导培养，徐克勤还特地将他安排到自己所在的矿床教研组，参加政治学习和教研活动。

为了让林天瑞尽快掌握地质资料的管理业务。1957年2月，徐克勤派他前往北京，到有关单位的资料室调研学习，包括地质部、石油部、水利部、煤炭部等 6 个部，北京地质学院、北京石油学院、北京矿业学院 3 个学院，以及中国科学院地质研究所，详细了解地质资料的来源和收集、密级确定、编录、管理、借阅制度及规则等。徐克勤到北京参加中国地质学会第二次全国代表大会时，正好林天瑞在北京学习调研，徐克勤就经常向林天瑞询问、了解工作的进展情况，给予直接的指导。那段时间，除了中国地质学会的会议外，中国第四纪研究委员会成立大会等会议也正在北京召开，许多专家学者在这些会议上作学术报告，徐克勤鼓励林天瑞抽时间多去听听这些学术报告，告诉他这对于了解学术动态和最新成果，掌握研究方法，都大有裨益。徐克勤还把报告会的入场券给林天瑞。林天瑞说，正是徐克勤的教诲和他这一次的经历，使他真切体会到学术报告的好处，从此以后，每逢有适合他的学术报告他都要去听。林天瑞还回忆起徐克勤有几天抽晚上的空余时间去拜访在北京的地质前辈张更先生和乐森璕先生时，把林天瑞也带着。通过在北京与徐克勤相处的那几天，林天瑞深切感受到徐克勤对年轻人的真心关怀和培养，令他终生难忘。

南京大学地质系的资料室，就在徐克勤的亲切关心指导下，基本上从无到有地建设起来，并步入了正轨。不久，地质系聘用了邵玲仙为专职的资料室管理员，而林天瑞则如愿以偿地到古生物教研室去当教师了。

1959 年毕业的陈克荣回忆起自己刚留校参加工作不久，有一次乘火车到福建去，当时的火车速度很慢，在车站停的时间又长，因此路上要走好几天时间。有一天早晨火车到了江西上饶火车站，陈克荣等人便下车透透气，在站台上，恰巧与也在差旅途中的徐克勤不期而遇。徐克勤了解到陈克荣等人坐的是硬座车厢，就说那太辛苦了，并告诉他们说："你们现在参加工作，是教师了，按规定是可以乘硬卧的，这样稍为舒服一些"。看似简短的几句话，却也充分显示出徐克勤对年轻教师的关心。

1960 年毕业于北京大学地质系的郑素娟刚到南京大学，就被安排到矿床教研室。当时徐克勤正在大力建设矿相学实验室。徐克勤认为，因为矿石中的金属矿物大多是不透明矿物，所以矿床专业的学生不仅要会看薄片，而且一定要会看光片，以便对不透明矿物进行鉴定。矿床教研室新开了一门矿相学课程，徐克勤亲自讲课，刚参加工作的郑素娟作为徐克勤的助教，协助带矿相学实验课。据郑素娟回忆，徐克勤对矿相实验室的建设关怀备至，从显微镜的购置、化学试剂的配制、标准矿物光片的收集，到实验指导书的编写，事无巨细，他都一一过问，有些还亲力亲为，还经常询问郑素娟有什么困难。

徐克勤尤其重视对不同种类矿物光片的收集，认为越多越好，这对以后一些难确定的矿物进行对比并作出鉴定会很有用。为了扩大矿物样品来源渠道，徐克勤找到矿物学专业的留苏归国教师陈武，对他说："你有什么好的矿物，支援一点给我们矿相学课程。"郑素娟记得陈武老师给了她一些矿物标本，其中有两块钴矿物的光片，还有他在苏联留学时做的印痕实验报告。

郑素娟回忆道：

徐先生经常和我们一起在实验室备课，看光片，还把他当年在美国学习时做的结构浸蚀实验报告拿来给我们看。他很注重光片样品的采集地点，一有新的光片就会问这是什么地方（矿区）的。徐先生自己经常会对某些光片反复看，增强记忆，并且与曾经看过的其他矿物光片进行联系。记得有一次看钛磁铁矿矿石的光片时，见到钛铁矿成格状、板状分布在磁铁矿中，徐先生说这样的结构在攀枝花矿区的矿石中都能见到。徐克勤还凭他的经验，叫我们在暗室里看这种结构，果然效果就好多了。

20 世纪 60 年代早期，徐克勤在实验室观察岩石薄片

矿相学课程每次都是4节课连上，先是讲课，然后是实验，要整整一个上午。徐克勤每次都是7点半准时到东南大楼209实验室来上课。虽然他讲完课以后完全可以离开了，让助教郑素娟、陈诸麒来上实验课就行了，但是他从来都不走开，而是接着辅导学生们看显微镜，对学生们的提问总是耐心解答。徐克勤还注意培养学生珍惜爱护仪器设备的习惯，他经常对郑素娟等人说，要爱护显微镜，要不厌其烦地反复对学生讲，特别关照在做浸蚀和微化实验时千万要小心，不能让化学试剂碰触到显微镜镜头。

就这样，徐克勤不仅一手创建了南京大学地质系的矿相学课程，还培养了一批年轻的矿相学教师。多年以后，徐克勤不再参与矿相学讲课了，但是他仍然很关心、很重视这门课程。每当他路过209室，常常会驻足探望学生的上课情况，甚至进来与师生们聊聊，了解课程教学的情况。

徐克勤的博士生周怀阳提到一件小事，那已经是在20世纪70年代末期了，有一次学生们正在上矿相学的实验课，在显微镜下观察光片，这时徐克勤路过教室，便进来察看学生上课的情况。班上一个调皮的同学早就听说过徐克勤的大名，但是他觉得徐克勤已经那么权威了，到了这个年龄（70多岁）可能不一定做具体工作，也不一定能鉴定矿物了，所以故意在光片上找了一个较难认的矿物颗粒，装作虚心请教，请徐克勤来看看这是什么。没想到，徐克勤很快就准确辨认出了这个矿物，令这个同学既十分愧疚，又非常佩服。

徐克勤不仅是杰出的矿床学家，更是一位优秀的地质学家。他不仅对构造地质学很重视，而且也相当精通。例如，他在1962年暑假就与当时刚成为研究生的任启江、孙明志等编制了最早的华南构造分布图，并在1963年的江苏省地质学会年会上提交了摘要。徐克勤非常尊重其他专业的老师，每当矿床教研室年轻教师或研究生有了构造地质方面的问题时，徐克勤就叫他

20世纪70年代，徐克勤与同事及研究生一起准备实验课的标本

们去请教构造地质学家郭令智先生。20世纪80年代初，徐克勤的研究生想要学习构造地质，徐克勤便特意请构造地质专业的卢华复老师到他家里来，请他给研究生开一门课，讲授构造地质的一些新进展。卢华复是1959年年底从昆明工学院考入南京大学读研究生的，师从构造地质学家姚文光。他来到徐克勤家，见到书桌上有一本哈佛大学教授毕令斯（M. P. Billings）著的《构造地质学》，书已经翻得很旧，便问道："徐先生也看我们构造地质的书啊？"徐克勤告诉卢华复，构造问题对研究矿床地质很重要，说这本书是他一直在看和用的。

毕业于1961年的孙岩留校担任了构造地质专业的教师，徐克勤特意找孙岩谈了一次，说你们给学生教构造不能只在教室里教，不能只靠书本，应该走出去，让学生到野外去学。徐克勤说自己当年在中央大学读书的时候，教授构造地质的李承三老师每个星期天都带他们到幕府山去看构造现象，从实际中学，收获很大。徐克勤的这一番话，给孙岩极大的触动和启发。从此以后，孙岩每个星期天都到南京北郊长江边的幕府山去，结果真的觉得那里的构造现象很好。后来孙岩就迷上了幕府山，经常到幕府山去，他不但带学生去，有时还带着孩子一起去。久而久之，孙岩就对幕府山了如指掌，甚至对幕府山的每一块岩石露头都很熟悉了。与此同时，孙岩从幕府山构造开始了他对断裂构造的研究，无论是后来对小构造和显微构造的研究，还是对构造地球化学的研究，都从幕府山做起。有外国同行来，孙岩也带他们去幕府山。可以说，徐克勤的关心和指导，使孙岩一辈子受益无穷。近年来，退休后的孙岩教授致力于开启学科交叉的纳米地质学研究，而当他要采集相关的样品时，还是选择先到幕府山的断层去采。

徐克勤关心和培养青年教师的事例很多。笔者在采访过程中听到许多这方面的小故事，难以一一列举。在徐克勤的努力下，南京大学地质系的老中青教师队伍不仅迅速壮大，而且同心同德，团结一致。这也为后来徐克勤动员、组织全系教师集中力量开展华南花岗岩研究奠定了基础。

的确，调动教师积极性，凝聚全系力量，是徐克勤一直努力追求的目标。据王德滋回忆，郭影秋校长曾经对他说过，考虑到地质系（在东南大楼）的教学用房比较紧张，校领导准备把南楼分给地质系，让地质系的行政人员（包括党政领导）到南楼去办公，腾出的东南大楼房间可以用来充实教学用房。王德滋听了很高兴，便把校长的意见告诉了徐克勤，徐克勤却认为这样做不妥。他说，"地质系的行政部门处在教学的第一线，怎么可以脱离教师呢？我们宁可挤一点，也不能搬出东南大楼去办公。"郭影秋校长觉得徐克勤的意见是对的，系一级行政是基层，应该密切联系群众，贴近教学一线，便不再坚持搬家了。

1956年夏末，徐克勤又来到湖南瑶岗仙钨矿。这是他第三次也是新中国成立后第一次来到瑶岗仙，随同前往的还有胡受奚等。徐克勤高兴地看到，他提出的勘探开发夕卡岩型白钨矿的建议早已被地质部门所采纳，包括十几台钻机在工作的大规模勘探工程已经接近尾声。勘查结果表明，瑶岗仙含白钨矿的夕卡岩顺层性稳定，延长和延深都很大。含矿层厚度从十几米到数十米，三氧化钨（WO_3）品位达到0.43%，总储量很大，是一个特大型矿床。徐克勤总结了他前后三次所见到的地质现象以及最新的勘探成果，写成《湖南钨铁锰矿矿区中夕卡岩型钙钨矿床的发现，并论两类矿床在成因上的关系》一文，发表于1957年第2期《地质学报》上。徐克勤认为：

此两类矿床最根本的差别在于围岩性质的不同。盖高温热液的钨铁锰矿石英脉系生于非石灰质的围岩中，而夕卡岩型钙钨矿则生于石灰质围岩中。……此两类矿床在本质上相同或相似之处却甚多，如共生矿物的种类、围岩蚀变、构造关系、矿物共生关系及矿化阶段等。……此两类矿床同与花岗岩侵入体有关，故两类矿床的“母岩”性质是相同的。

在文章最后，徐克勤总结了10点结论和推论，以供今后开展同类工作参考，也为在华南广大的黑钨矿区寻找白钨矿床提供了理论依据和实际范例。

瑶岗仙夕卡岩型白钨矿的勘查成功，引起了地质界的广泛关注，并使得一个寻找这类矿床的热潮在我国各地兴起，不仅在华南的湖南、江西、广东、福建、云南、广西等地发现了多处白钨矿矿床，而且在甘肃的河西走廊、河南与陕西间的秦岭地区，以及青海的昆仑山北麓等处也发现了重要的矿区或矿化点。徐克勤的这一重大发现和研究成果，为我国钨矿地质事业做出了巨大贡献，促使我国白钨矿的储量超过黑钨矿，并使我国钨矿总储量稳居世界之首。

第八章

华南花岗岩研究（一）

一、发现加里东期花岗岩

在徐克勤半个多世纪的地质工作生涯中，关于华南花岗岩及其成矿作用的研究工作无疑是最为浓墨重彩的一笔，其成果也载入了中国地质事业发展的史册，并永远成为南京大学地质学科的光荣和骄傲。

花岗岩（Granite），是在地表以下由高温熔融状态的岩浆冷凝结晶而形成的一种火成岩，主要由长石、石英和云母等矿物组成。花岗岩不仅是大陆地壳的主要组成部分，而且与许多金属矿产的形成密切相关。因此，花岗岩成因及相关的成矿作用历来都是国际地学界研究的热点和前沿。

我国长江以南、雪峰山以东的广大地区有大量的花岗岩分布，通常被称为华南花岗岩。我国地质学者很早就开始关注华南花岗岩并对其进行了研究。例如，翁文灏在1920年就将长江中下游和南岭地区的花岗岩区分为两种不同类型的花岗岩。

在很长一个时期内，我国地质学者认为华南的花岗岩类只有两种，一类是较古老的花岗岩、花岗片麻岩等，其形成时代为太古代（距今约25亿年前）、元古代（距今25～5.7亿年）。另一类就是较“年轻”的花岗岩，时代为燕山期（大致相当于侏罗纪和白垩纪），而且主要是燕山晚期的，距今1亿年左右。例如，高平在《中国东南部中生代末期花岗岩之分布与地质构造之关系》一文中，认为中国东南部花岗岩（以及分离的花岗闪长岩、正长岩）均在白垩纪火山喷发之末（燕山二幕）侵入。他还把中国东南部中生代末期燕山二幕的花岗岩从北到南划分为张八岭-霍山带、长江南岸带、天目山-九岭山带、仙霞岭-武功山带、武夷山-东固山带等。

黄汲清是最早指出华南花岗岩可能具有多时代性的学者之一。1937年年初，黄汲清总结了在南岭调查3个月的工作成果，谈及对南岭地质构造之新认识，提到在南岭有一种片麻花岗岩，构成衡山及武功山，显然与一般所说（未变形、含钨锡矿的）南岭花岗岩不同。关于这种花岗岩的时代，高平认为是太古代的，而田奇㻪认为可能是震旦纪前的，但是都没有确切证据，黄汲清则怀疑其可能较新，或许与加里东运动有关。他是中国学者中较早提出在“古老”和“年轻”两种花岗岩之外可能有其他时代（如加里东期）花岗岩存在的人。黄汲清还指出：“此乃南岭一大问题，有人能解决之，即为一大贡献。”1945年，黄汲清又提出那些“曾经被认为属五台系和太古宙的”若干片麻状花岗岩可能“属于加里东期”。

不过，在后来的很长一段时期内，中国地质学界鲜有专门研究华南花岗岩时代的工作及成果。1946 年，徐克勤的同学、当时在江西省地质调查所工作的严坤元在《江西花岗岩之时代问题》一文中，归纳总结了从 20 世纪 30 年代以来国内学者对江西等地花岗岩时代研究的成果及认识，主要包括了三个时代，即“(一) 太古界或元古界、(二) 古生代晚期、(三) 中生代晚期及中第三纪”。而对于其中的古生代晚期花岗岩，主要是依据王竹泉、陈国达等人所作的推断，但“尚未见其确实可信者”。因此，严坤元的结论是,“江西花岗岩有确实证据并一致公认者，显有新旧二期”。一是太古界或元古界；二是燕山期。

徐克勤从 20 世纪 30 年代起就在赣南等地进行钨矿地质调查。由于钨矿通常都与花岗岩有密切的成因关系，所以徐克勤也非常关注花岗岩的特征、分布及时代等问题。他还注意对花岗岩与造山运动之间关系的研究，包括正确划分地层时代、发现构造运动引起的不整合，以及弄清岩体与地层之间的接触关系等。在赣西西山万寿宫，徐克勤曾发现花岗岩侵入元古代千枚岩中，因而指出它并不是前人所认为的太古代花岗岩。

新中国成立以后，经过 3 年的经济恢复，国民经济得到根本好转，工业生产已经超过历史最高水平，但当时我国仍然是一个落后的农业国，工业化水平不仅远远落后于发达国家，也落后于许多发展中国家。因此，在党中央直接领导下，制定了以实现社会主义工业化为中心的、发展国民经济的“第一个五年计划”(1953～1957 年)，其基本任务是：集中主要力量发展重工业，建立国家工业化和国防现代化的初步基础，相应地发展交通运输业、轻工业、农业和商业，相应地培养建设人才。

到了 1957 年，新中国的第一个五年计划如期结束，国务院下属各部门都对第一个五年计划的成果进行总结。当时的地质部也集中一批专家对这 5 年来地质工作的成果进行总结，其中关于钨矿地质方面的成果总结就由徐克勤来做。1957 年夏，徐克勤应地质部之邀前往北京，工作了 3 个月，同行的有教师刘英俊和研究生俞受鋆。在阅读、查看了相关领域这几年来的大量第一手材料并对其进行归纳、分析、研究的基础上，徐克勤认真总结了第一个五年计划期间国内在钨矿地质研究领域和找矿勘查工作方面取得的成果。不仅如此，他还回顾了从 20 世纪 30 年代以来自己对钨矿地质的长期研究，并把中国的钨矿与世界钨矿进行了比较。1957 年 9 月，徐克勤等人在这次总结的基础上写成《中国钨矿的类型及其分布规律》一文，先后在1957年10月冶金部地质局召开的长沙会议及1958年8月召开的全国第一届矿产会议上宣读、印发，后又于1959年公开发表于《南京大学学报》（自然科学版）上。

徐克勤在总结华南钨矿地质时，深感还有一些关键的基础地质问题尚未解决，其中之一便是与钨矿关系十分密切的花岗岩的时代问题。前人一般把南岭地区广泛出露的、未变质的花岗岩都看作是燕山期花岗岩，而徐克勤根据有些花岗岩产出钨矿而另一些花岗岩不含矿的事实，一直猜测是否有其他时代的花岗岩存在。另一个问题就是南岭地区花岗岩侵入的地层时代，究竟是震旦纪以前的，还是较年轻的泥盆纪之前的。实际上，这也是相互关联的两个问题。

1957年深秋时节，徐克勤带领刘英俊、俞受鋆和王鹤年等人又一次来到江西南部，考察钨矿矿床地质，以及包括花岗岩在内的区域地质。

俞受鋆和王鹤年当年是徐克勤招收的首届研究生，现在两人均已是八旬老人。笔者分别在广州和南京采访了两位教授，他们对于第一次跟随徐克勤进行野外地质考察的情景都记忆犹新。根据他们的回忆，当年徐克勤一行先来到赣州，找到冶金部地质局江西分局的苗树屏总工程师，借了一辆车，并在江西区测队魏秀喆工程师陪同下，从赣州出发进行路线地质调查。他们先后走了两条路线：一条路线是从赣州向东北，经于都、宁都，再掉头向西，经泰和、遂川返回赣州；另一条路线是沿赣州向南经南康、信丰到三南地区（包括龙南、全南、定南三县）。这次考察一共历时近4个月，行程2000多公里。除了在矿区进行专门的矿床地质考察研究外，其余时间都在路上边走边看。每当在路边看到有意义的地质现象时，徐克勤就要求马上停车进行实地观察。在去于都的路上，徐克勤发现红层里面有花岗岩的砾石，就给它起了一个“假花岗岩”的名称，这或许也为他后来鉴别花岗质碎屑岩进行了某种预习。

1957年年底，徐克勤一行从赣州向南，经过南康向信丰方向前行，汽车驶过南康的龙迴镇①，在龙迴东南10多公里的牛颈村②附近，公路拐了一个大大的弯，由向东转为向南。一路上始终全神贯注观察公路两侧的徐克勤突然连声大叫“停车”，司机立即把车停下，一行人下车后跟着徐克勤往回走，来到路边的一处岩石露头，这里出露的是花岗岩岩基与泥盆纪峡山组地层的接触带，峡山组在上，花岗岩在下。峡山组是一套砂岩，

① 现已更名为龙回镇。

② 当时叫牛颈圩。

在砂岩底部可以见到有近30厘米厚的花岗岩质岩石。粗略地看，它与稍经风化的中粗粒花岗岩基本上没有差别，因此很容易被认为是花岗岩侵入了峡山组砂岩底部。但是，徐克勤觉得这些“花岗岩质”岩石十分可疑，便在露头上爬上爬下，几度仔细观察，才发现这些“花岗质”岩石实际上是以由长石和石英的碎屑所组成的，是一种以粗粒长石砂岩为主的花岗质碎屑岩，它和粉砂岩及砂质页岩成互层。并且，徐克勤还发现其中含有少量几厘米大小的“浑圆的花岗岩卵石和部分石英卵石”。于是，徐克勤断定它们“是纯粹由风化崩解的花岗岩碎屑稍许受流水作用分选堆积而成的”。因此，它根本就不是花岗岩（火成岩），而是碎屑岩（沉积岩）。徐克勤当时也把它称之为“假花岗岩”，同时他又找到了位于假花岗岩之下的真花岗岩，从而肯定了峡山组砂岩底部的这套假花岗岩与下面的花岗岩是沉积接触而不是侵入接触。这就意味着，花岗岩侵入在前，峡山组砂岩（连同底部的假花岗岩）是后来沉积在花岗岩之上的，而不是如前人认为的下面的花岗岩侵入峡山组砂岩底部。因此，这个花岗岩（徐克勤把它定名为龙迴花岗岩）应该是略早于（泥盆纪）峡山组地层的，因此它肯定不是燕山期花岗岩，而极有可能是加里东期的花岗岩。加里东期龙迴花岗岩的发现，使徐克勤非常欣喜，他兴奋地对大家说：“今天晚上我请客。”

加里东期是指地质历史上发生加里东运动的时期。在早古生代晚期，地球上曾经发生了大规模强烈的构造运动，尤其在欧洲西北部，晚志留纪至泥盆纪之间发生的褶皱构造运动形成了北东向的山地。1888年，奥地利地质学家休斯（E.Suess）以英国苏格兰的加里东山命名，将这次构造运动称为加里东运动（即加里东构造旋回）。它的最具特征的表现是早古生代（及更老的）地层发生强烈的褶皱变形——地质学上称为造山运动，并由此形成了与上覆的晚古生代泥盆纪地层之间的不整合。后来，加里东运动被各国地质学家普遍用于早古生代发生的地质构造运动，而加里东期也泛指早古生代，即整个古生代的前半期，包括了寒武纪、奥陶纪和志留纪3个时期，始于距今约5.7亿年，结束于距今约4亿年。

徐克勤提出龙迴花岗岩属于加里东期，就意味着这个花岗岩是在泥盆纪之前的早古生代就形成的，后来，泥盆纪的地层才沉积覆盖在花岗岩之上。也就是说，花岗岩早于泥盆纪地层。而前人都认为，花岗岩是侵入泥盆纪的地层中的，也就是花岗岩晚于泥盆纪地层。徐克勤要大家务必记住这个地方。大家向当地老百姓询问，知道这里的小地名叫作鹅公头，已经属于信丰县管辖了。所以，在有的文献中，也将龙迴花岗岩称为信丰花岗岩。

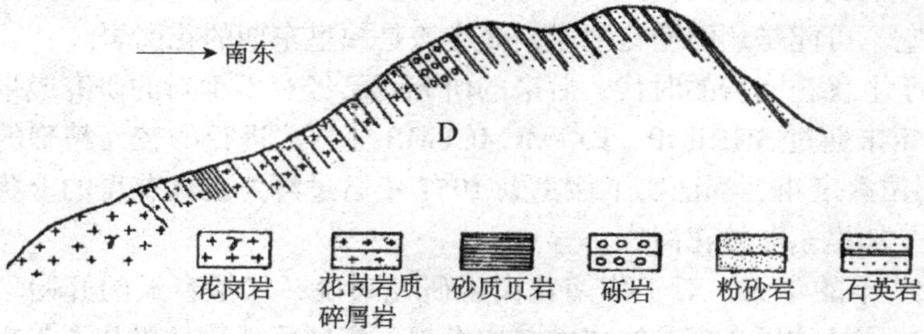

发现加里东花岗岩的鹅公头地质剖面图（徐克勤等，1960 年）

首次发现加里东期龙迴花岗岩的鹅公头，成为继发现白钨矿的瑶岗仙之后徐克勤地质成就的又一个经典所在。在后来的一段时间内，徐克勤曾多次带领南京大学地质系的师生，或陪同国内外的专家学者到这里来，告诉他们如何识别假花岗岩，向他们介绍和讲解发现加里东期花岗岩的过程和意义。

发现龙迴加里东期花岗岩后，徐克勤等一行人继续南下，当他们到达龙南县城的时候，遇到了当时正在那里进行地质填图的江西省地质局工程师龚由勋。在交谈中，龚由勋告诉徐克勤，在上犹的陡水附近也可能有与龙迴鹅公头类似的情况，于是徐克勤等又特地北上，专程到上犹陡水去考察那里的花岗岩。

在上犹县城西部的陡水乡，层峦叠嶂环抱之中，有一个为建设上犹江水电站而形成的、被称为陡水湖的水库。湖水清澈，森林茂密，风光秀丽，现在是国家 4A 级风景区。由于该水库在 1957 年国庆节刚刚建成，因此在水库周边、上犹江两岸，有许多因开山修路而揭露出来的新鲜岩石露头，它们成为良好的地质剖面。在剖面上看，上犹花岗岩的主体为中粗粒黑云母花岗岩，无变质现象。花岗岩体的东南侧侵入于晚震旦世杨眉寺组的板岩和硬砂岩中，而其西侧则被中 - 下泥盆统的铁扇关砂岩所覆盖，花岗岩与泥盆纪地层接触比较平缓。就在这些露头上，徐克勤发现泥盆系铁扇关砂岩地层与花岗岩的接触处有一层花岗岩状碎屑岩，外观酷似花岗岩，但经仔细观察和借助显微镜鉴定，可见其具有碎屑状构造，系由花岗岩的碎屑所组成。在这一层花岗岩状碎屑岩的五六米以下，便是新鲜的中粗粒状花岗岩。因此，花岗岩状碎屑岩是花岗岩表面风化形成的一层残积层，它没有经过太明显的搬运，几乎就地胶结，也非常坚硬。据此，徐克勤认定铁扇关砂岩与上犹花岗岩是沉积接触，这说明，与龙迴花岗岩的情况类似，上犹花岗岩的侵入时间要早于泥盆纪，但是又不会早很多。也就是说，它不可能是燕山期花岗岩，而应该是加里东期的花岗岩。

关于上犹花岗岩的时代，后来的研究者已经有不少新的研究成果，尤其是近年来通过SHRIMP、LA-MC-ICPMS等方法进行的较为精确的锆石U-Pb同位素定年，都证实了徐克勤1957年通过野外观察获得的上犹花岗岩确实是加里东期的花岗岩。

1957年的冬天，对于华南花岗岩研究来说，却是春天的开始。龙迴和陡水这两处加里东期花岗岩的首次发现，打破了地质学界几十年来认为华南未变质花岗岩的时代为单一燕山期的传统观念，为华南多时代花岗岩类研究打开了突破口。加里东花岗岩的发现揭开了华南多时代花岗岩研究的序幕，对于全面认识华南花岗岩、华南地质构造和华南的金属成矿规律是一个极其重大的贡献。

二、质疑声中不动摇

徐克勤发现这两处加里东花岗岩后，并没有立即发表文章，而是马上联系了南岭区测队和地质部地质研究所的大地构造研究室，希望他们能及时关注这一问题。消息一传出，便不胫而走，引起了巨大的反响，也很快遭到许多人的质疑和反对。

当时，南岭地区正在开展1∶50 000的区域地质调查，这是在苏联专家指导下，由广东省地质局的地质人员组成南岭区域地质测量普查大队，按照苏联的规范进行的。徐克勤在赣南龙迴发现加里东花岗岩，显然与他们的认识大相径庭，甚至完全突破了他们的观点。于是，他们特地重新组织了地质人员，尤其是参加1∶50 000区域地质调查的人到现场去实地考察。不过，他们考察的结果，依然是不同意徐克勤的看法。他们认为徐克勤提出的那一层假花岗岩应该是花岗岩体的边缘相，相当于花岗斑岩，他们仍坚持认为龙迴花岗岩是侵入泥盆系地层的，不可能是加里东期的。他们甚至认为徐克勤是在错误的地点，由于错误的观察，而得出了错误的结论。

当时的江西省地质局区测队技术负责人也认为龙迴花岗岩是燕山期花岗岩，反对徐克勤的花岗岩体与地层是沉积接触的观点，认为徐克勤所提出的假花岗岩是花岗岩侵入后引起的同化混染现象。

当然，也有人支持徐克勤的发现和观点。位于赣州的江西省冶金地质局实验室搞岩矿工作的人曾经跟随徐克勤等人一起到龙迴等地开展野外考察、采集样品，并且回到实验室后将样品切片进行镜下观察鉴定，最后他们认识到这种所谓的花岗岩的确具有碎屑结构，是沉积成因。他们还专门为此给徐克勤写了信。

尽管当时这一重要发现并没有完全被人们所接受，甚至还受到不少质疑，但徐克勤仍对这两处加里东期花岗岩坚信不疑，并决心要以此为突破口，继续把华南花岗岩形成时代的研究工作引向深入。

由于当时还没有花岗岩的同位素年龄测定数据，所以，野外地质关系成为判断火成岩与地层形成先后的最重要依据。而对于与花岗岩直接接触的地层来说，确定其时代十分关键，而确定地层时代的可靠依据则是要发现标志性的古生物化石。

华南广泛分布的前泥盆纪地层龙山群时代的确定是华南花岗岩研究所遇到的一个难题。由于以往在该地层中没有发现过标志性的化石，所以龙山群成了一个所谓的哑地层，长期以来关于它的时代有两种说法，一种是前震旦纪，另一种是早古生代。因此，徐克勤一直想搞清楚龙山群的确切时代归属。在前往龙南的路上，徐克勤曾经在龙山群地层中发现了变质火山岩。在路线地质调查即将结束的时候，徐克勤一行人来到了大余县，入住西华山钨矿招待所。徐克勤决定先派俞受鋆和王鹤年二人到大余—上犹—崇义一带山区进行龙山群地层路线的踏勘调查，为以后集中力量专攻龙山群地层时代做准备；而自己则陪同当时派到南京大学地质系来的苏联专家麦尔库洛夫和郭令智教授等人继续进行考察，包括前往鹅公头参观刚发现的加里东花岗岩。

俞受鋆和王鹤年从大余县城出发，经沙村、聂都、古亭、思顺、过埠到上犹，每天爬的都是近千米高的大山。深山中没有旅馆，他们住的是所谓的“伙铺”，也就是供自带行李的人临时吃饭住宿的农家空房子，睡觉时垫的是稻草。没有运输工具，沿途采集的地层岩石标本只得请老乡用扁担挑。可是因为山高路远，标本又重，那些请来挑标本的老乡也嫌太苦太累，因此而先后离开他们了。由于这里山高林密，人烟稀少，所以当时山上野兽很多，甚至还有野生的华南虎出没。那个年代，人们还没有保护野生动物的概念，更没有相关政策或法律。相反，如果有人在山上打死老虎，还被当作是“为民除害”的英雄，县政府都会给予奖励。俞受鋆和王鹤年二人曾几次看到当地老百姓从山上抬着被打死的老虎下山。可以说，为了解决龙山群的时代归属问题，俞受鋆和王鹤年真的是“明知山有虎，偏向虎山行”了。

经过1周多的跋涉，俞受鋆和王鹤年在相关地层中找到了寒武纪石煤层和海绵骨针，采集了大量碳质、硅质页岩板岩、条带状板岩、千枚岩标本。回到赣州后，他们向徐克勤作了汇报。当时在场的苏联专家麦尔库洛夫对徐克勤派这样两位年轻人独立考察的成果表示怀疑，但徐克勤却对自己两个学生的这些踏勘结果非常坚信，他还带着苏联专家一起去一些样品的采集点进行检查，使专家也不得不相信和认可。通过这些工作，徐克勤更加坚定了依靠化石来厘定龙山群地层时代的决心和信心。

为了进一步确认和落实龙迴和陡水两处加里东期花岗岩与地层之间的关系，以及花岗岩本身的详细特征，徐克勤于1958年再派季寿元、王德滋、胡受奚3位教师前往江西，进一步开展更详细的工作，包括寻找更多沉积接触的证据，以及进行实测剖面等。王德滋院士回忆起当年他在江西野外的这一段工作，说到龙迴鹅公头的花岗质碎屑岩——即所谓的假花岗岩，他表示从心底里佩服徐克勤的慧眼独具，因为一般人在野外确实是很难辨认得出来，他自己也是后来在室内显微镜下观察后，才发现它的碎屑结构非常明显，从而确信它是花岗质碎屑岩。相对而言，上犹陡水的那个花岗岩，以及与地层的接触关系比较清晰，容易辨识。王德滋回忆说，他还曾经在长石砂岩底部找到了花岗岩的卵石。在长达4个月的野外工作基础上，他们还对加里东期花岗岩与燕山期花岗岩进行了岩相学和地球化学的对比，发现二者确实存在着不少差异。例如，副矿物的种类、岩石的 Na_2O 和 K_2O 含量，以及成矿元素含量及其分布的均匀性等。而二者在成矿作用方面的差异也很明显：南岭地区的钨锡矿主要与燕山期花岗岩有关，而加里东期花岗岩有关的钨锡矿则非常少见。

正当季寿元、王德滋、胡受奚3人在赣南实测加里东花岗岩和地层关系期间，王德滋接到了学校的电话，要他回校参与筹办铀矿地质专业（当时称为“63”专业），于是王德滋就独自一人先离开赣南返校了。当年，因为从赣南到南京没有直达火车，所以他从赣州就近先南下至广州，然后再从广州乘火车返回南京。得知王德滋路过广州，广东省地质局及其所属的南岭区域地质测量普查大队便向他发出邀请，希望王德滋具体介绍一下徐克勤等人在赣南鹅公头发现加里东花岗岩的情况。考虑到兄弟单位之间的关系，而且南岭区域地质测量普查大队的总地质师张有正又是中央大学地质系1945届毕业生，是王德滋的学长，所以王德滋就答应了。王德滋回忆说，当时广东省地质局召集了许多地质人员前来参加会议，坐了满满一屋子人。听了王德滋的有关情况介绍后，会议就结束了，当时并没有人提出任何问题。

然而，到了 1959 年，有一天王德滋在系里见到徐克勤，徐克勤笑着对王德滋说：“你现在很出名了。”王德滋十分纳闷，不知道是怎么回事，徐克勤就说：“你的大名上了人家的书了。”原来，广东省地质局的南岭区域地质测量普查大队出版了一本名为《南岭侵入岩：初步综合研究报告》的书，书上有两页就转录了王德滋在广东省地质局会议上的讲话内容，包括徐克勤认为龙迴花岗岩（该书中称为“信丰花岗岩”）是加里东期的主要依据，紧接着就是对这些依据的质疑，以及南岭区域地质测量普查大队自己专门到鹅公头进行实地观察后得到的证据和结论。书中写道：该花岗岩“属于加里东花岗岩的可能性很小或者可以说已经否定了”。书中还进一步认为：“直到目前（1958 年 11 月）为止，在南岭区域地质测量区域范围内，还没有发现十分有把握可以确定为前泥盆纪形成的侵入岩体。”

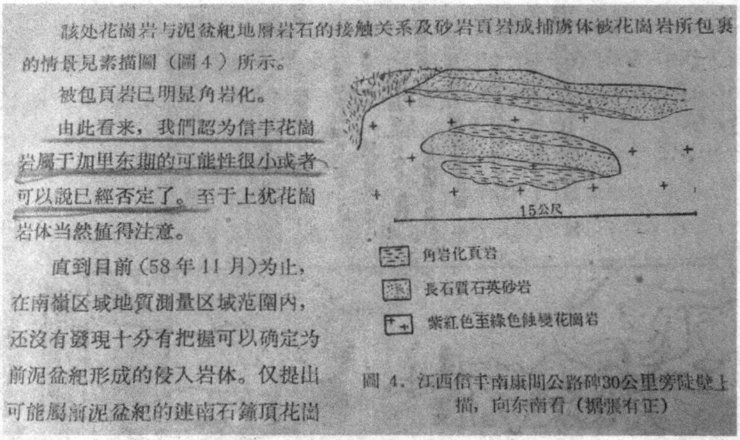

该处花崗岩与泥盆紀地層岩石的接触关系及砂岩頁岩成捕虏体被花崗岩所包裹的情景見素描圖（圖 4）所示。

被包頁岩已明显角岩化。

由此看来，我們認为信丰花崗岩屬于加里东期的可能性很小或者可以說已經否定了。至于上犹花崗岩体当然值得注意。

直到目前（58 年 11 月）为止，在南嶺区域地質測量区域范圍內，还沒有發現十分有把握可以确定为前泥盆紀形成的侵入岩体。仅提出可能屬前泥盆紀的連南石鐘頂花崗

圖 4. 江西信丰南康間公路碑30公里旁陡壁上描，向东南看（據張有正）

《南岭侵入岩：初步综合研究报告》一书中关于信丰花岗岩不是加里东期的叙述

其实，由于地质现象的复杂性，对同一个现象有不同认识、持不同观点是正常的。事实上，广东省地质局的地质人员在华南花岗岩的研究中也做出了重大贡献，后来还与南京大学地质系等单位一起获得了该项研究成果的国家自然科学奖奖励。广东省地质局总工程师莫柱荪等于 1980 年出版的《南岭花岗岩地质学》，也是当年我国地质学界关于华南花岗岩研究成果的代表作之一。

同年，俞受鋆在诸广山大岩基的东坡又发现了加里东期花岗岩。此后，南京大学地质系在江西会昌公馆、于都银坑及湖南资兴等地相继发现

了加里东期的花岗岩类。

在徐克勤和南京大学地质系师生的不懈努力下，华南有越来越多的加里东期花岗岩被发现，加里东期花岗岩的存在逐渐得到越来越多研究者的认可。例如，黄汲清在此后（1959年）发表的《中国东部大地构造分区及其特点的新认识》一文中，就肯定了在包括赣南的桂湘赣褶皱带的南华准地台，“加里东花岗岩已在个别地点的加里东褶皱中发现”，他甚至还进一步推断“广东、福建的所谓太古代花岗片麻岩有可能终被证明为加里东产物”。

三、在“大跃进”环境中坚持实事求是

1958年夏，南京大学地质系的本科毕业生在经过三年空缺之后，终于又迎来了62名应届本科生毕业。在南京大学的标志性建筑北大楼前，包括两位苏联专家在内的地质系教师与这些毕业生集体合影留念。1958届毕业生中的张忠英、张富生、阮惠础、姜凤琪、郑秉吾等人留校任教，并很快成为各专业的教学骨干。

南京大学地质系1958届本科毕业班师生合影

下图为第二排中段放大，显示地质系的8位教授和两位苏联专家，左起：姚文光、郭令智、陈旭、徐克勤、李学清、麦尔库洛夫、洛谢夫、张祖还、孙鼐、萧楠森

1958年，是我国国民经济所谓“大跃进”的一年，在工业“以钢为纲”的口号以及中共中央关于《全党全民为生产1070万吨钢而奋斗》的决议指引下，全国范围内掀起了轰轰烈烈的全民“大炼钢铁运动”。徐克勤是国内著名的矿床学家，因此他所到之处，当地的领导、干部无不希望他能够为当地找出一个大铁矿。但是，徐克勤坚持一个科学家的原则，反对好大喜功，绝不随波逐流，所以他不愿意为了迎合“大炼钢铁”的潮流而到处去找铁矿，而是按照自己的目标和思路，带领师生前往华南各地，一面进行矿产普查，一面继续深入研究花岗岩。当年还是地质系学生的孙岩在1958年跟随徐克勤到江西去找矿，从赣北的瑞昌、赣中的抚州，一直到赣南的赣州。他回忆说，当时他们这些学生都觉得徐克勤先生是非常了不起的大师，因此对他都是仰视的，觉得能够见到他，在他旁边站一会儿就感到很不错了。他们还听说徐克勤在江西地质界的名气很大，江西搞地质的人能见徐克勤一面就觉得很荣耀，如果能听他说几句话那更是受宠若惊了。而孙岩他们与徐克勤实际接触之后，却觉得徐克勤虽然学问很大，但是非常平易近人，一点也没有架子。

那一年，南京大学地质系师生组织了几个勤工俭学小队，分赴各地承担地方上的地质找矿任务，并草测1∶50 000地质图，其中有一个队在皖南休宁一带。工作的第一天，徐克勤和郭令智、俞剑华、夏邦栋等人在休宁县城外一个叫琅斯的地方，发现了震旦系地层盖在花岗岩上面，而震旦系地层底部也有类似的“假花岗岩”，徐克勤当即认为这里的花岗岩应该是在震旦系地层沉积之前就形成的，其时代可能属于雪峰期（距今约9亿年）。后来南京大学地质系又派李应运等人前往进行详细调查，从而证实了雪峰期花岗岩的存在。

在当时“左”倾错误思潮严重泛滥的形势下，“大跃进”“放卫星”“大干快上”之风在全国盛行。1958年，地质部决定在华东地区再建一所地质学院，以便与其他4个大区的北京、长春、成都、西安的4所地质学院鼎足而立，并决定把这所新的地质学院建在南京，而此时南京已经有南京大学和南京地质学校两所培养不同层次地质人才的学校了。为此，地质部成立了南京地质学院筹备处，由副部长、古生物学家许杰负责。但是，这所计划中的南京地质学院终因南京市政府的反对及浙江、江西两省政府的不热心支持而宣告流产。结果是各单位抽调来参加筹备的人员只好各自打道回府，仍回到原单位。然而，南京地质学院却已经在当年急匆匆地招收了210名地勘专业学生，这一批新生如何安放成为一个大问题。于是，徐克勤果断地拍板，将他们全部转入南京大学地质系学习。这批“因祸得福”的学生在4年之后成为南京大学地质系的1962届毕业生，并几乎全部分配到地质科研和找矿勘查的第一线，成为我国地质事业的又一批杰出人才和中坚力量。他们中间包括中国科学院院士、第四纪地质学家安芷生研究员，中国地质学会前寒武纪专业委员会主任、天津地质矿产研究所陆松年研究员，岩浆包裹体研究知名学者、西安地质矿产研究所夏林圻研究员等。笔者20世纪七八十年代在江西有关矿床进行考察研究时，也得益于这批学长的帮助。例如，江西有色地勘局副局长兼总工张祖林、德兴铜矿地测科科长刘恩林、浒坑钨矿总工盛田坤等，都是这一届毕业生中的佼佼者。

当年全国各行各业、各条战线都在“大跃进”，教育系统自然也不甘落后。当时的教育部提出，国内高校要迅速发展扩大，要用现有高校之力，来创办、建设一批新高校、新系科，并美其名曰“母鸡生蛋”。为了贯彻高等教育部的精神，当时南京大学地质系的总支书记戴洵提出，南京大学地质系也要像母鸡生蛋那样，生5个蛋，从华东地区，到其他5个大区去再办5个地质系，并提出首先到西北的兰州办一个地质系。徐克勤对这种说法很不以为然，而且他为人耿直，所以一闻此言，就立即在会议上公开反对。徐克勤说：“办一个学校、办一个系，哪有‘母鸡生蛋’那么容易？这种做法，我看不是母鸡生蛋，而是‘五马分尸’。”徐克勤的这番话，在当时显然是很不合时宜的“右倾”言论。为了此事，党支部迫于当时的形势，还要求党小组对徐克勤进行批评、“帮助”。

在那些到处“放卫星”的日子里，一些新闻工作者也捕风捉影，挖掘所谓的“特大喜讯”。有一天，徐克勤从报纸上看到了南京大学地质系专家发现“地下海”的消息，感到非常困惑。他就专门去请教水文地质专业的薛禹群[①]，问他“地下海”是怎么回事。薛禹群回忆说，徐克勤当时就认为，即使有些地方的地下水含量比较丰富，也不至于成为“海”，最多也就是个“湖”吧！显然，徐克勤对这种夸大其词的报道很不满意。

徐克勤实事求是的精神和实话实说的作风显然与“大跃进”的形势不太协调，所以难免受到批评。虽然他政治上一贯要求进步，也是一个共产党员，但是他终究是一个“旧社会来的知识分子”，又曾留学美国，所以在1957年以后的政治环境下，他的被教育、挨批判是不足为奇的。接受笔者采访的许多人都提到了这一点。姜凤琪举了两件小事做例子，有一次徐克勤要与苏联专家一起去某地考察，事先打电话联系时，对方考虑接待

① 薛禹群1952年到南京大学地质系工作，1999年当选为中国科学院院士。

规格问题，便问有几个专家，徐克勤随口就说："两个专家，一个苏联专家，一个中国专家。"由于徐克勤把自己与苏联专家相提并论，于是被认为"狂妄自大"而受到批判。其实，当时的"苏联专家"有些也是年轻学者，资历和成就远远不及徐克勤。还有一次是 1958 年在安徽野外考察时，由于大炼钢铁，群众报矿的热情很高，有老百姓拿来很多石头问是不是铁矿，徐克勤很认真地一一看过后，说这些都不是矿。于是有人就认为徐克勤的这句话是给群众的找矿热情"泼冷水"，是看不起"群众运动"，应该受到批判。

其实徐克勤并非看不起群众找矿，他只是实话实说，又是个心直口快的人，不会拐弯抹角而已。1958 年，徐克勤就根据群众报矿获得的信息，带领几个人到了苏北赣榆县的柘汪，不仅发现了放射性钍铀异常，而且有锆和轻稀土。徐克勤指出这可能是和白云鄂博相类似的矿化，后来派胡受奚去进一步做调研工作。胡受奚经过工作，在 1959 年召开的全国稀有分散元素地质专业会议上提交了题为《江苏某地铀－钍－锆－稀土元素金属矿床的初步研究》的文章，并被收入该会议的论文集（第三集）中。

由于"大跃进"运动及工农业发展决策错误造成的后果，加上全国性的持续严重自然灾害，我国在 1959～1961 年经历了三年"困难时期"，突出表现为粮食等农副产品极度短缺和大范围的饥荒。在艰苦的物质条件下，徐克勤和南京大学地质系的师生们克服种种困难，不但坚持正常的教学，而且仍然积极开展与华南花岗岩及成矿关系有关的全面、深入研究。例如，1959 年夏秋，徐克勤、刘孝善、俞受鋆等人前往湖南东南部永兴、安仁一带进行 1：200 000 综合地质测量工作，并对花岗岩进行了专题研究，证实湘南的彭公庙八面山花岗岩也是加里东期花岗岩。1960 年，徐克勤又派出冯祖钧和陈树盛，分别率花岗岩专题队到湘东南和赣南，对加里东期和燕山期花岗岩进行研究，并确定了诸广山加里东花岗岩的范围。1959～1961 年，南京大学地质系还组织人员到福建、浙江两省进行区域地质测量和专题研究，获得了一批有关花岗岩类的第一手资料。

1959 年秋，在湘东南进行地质测量期间，徐克勤陪同苏联专家和几位国内学者再次来到瑶岗仙钨矿。在山上，徐克勤始终走在最前面，一边走路，一边耐心回答同行提出的问题。瑶岗仙的山路非常陡峭，徐克勤只顾边走边说，又时时回头，稍不留神便一脚踏空，从陡坡上跌向山谷。当时的情况非常危急，幸好有一棵粗大的长藤挡住了下落的徐克勤，并把他弹回到斜坡上。同行的人都惊出一身冷汗。徐克勤虽然没有粉身碎骨逃过一劫，但还是受了重伤，头上撞出几个裂口，在医院缝了 6 针，胸部也有骨折。尽管受了这么重的伤，但是徐克勤在医院治疗后，只是在家卧床休息了 1 个月，便不听领导和亲人的再三劝告，又投入课堂教学和野外工作中去了。

第九章

华南花岗岩研究（二）

一、提出“华南多旋回花岗岩类”

在南京大学地质系从1957年夏开始启动的华南花岗岩研究活动中，最为波澜壮阔的场面莫过于在赣南通过寻找化石而确定龙山群地层的时代了。徐克勤认为，要想从地质证据上进一步确定花岗岩与地层的年代关系，就一定要搞清龙山群的时代。而徐克勤虽然推断龙山群的时代主要为下古生代，不会是更早的前震旦纪，但因为缺少化石，仍难一锤定音，令人信服。然而，这一工作已经不单纯是岩石学或者矿床学的领域了，而必须要有构造地质学、古生物学、地层学的人员参加。

1960～1961年，南京大学地质系承担了赣州幅1：200 000区域地质图的测量制作任务，图幅范围包括赣南的赣县、上犹、崇义、大余、南康、信丰等。利用这一次填图机会，徐克勤以极大的魄力，组织全系力量对龙山群进行解剖。为此，徐克勤亲自担任区测实习大队的队长，1950年毕业的刘元常担任副队长，1961年毕业的调干生、后来曾担任南京大学地质系党总支书记的周维高担任实习大队书记。区测实习大队共有师生100多人，下设4个填图中队，各负责一块图幅，分别由张忠英、林天瑞、彭亚鸣、阮惠础担任队长。此外，还专门设立了两个专业队，一个是地层专业队，一个是水文地质专业队，徐克勤亲自抓地层专业队。

地质填图的任务很重，工作量很大，质量要求高，所以相当艰苦。赣南地区山高坡陡，师生们天天爬山，十分辛劳。据当年参加实习队并在队部工作的姜凤琪回忆，在实习中途的一次大队休整时，她看到不少学生的登山鞋都走破了，鞋底几乎掉下来，要用绳子捆扎起来才能走路。当年正是所谓的三年“困难时期”，粮食紧缺。而幸好赣南是个产粮地区，当地政府给师生们补助一些粮食，把每人每月的粮食定量补到36斤。这样，每人每天就能有一斤二两粮食。因为上午的工作量最大，早饭必须吃饱，而晚上则因为当时当地的生活条件所限，再加上一天下来人困马乏，所以只能早早休息。于是，早、中、晚3顿饭的定量被划分为5两、4两、3两，统一用饭盒蒸饭后发给大家。如果说主食尚可勉强果腹的话，那么副食品就相当差了：蔬菜以南瓜为主，荤菜则几乎没有。这情景，不免使人联想起“红米饭，南瓜汤”的红军歌曲。徐克勤虽然是系主任、一级教授，但是也与大家一起吃一样的伙食，一点都没有搞特殊。参加填图的老师们都感到有点太亏待徐克勤先生了，他却根本不在意。

徐克勤一心扑在实习工作上，非常重视填图的质量。他除了与地层专业队的人在山上到处跑以外，还不辞辛苦地到各个中队检查督促。徐克勤虽然专攻矿床学，但是他的地质基础知识非常全面坚实，他善于发现问题，甚至也会对相关的负责老师提出严厉批评，以确保地质图的质量达到国家的规范要求。当然徐克勤更念念不忘的是在龙山群地层中能够找到确定时代的化石。他们通过对龙山群地层的沉积古地理环境分析，查找有利于化石保存的地段，选择了一条穿越整个地层顶底的大剖面来寻找化石。常常是数十名师生从山上到山下摆成一字长蛇阵，拉网式前进，专心致志地敲打岩石，寻找化石，那种壮观的场景永远深刻铭记在当年参与这项工作的师生心中。

功夫不负有心人，终于，参加实习的 1962 届学生黄土保、吴安富等同学最先在崇义县河口山区的硅质页岩中敲到了清晰而确切的奥陶纪海绵骨针和笔石等化石。龙山群地层的时代终于得以厘定，从而也确认了花岗岩侵入年龄的下限。此外，在寒武系、奥陶系和泥盆系地层中找到的大量化石，也完全证实了加里东晚期区域性不整合面的上覆和下伏地层的时代。龙山群地层中早古生代化石的发现及其时代的确定，也揭示了华南加里东地槽的存在，为正确认识华南大地构造格架提供了又一个可靠证据。

1960 年，徐克勤等人在《地质论评》上发表了《江西南部加里东期花岗岩的发现》一文，详细记录了在南康龙迴鹅公头剖面和上犹陡水上犹江南岸剖面发现的花岗岩地质特征及其与泥盆系地层的接触关系。文中所述的加里东期花岗岩在当时还都没有同位素年龄的证据，是完全凭地质证据确定的。

徐克勤推测南岭一带加里东期花岗岩可能分布很广，并且初步将加里东期花岗岩分为早晚两期，江西武功山地区的片麻状花岗岩应该是加里东早期的花岗岩，而龙迴花岗岩、陡水花岗岩、诸广山花岗岩，以及八面山花岗岩等则是加里东晚期花岗岩的代表。他还注意到，加里东期的花岗岩一般不含钨锡矿化，而这一点显然是与燕山期花岗岩的不同之处。

在全面开展华南花岗岩科学研究的同时，徐克勤仍惦记着教学工作。1960年，徐克勤发起并编写了两本矿床领域的教科书，一本是《矿床学》，一本是《金属矿床工业类型》。刚刚研究生毕业的俞受鋆被要求留下来参加教科书的编写，直到 1961 年才分配到中南矿冶学院（今中南大学）。《矿床学》一书以胡受奚的讲稿为基础，由胡受奚、俞受鋆分章编写，最后由徐克勤定稿。徐克勤强调不能抄书，而是要总结成矿规律，因此这本于 1963 年由高等教育出版社出版的《矿床学》具有鲜明的特色。而在《金属矿床工业类型》一书的最后，专门有一章是讲成矿规律，特色也很鲜明，遗憾的是由于该书的内容中涉及了当时的保密问题，所以未能正式出版公开发行，只能作为地质系内部使用的教材。

在三年“困难时期”，虽然政府对徐克勤这样的高级知识分子有一些特殊照顾，但是终究无法解决徐克勤一家人的食品紧缺问题。当时徐克勤的6个孩子分别在大学、高中、初中和小学读书，且都正处于长身体的时候，为了增加他们的营养，徐克勤一家就在后阳台上养了一只母鸡，由徐克勤的岳母负责喂养。那是一只漂亮的凤头芦花鸡，每天都能下一个鸡蛋，6个孩子轮流吃，这样就能保证每个孩子每周有一个鸡蛋吃——这在当年已经是不错的条件了。徐克勤觉得这只芦花鸡的贡献很大，所以对它很看重，每天当他从办公室下班回到家中，第一件事情就是从米缸里抓一把米去喂鸡。久而久之，芦花鸡也习惯于此，并形成了条件反射，每天下午，当家门口的木地板传来徐克勤“咯咯”的皮鞋声时，芦花鸡便知道是“慷慨”的主人回来了，它就会兴奋起来，等着吃米。可是当时的粮食供应也非常紧张，所以徐克勤的夫人总是阻止他，说家里这点儿米还不够人吃呢！后来，随着经济条件的好转，徐克勤家的芦花鸡也完成了历史任务。终于有一天，岳母把这只鸡杀了，炖了一大锅鸡汤。吃晚饭时，因为很久没有喝到香气扑鼻的鸡汤了，一家老少都喝得津津有味，可是徐克勤却不愿意看到这只做出贡献的母鸡成了盘中餐，更不忍心去吃它，所以便一个人躲到书房里去吃晚饭了。

徐克勤一直重视花岗岩与造山运动之间的联系，很早就注意到华南地区的地质演化中普遍存在多个旋回的造山运动，早在20世纪30年代他就曾与黄汲清在江西萍乡地区发现了与印支运动相当的安源运动。徐克勤也知道，每一次造山运动除了引起地壳岩石的变质变形外，还往往伴随着花岗岩类的形成。他在《江西南部钨矿地质志》中就总结了南岭地区经历过克勒东（加里东）、海西宁（海西）、安源（印支）、燕山和南岭5个造山运动，因此他推测南岭地区应该存在着多个（造山）旋回的花岗岩类，而并非只有新、旧两期。在发现并确定了加里东期和雪峰期的花岗岩类之后，徐克勤又想起他1946年在广西姑婆山看到的花岗岩与西湾煤系地层之间的关系，认为姑婆山花岗岩是印支期的，于是便及时提出了“华南多旋回花岗岩类”的观点。

1962年3月，地质部在广州召开全国区测普查工作会议。徐克勤在这次会议上宣讲了研究成果《论华南四大旋回花岗岩类》，初步确立了华南存在雪峰期、加里东期、印支期和燕山期四大构造旋回花岗岩体系，引起地质学界重视并得到广泛认可。而就在这次会议上，中国科学院地球化学研究所的李璞研究员提交了一篇《南岭及其邻区岩浆岩及成矿期绝对年龄研究简报》，公布了27个同位素年龄数据（当时称为“绝对年龄”，以区别于依靠地质证据确定的“相对年龄”），其中就包括徐克勤所发现的江西龙迴花岗岩的年龄，从而证实该花岗岩体确实是加里东期的花岗岩。李璞公布的这批数据也表明，南岭及邻区确实存在着加里东期、海西期、印支期和燕山期的花岗岩类。

同年，徐克勤等人在《南京大学学报》的首期地质学专刊上发表了《南岭及其邻区不同时代的花岗岩类侵入体及其成矿专属性的推讨》，阐述了加里东晚期、加里东早期和燕山期若干典型花岗岩体的特征及确定其时代的地质证据。文中提出“有确切地质证据的加里东晚期花岗岩体计有：①上犹花岗岩体，②龙迴花岗岩体，③诸广山花岗岩体，④彭公庙八面山花岗岩体”；属于加里东早期的则有“好几处片麻状构造明显的中小型的花岗岩类侵入体，如大余城南（花岗闪长岩）、南康的太平桥（圩下）、赣县小坌、于都栖霞等”；而燕山期花岗岩体则以湖南瑶岗仙和赣南的鸡笼寨、铁山垅、宝山等花岗岩体为代表。

在发现加里东期和雪峰期花岗岩、从而建立华南多旋回花岗岩体系的同时，徐克勤组织南京大学地质系教师，对不同时代花岗岩的地质学、岩石学、矿物学、地球化学特征及其与成矿作用的关系进行了深入研究，尤其是加里东期与燕山期花岗岩的对比研究，以及燕山期花岗岩本身（内部）不同侵入阶段岩石特征的对比研究。徐克勤在对赣南著名的西华山钨矿进行研究时发现，西华山花岗岩是一个复式岩体，而不是一个单阶段侵入的花岗岩。他在坑道里仔细观察，发现花岗岩内部有很多接触（穿插）关系，均质的花岗岩侵入斑状花岗岩里面，最后还有一些规模较小的花岗岩，是含石榴子石的花岗岩。徐克勤认为西华山的钨矿是与最后一期花岗岩有关系的。

在对华南多个旋回的花岗岩特征进行初步研究之后，徐克勤和孙鼐、王德滋、胡受奚署名发表了长篇论文《华南多旋回的花岗岩类侵入时代、岩性特征、分布规律及其成矿专属性的探讨》，这篇文章对南京大学地质系自1957年以来关于华南花岗岩研究的成果进行了初步的总结，于1963年分两期连续刊登在《地质学报》上。论文除了对雪峰旋回、加里东旋回、印支旋回和燕山旋回的代表性花岗岩体分别进行介绍外，还对不同时代花岗岩类侵入体的各种特征进行了综合对比。例如，他们指出，除了雪峰期和加里东早期外，华南花岗岩的二氧化硅含量普遍高于平均花岗岩。而且，时代越新，二氧化硅含量趋于增加，并且，在同一旋回花岗岩中，晚阶段岩石又比早阶段的更偏酸性。花岗岩中碱质（钾钠）的含量变化基本与二氧化硅含量相似，而铁镁含量则呈现相反的趋势。

这篇论文还提出了几个很重要的问题。第一个问题是“多旋回的复式侵入体”和多阶段的侵入体，即有些看上去是单一侵入体的大花岗岩体实际上是由不同旋回侵入体组成的复式岩体。而在同一岩浆源、同一地质时代侵入的同一个花岗岩体中，又常常表现有多阶段侵入的现象，尤其是燕山期花岗岩体常常表现出很明显的多阶段性。这个问题直接促使了后来对于钨锡等金属成矿作用与花岗岩演化关系的深入研究。第二个问题是关于华南不同旋回花岗岩类分布的构造控制，即雪峰期以后的花岗岩分布与北东向深大断裂的关系问题。这也在客观上推动了南京大学地质系的构造地质学（当时称“区域地质”）专业以参与华南花岗岩研究为契机，在郭令智教授带领下继续全面深入研究中国东南部大地构造格架的形成与演化，并最终提出华南不同时代花岗岩类的时空分布与自西北向东南迁移的沟 - 弧 - 盆体系的协调一致，由此而产生了大陆边缘增生过程受制于板块俯冲和碰撞的重要认识。这也使得华南花岗岩研究成为一个多学科、多领域共同参与、联合攻关的大规模综合性研究项目。

二、与铀矿部门联合考察南岭

由于过度劳累和营养不良，徐克勤在1962年得了肝炎。医生在给他治疗的同时，了解到他烟瘾很大，就嘱咐他尽量要把烟戒掉。说起徐克勤的吸烟，当年的老师们都有深刻印象。夏邦栋回忆说，徐克勤在开会的时候常常是拿一包烟放在面前，第一支烟还没有抽完，他就又从烟盒里取出一支烟来，平放在桌子上，用手指按住慢慢地来回搓，想必是要把烟搓软一点，就这样一支接一支地一直抽，连火柴都不需要用的，会议结束时，徐克勤面前的烟灰缸已经是满满的了。不过，徐克勤是个有毅力、有恒心的人，就是这样大的烟瘾，他也是说戒就戒。有一天徐克勤对他的女儿说，我今天开始戒烟！说着，在他女儿面前把一包包烟都拆开来，把烟一根根折断后扔到垃圾桶里，并且很快就把烟戒掉了。据说，徐克勤戒烟还产生了榜样的作用，南京大学地质系几位烟瘾颇大的老师，如俞剑华、马瑞士等也纷纷戒烟了。

1962年9月，笔者考入南京大学地质系，作为新生，对当时的系主任、一级教授徐克勤充满了崇敬之情。记得第一次见到他，是在进校后不久召开的新生入学教育会议上。徐克勤当时讲话的具体内容已经记不清了，唯一留下较深印象的，是他在黑板上写下的"浅尝辄止"这4个字，他举了不少例子，要求我们在学习和做学问时切不可犯这种毛病。这可以说是他对笔者最早的教诲了。后来笔者成为他的硕士、博士研究生，又留校任教成为他的助手之一，每每想起来，便觉得这也正是徐克勤先生一生的治学态度。

20世纪60年代初期，南京大学地质系承担了安徽省宣城幅1：200 000地质图的测制任务。1962年，安徽省地质局在安庆召开图幅验收会，会上除了验收南京大学地质系承担的宣城幅外，同时验收由安徽省地质局区域地质调查队承担的安庆幅1：200 000地质图。这两幅图都是正规的国家填图任务。验收会由安徽省地质局局长主持，验收委员会主席是严坤元。验收会上围绕两幅图的竞争非常激烈。正是徐克勤在填图过程中严格要求，并且在关键的岩石定名上亲自进行显微镜下的鉴定，所以使得图幅的质量很过硬。结果，南京大学地质系承担的宣城幅被审定为优秀图幅。

1963年3月，当时主管我国铀矿地质找矿的二机部三局在北京香山召开首次铀矿床地质学术会议。在此之前，由于铀矿的特殊性，铀矿地质部门出于保密考虑而一直不与外界往来。这一次，二机部三局破例邀请了本系统以外的著名地质学家作为特邀代表参加会议，包括徐克勤、涂光炽、侯德封、叶连俊、吴磊伯等。由于铀矿直接关系到我国发展核工业的战略部署，所以这次会议受到党中央的高度重视，国家领导人在中南海接见了参加会议的全体代表，并合影留念。

铀矿会议期间，作为工作人员的南京大学校友童航寿和姚莲英夫妇经常到特邀代表们的住处去看望徐克勤。童航寿和姚莲英分别于1955年、1956年毕业于南京大学地质系，童航寿毕业后被推荐留学苏联，在莫斯科有色金属及黄金学院获得副博士学位，并于1960年回国；而姚莲英毕业后分配到专门从事铀矿地质找矿的二机部三所（今核工业北京地质研究院）。就在童航寿出国的前夕，二人在南京结婚，徐克勤还亲自参加了他们的婚礼。据童航寿回忆，徐克勤对铀矿也非常关心，除了对花岗岩型铀矿最感兴趣外，他还建议童航寿等人可以多多关注湘西、贵州一带的黑色页岩和磷块岩中的铀矿化，这种铀矿也被称为"碳硅泥岩型"，品位虽低，但是储量较大，因此具有相当的潜在价值。

铀矿会议之后，二机部三所与徐克勤开展了一项华南地区铀矿地质的合作研究，重点调查钨矿和铀矿的关系，二机部三所派出的研究人员主要就是童航寿。1963 年夏，徐克勤在童航寿及核工业 608 队工程师韩文昭等人的陪同下，从江西南昌出发，对南岭及邻近地区再一次进行了大规模的野外考察及矿区调研。他们考察的矿山包括江西的盘古山、岿美山、西华山、大吉山、木梓园、铁山垅、画眉坳、浒坑等钨矿和永平铜矿，湖南的邓阜仙、瑶岗仙钨矿，广东的凡口铅锌矿、大降坪硫铁矿及下庄铀矿等。每到一处，无论是地表还是井下，都要进行放射性异常的测量，检查铀的分布性状，寻找可能的铀矿化。

据童航寿回忆，有一次他们在江西定南的岿美山钨矿进行井下考察时，在主巷道中发现一处放射性异常，强度高达 1000 伽马以上。但是从地质特征上反复检查，却没有任何岩石蚀变和矿化现象。于是徐克勤和童航寿等人追根寻源，最终发现该放射性异常竟然是来自坑道中用于通风的鼓风机。徐克勤查看了鼓风机后，当晚就写信给鼓风机的生产厂家——黑龙江佳木斯鼓风机厂，告诉厂家这一情况，并要求他们追溯调查制造鼓风机铸铁外壳的钢铁及其矿石来源。后来徐克勤接到厂里回信，得知钢铁原料来自辽宁鞍山的樱桃园铁矿，徐克勤这才恍然大悟。原来，鞍山式铁矿的矿石中的确含有铀，我国最早发现的铀矿就是这种前寒武纪的铁 - 铀型铀矿（或称为铁 - 铀建造）。徐克勤这种追根寻源的执着态度和科学精神使童航寿等人大为敬佩，深受感染。

1963 年 9 月，徐克勤一行来到广东的云浮大降坪硫铁矿。徐克勤曾经认为大降坪硫铁矿是热液成因的，因此不同意孟宪民先生提出的地层控制的说法。这一次，徐克勤在矿区技术负责人之一王文焕的陪同下，在这里调查研究了 5 天。他不仅仔细察看地表和井下的岩石露头，还请矿里拿出岩石薄片，在显微镜下认真进行鉴定。经过野外、室内的详细观察测量研究，他觉得孟宪民的观点还是有道理的。最后，徐克勤提出了大降坪硫铁矿的成因是“沉积变质 - 热液富集”。而这一意见后来也被 1965 年提交的《广东云浮大降坪黄铁矿区详细勘探报告》所采纳。

徐克勤提出的“沉积变质 - 热液富集”矿床成因，是对矿床成因理论的重要贡献，实际上也开启了矿床多成因和叠加成矿作用的先河。

徐克勤所到之处，矿山的领导和地质人员都要请他作报告。尤其是赣南那些钨矿，只要一听说徐克勤来了，无一例外地要请徐克勤给他们讲课，听众十分踊跃。徐克勤也从不推辞，满足他们的要求。徐克勤每到一个矿山，不管他以前是否来过，都非常认真地观察、仔细地记录，所以，每当考察结束时，徐克勤总是能够针对这个矿山的具体情况，说出自己的看法，提出有益的建议。笔者所采访过的人，尤其是南京大学地质系的中青年老师，都对徐克勤到矿山后的肯讲话、敢讲话这一点特别有体会，并深感敬佩。因为，并不是所有老师到某地考察一下后都能做到这一点的，不少人由于各种原因而不敢或不能提出自己的看法和建议。但是，矿山和地质队等生产单位却特别看重这一点，这大概也是大家都特别崇拜徐克勤的原因之一吧！

在 1963 年的这次考察途中，徐克勤还应邀到长沙的中南矿冶学院（今中南大学）去讲学。听说徐克勤先生来了，地质系的学子们都十分踊跃。据同位素地球化学家、中国地质科学院矿产资源研究所研究员丁悌平回忆，当年他正在中南矿冶学院读书，那一天在徐克勤讲课的大教室里，不仅座无虚席，而且连走廊过道上都挤满了人，可谓盛况空前。

当然，徐克勤无疑是南京大学地质系所有教师中在野外考察次数最多的人。而且，几乎众口一词的是，徐克勤在野外考察时总走在最前面，很多学生都赶不上他。1963 年夏天的这次华南考察也是如此，在大约两个多月的时间里，徐克勤一行的行程达 1 万公里，几乎天天工作，要么上山，要么下井。据 1964 年毕业于南京大学地质系的张承华回忆，当时他和另外两个同学正好在赣南的大吉山钨矿进行毕业实习，徐克勤和二机部的童航寿、韩文昭等人在考察途中来到大吉山。第二天，徐克勤等一行人要上山去看花岗岩，张承华等人也跟着一起去了。然而，让他们始料未及的是，徐克勤带着这一队人边走边看，从大吉山向西一路翻山越岭，眼看天都黑了，却毫无返回之意。张承华回忆道：我们这些小青年都已经累得快要走不动了，可是徐克勤先生还要走，一直翻山走到了广东下庄的贵东花岗岩体才休息。算下来，这一天他们一共走了 100 公里路！所有人都由衷地佩服徐克勤为地质事业而甘愿吃苦耐劳的精神。

在这次野外考察中，徐克勤仍然关注加里东花岗岩的问题，他希望利用这次机会发现更多的加里东期的花岗岩体。他根据南康龙迴和上犹陡水的经验，采取按图索骥的办法，也就是先在区域地质图上寻找那些与泥盆系地层接触的花岗岩体，看看它在什么地方，然后就去实地考察，确定花岗岩和泥盆系地层是什么接触关系。结果，徐克勤拟定了两个目标，一个是在赣南井冈山，图上显示泥盆系的峡江组砂岩覆盖在一个花岗岩体上，但是到了那里，却因为森林茂密，植被覆盖很厚，找不到好的露头，因此只能放弃了；第二个是在粤北的翁源，属于下庄铀矿田的外围，徐克勤在这里发现了一个花岗岩小岩体，上面覆盖的是泥盆系下统杨溪组、老虎头组地层，与花岗岩是不整合接触，从而确定它的时代应该是加里东期。徐克勤将这个小岩体命名为冬瓜岭岩体。

作为矿床学家，徐克勤时时都关注花岗岩与成矿的关系。据孙明志回忆，徐克勤在大吉山钨矿期间，听矿上地质人员介绍说在195米中段见到一种很特别的岩石，长石的晶体很粗大。徐克勤听了后，马上来了兴趣，一定要亲自到实地去看看。可是到达195米中段这种岩石的出露点需要在坑道里爬几十米的竖井，既辛苦也不安全。大家都劝他不要去了，但是徐克勤坚持一定要去看。经过实地仔细观察之后，徐克勤确定这是与成矿有关的花岗岩体因为经历了充分的演化，而在边部形成的似伟晶岩带，这在过去的文献中很少叙述，但是这种现象其实是成矿花岗岩体的重要标志，后来在华南许多成矿花岗岩中都有发现。

徐克勤在对比已知的加里东期和燕山期花岗岩后，曾经提出不同时期的花岗岩含铀量是不同的。这次考察期间，徐克勤与二机部的地质人员用伽马仪对不同时代的花岗岩都进行了测量，并发现新、老花岗岩的铀含量的确不一样，徐克勤觉得也可以由此反过来，用铀含量的多少来推测这个花岗岩的时代。

三、初步总结华南花岗岩研究成果

叶俊是徐克勤1963年招收的研究生，也是徐克勤招收的唯一一名女研究生。1964年8～10月，叶俊跟随徐克勤和矿床教研室的陈泽铭先后到江西、广西、湖北进行地质考察。在江西的钨矿山，徐克勤白天下坑道考察矿床地质，晚上就为矿山和勘探队的地质人员作报告。尽管劳累了一天，徐克勤仍然毫无保留地讲述他对这个矿床的看法，也常常充满激情地介绍中国丰富的矿产资源。徐克勤讲完报告往往已是深夜，矿区已经一片漆黑。

在广西，无论是桂东北的富贺钟地区，还是桂西北的河池地区，都蕴有丰富的有色金属矿产，但也都位于山高林密、地势险峻之地。而且，虽然当时已经是20世纪60年代了，但这些地方的治安状况仍然不是很好。当徐克勤等一行人考察花山、姑婆山一带的矿床时，不仅有地质勘查部门的地质人员陪同，而且地方人民政府还专门派了保安人员和他们一同前行。很多时候，大家出于安全考虑，劝徐克勤不要上山，但他却坚持一定要自己实地考察，不愿只听汇报，这种敬业精神和工作态度令人敬佩。在广西大宁金矿，矿体赋存于一个破碎带中，采矿区的地质构造情况复杂，坑道内也很不安全，但徐克勤仍然亲自进入坑道认真观察，不时地用铁锤四处敲打，向当地地质人员详细询问，同时又不失时机地向叶俊等人讲解这一类金矿的地质特征和成因。

叶俊特别记得当年在广西珊瑚锡矿考察时的一次“事故”。有一天，徐克勤等一行人正行走在前往矿区的路上，当爬上一个小山丘时，突然有人不小心触碰到了马蜂窝。很快，大群马蜂就飞了出来，并且毫不迟疑地向这些不速之客发起攻击。当地的地质人员有经验，都立即蹲在地上不动，以免被蜇。徐克勤和陈泽铭当时正在较陡的半山腰，徐克勤让走在前面的人赶快往山顶上跑。最后，叶俊等人因此躲过了马蜂，而徐克勤和陈泽铭两人却难以幸免，尤其是徐克勤，满头都被马蜂蜇了。大家一看，都吓坏了，因为徐克勤的脸全肿了。这种土蜂毒性很强，医生用氨水给徐克勤和陈泽铭两人不停地擦洗，到了第二天，才慢慢消肿。大家都问徐克勤是否要先回南京休养，徐克勤却说没有关系，仍然坚持继续工作。

徐克勤深知女学生出野外困难较大，所以对叶俊格外关心。1964 年 10 月，徐克勤、陈泽铭和叶俊从广西到湖北继续野外考察，到达武汉时，陈泽铭因学校有事召唤就直接先回南京去了。徐克勤则带着叶俊继续野外考察工作。20 世纪 60 年代，各地的住宿条件远远没有像现在这样方便，因此徐克勤等教师出差时，经常会找到当地的政府招待所或者交际处去住宿。不巧的是，那天正好遇到访华的阿富汗国王查希尔到武汉访问，因此交际处的房间都已经住满了。徐克勤和叶俊只能就近找了一家旅馆，可是旅馆的人说，我们这里不能保证安全，所以不能安排女同志住宿。徐克勤很生气，说现在是新社会了，女同志还不能出来工作吗？旅馆工作人员就安排了门靠门的两个房间，说这样或许安全一些。经过了一天的奔波，叶俊已经很疲劳了，于是她关好房门后，又用一个盛满水的脸盆“堵住”房门，便呼呼大睡了。第二天早晨吃早饭时，徐克勤问叶俊：“你昨天晚上有没有听到有人敲你门？”叶俊说：“没有啊。”徐克勤说：“我听到了，便起来把那人赶跑了。”原来，为了女学生的安全，徐克勤一夜都没睡好。老师对学生的关心使叶俊非常感动，也终生难忘。

1964 年，徐克勤从资料上发现在江西的慈竹有一个加里东期花岗岩，但是可能与龙迴、陡水等地的岩石性质不一样。于是，他把已经调到学校教务处担任副处长的王德滋找来，问他能不能到那里去实地考察一次。1964 年暑假，王德滋与林承毅、刘振声一起前往江西慈竹。王德滋回忆道：当时的交通和其他条件都很差，他们乘火车到达弋阳，从弋阳到慈竹

（公社）没有汽车，只能步行，他们还自己带着行李，所以只好雇了老乡的一辆板车，放上行李，从早上出发，一直走到傍晚才到了慈竹，晚上就住在老乡家里。王德滋等人经过观察和追索，确定慈竹岩体是广义花岗岩类中比较偏中性的英云闪长岩，紧挨着它的围岩是黑云母夕线石斜长片麻岩，然后是含红柱石的二云母片麻岩，后两种岩石是典型的高温低压变质岩。英云闪长岩体内部可见到围岩的包体，岩体产状与围岩基本一致，边部具形状奇特的塑性流动构造，岩体周围发育条带状混合岩、褶皱状混合岩和肠状混合岩。英云闪长岩岩体边部也有片麻构造，而且其片麻理与斜长片麻岩是一致的。镜下观察显示，斜长片麻岩和英云闪长岩的矿物成分完全一样，都有夕线石、黑云母、斜长石。王德滋等人初步认为，这个面积达 45 平方公里的慈竹英云闪长岩体与在赣南所见的很不相同，它的形成可能与区域变质有关，属于深熔作用产生的半原地型具有流化特征的同褶皱花岗岩体。他们还推测，具有片麻状构造的慈竹英云闪长岩可能是加里东早期的，而赣南的块状花岗岩体则是加里东晚期的。王德滋回来向徐克勤汇报，徐克勤听后非常高兴，因为对慈竹岩体的这一考察成果，无疑使得对加里东花岗岩的研究又深入了一步，同时也为花岗岩类的多种成因方式提供了一个样板。

从发现加里东期花岗岩，到提出华南多旋回花岗岩类，以徐克勤为首的南京大学地质系在华南花岗岩的研究中不断取得新的成果，引起了国内地质学界的广泛关注。华南花岗岩研究成果也受到国家科学技术委员会（以下简称国家科委）的高度重视，决定组织专家对该项研究成果进行鉴定。于是，徐克勤亲自主持并组织有关人员编写花岗岩研究成果的专报，并由阮惠础、牟维熹、张承华等人进行编辑。徐克勤对专报投入了大量心血，包括把历年来大量的材料进行梳理，并且还要把某些不同的观点进行统筹和协调。

在学术上，徐克勤从来都不是一个故步自封的人，而是很注意吸收别人的正确思想和观点，敏而好学，不耻下问。例如，前面提到对于广东大降坪硫铁矿的成因，徐克勤先是主张热液成因，后来经过详细调研，又参考孟宪民的观点，最终确认为“沉积变质 - 热液富集”成因。在芜湖地质队工作的赵玉琛是 1953 年从南京大学地质系专科毕业的，他曾经写过一篇文章，提出宁芜拗陷中的铁铜矿是有一定层位的。徐克勤一开始认为赵玉琛这种观点不对，但是后来经过工作，觉得赵玉琛的观点有可取之处。尤其是当徐克勤提出长江中下游几个断裂拗陷带的成矿作用时，就曾经多次谈到赵玉琛的观点给他带来启发。类似的例子还有很多。有一次徐克勤就问孙岩，说："你是搞小构造的，我有个问题想问问你，我们在矿山坑道里经常见到破裂构造，与矿脉关系很密切，怎样判断这些破裂构造的先后顺序？除了我们现在常用的相互切穿关系，以及充填物的特征外，你们还有没有什么好办法？"孙岩想了想，说他知道的也就是这些方法，不知道还有什么其他方法。孙岩感到很惭愧，可是徐克勤却说了一句宽慰的话："如果我们把所有的地质问题都解决了，那以后的人干什么呢？"这句看似自嘲的话，既反映了徐克勤的虚怀若谷、豁达大度，又富含哲理，符合认识论的规律。

在编写花岗岩研究成果专报时，徐克勤很重视花岗岩形成过程中"花岗岩化"作用的意义。所谓"花岗岩化"作用，简单来说，是地壳物质（尤其是所谓地槽沉积物）经历深度变质，经过混合岩化作用，最后形成混合花岗岩的过程。而这个过程，除了需要足够的能量（主要是热能）之外，物质组分的交代（带入和带出）也是极其重要的，而参与交代的除了原来的岩石组成外，流体的作用也很关键。对于这种参与花岗岩化的流体或溶液，徐克勤使用了"岩汁"（ichor）一词。所谓岩汁，是一种富含碱质和挥发物质（H_2O、F、Cl 等）的高温流体。据张承华回忆，"岩汁"这一名词最早是由与他同级的 1964 届张理刚同学在 4 年级写读书报告时使用的，当时徐克勤很不赞成这个词。不过，后来徐克勤觉得在混合岩化、花岗岩化的过程中的确应该有这种类似岩浆但又并非岩浆的流体参与，因此就接受了"岩汁"这一提法，并认为它在花岗岩形成过程中起了重要作用。后来徐克勤还曾不止一次地提到张理刚。在编写花岗岩研究专报中关于花岗岩化的章节时，徐克勤还要求把原来使用"岩浆"的地方都改成"岩汁"。

1965 年，国家科委主持了对华南花岗岩研究成果的鉴定。同时，将由徐克勤领导编著的 70 多万字的《华南不同时代花岗岩及其与成矿关系研究》作为国家科委科学技术报告（第 1415 号）正式印行。

1965 年，当时的高教部在北京举行科研成果展览，南京大学有 20 多项成果到北京参加展出，其中反响较大、较好的有 5 项，第一项是徐克勤领导的华南花岗岩研究；第二项是物理系冯端的金属缺陷研究；第三项是化学系须沁华的分子筛研究；第四项是生物系仲崇信的大米草引种；第五项是地质系肖楠森的内蒙草原找水。其中第一项和第二项又被列入全国的重大科研成果 100 项。20 世纪 60 年代初期，一部名为《五朵金花》的爱情电影曾经轰动全国，因此南京大学的这 5 项重要科研成果也被南大人称为"五朵金花"。王德滋院士总结这几项成果的共同经验是"突出重点，长期坚持；要组织科研团队，有帅、有将、有兵；既有领军者，亦有传承者，使科研特色能够长期保持、继承和发扬”。

南京大学的花岗岩研究也引起了国内地质学界对花岗岩研究的重视。1965 年 10 月，由中国地质科学院副院长、著名矿床学家孟宪民[①]院士主持，邀请国内多位著名地质学家，如黄汲清、谢家荣、田奇㻪、冯景兰、徐克勤等到安徽黄山开会，讨论花岗岩及矿床的有关问题。孟宪民在 20 世纪 60 年代从矿床成因的“火成派”转变为“水成派”，例如，关于安徽铜陵地区的许多铜矿，孟宪民曾一直认为是与中酸性火成岩有密切成因联系的，也就是“火成”的，但是当他 1965 年又到铜陵考察时，却说铜矿的形成是直接与沉积岩（地层）有关的，即“水成”的。为此，冯景兰先生曾经写了一首打油诗：“既说水成又火成，水成火成大不同。不识矿床真面目，只缘不在矿床中”。

孟宪民对花岗岩也持“水成”观点，认为花岗岩“有顶有根”，形成于古老的盆地中，成层产出，后来由于构造运动才隆起如侵入岩的状态。对于黄山花岗岩，他认为也是这样形成的。孟宪民的这一观点，当然使得包括徐克勤在内的许多其他与会者无法同意，难以接受。因此，会议期间，不同意见引发的争论不断。不过，据当年作为孟宪民助手参加会议的中国地质科学院研究员丁悌平回忆，虽然这些老先生（地质学家）的观点相左，但因为大家是都是几十年的同仁好友，相互之间有着深厚的友谊，所以争论之余，仍愉快相处，亲密无间。喜欢写诗的冯景兰就改写了唐朝诗人杜牧的一首《清明》诗取笑之：“清明时节雨纷纷，路上行人欲断魂，借问花岗岩何处有，孟老（孟宪民）遥指古地盆”。徐克勤也笑着说：“孟老的反潮流精神，值得钦佩。”

会后，大家上黄山游览，徐克勤在这些老先生中相对年轻，身体也最好，爬山速度特别快。当时黄山没有索道，上、下山只能靠步行或者乘坐滑竿，因此，其他老先生都是用两天时间上山，而徐克勤当时虽然也已年近花甲，却是一早就从住处出发，一路健步上山，很快就走到了天都峰，并攀上了险峻的鲫鱼背。因为有事，徐克勤没有在山上逗留，又从天都峰步行下山。一天之内轻松地上山下山，这使得当时还是年轻小伙子的丁悌平惊叹不已，并给他留下了深刻的印象。

① 孟宪民（1900—1969），我国著名矿床学家，中国科学院院士。早年留学美国，曾受教于国际著名矿床学大师、麻省理工学院林格仑教授，接受岩浆热液成矿理论。但是 20 世纪 60 年代以后，他却从“火成”的岩浆主导成矿转变为“水成”的地层主导成矿，倡导沿层位找矿，成为国内“同生成矿”学派的创始人和代表人物。

1966年孟宪民从武汉来南京，一路上看到的地质体，他都认为是“水成”或“层控”，甚至连一些闪长岩也是层控的。在南京，徐克勤陪同孟宪民四处考察，一路纷争。有一天来到一处，遥望山头，孟宪民说山上的闪长岩明显是层控的，是火山岩，并提出要徐克勤陪他上那个山头仔细看看。徐克勤知道那是一个闪长岩侵入体，但他又不想到山上之后与比自己年长的孟老争吵，便婉言谢绝了。虽然孟宪民和徐克勤的学术观点貌似水火不相容，但是这次与孟宪民的数日相处却让徐克勤也对“层控”矿床产生了兴趣。他后来还说：“孟先生虽然过激一些，但还是他最早提出层控的。”

正当徐克勤带领南京大学地质系师生，不断将华南花岗岩及其与成矿关系的研究引向深入发展的时候，一场改变国家面貌和每个人命运的“文化大革命”突然爆发了。

第十章

在『文化大革命』的日子里

一、经历“文化大革命”风暴

“文化大革命”一开始，徐克勤便失去了从事教学工作和学术研究的权利，而且也和其他许多老科学家一样，被当作“资产阶级反动学术权威”接受批判。家中八口人的住房也被挤进了另一家人。幸运的是，徐克勤在“文化大革命”初期没有受到太大的冲击和批斗。这一方面或许是因为南京大学地质系的师生比较“温良恭俭让”，而且徐克勤出身于农民家庭，历史清白，新中国成立前后都一贯要求进步；另一方面或许是因为大家从心底里佩服徐克勤在地质学、矿床学专业上的学识和贡献。此外，徐克勤虽然名声很大，但是架子不大，平易近人，待人非常真心实意而没有虚情假意。作为南京大学地质系系主任，徐克勤没有自己的系主任办公室，上班就在矿床教研室，和其他教师一样，一人一张办公桌。

据南京大学地质系 1968 届同学严仁德回忆，“文化大革命”初期被打成“反动学术权威”的徐克勤有一段时间就住在南园十一舍他们的宿舍里。徐克勤非常随和，同学们对徐克勤也比较尊敬，大家相处得较好。当时班级里有一位张文兴同学，属于不关心政事的所谓逍遥派，大部分时间“宅”在宿舍里。于是，徐克勤和张文兴这一老一少就常常在宿舍里下棋消磨时间。

1968 年夏，已经合龙的南京长江大桥铁路桥即将迎来通车的时刻，而公路桥也正在进行最后的紧张施工和装修。为了确保公路桥在年内通车，江苏省和南京市革命委员会组织人民群众参加修建长江大桥的义务劳动，南京大学的师生踊跃参加，每天到大桥去抬黄沙、运石子、搬水泥、砌栏杆。徐克勤也和地质系的老师们一起到长江大桥工地参加劳动，并且集体住宿在南京粮食学校。因为徐克勤属于“反动学术权威”而不是“革命群众”，所以除了要参加劳动之外，仍然还要常常接受批判。徐克勤一以贯之地对此毫无怨言，努力劳动。而那些修建长江大桥的工人却为他鸣不平，说这个 60 多岁的教授，能够参加体力劳动很不错了，为什么还要被批判。

1969 年 3 月，中苏边境爆发了珍宝岛武装冲突，中苏关系迅速恶化。毛泽东从备战的角度，提出要扭转“北煤南运”的状况，于是，在南京军区司令员、江苏省革命委员会主任许世友的命令下，苏南各地掀起了一场“大跃进”式的“开发苏南煤田”运动。南京大学的部分师生也被派往南京郊区的灵山煤矿去“挖煤”，其中包括徐克勤和地质系其他教师。其实，徐克勤心里很清楚，南京郊区根本就没有什么像样的“煤矿”。但是，因为徐克勤说了一句“这算什么煤，这是鸡窝煤”，就又受到了批判。

具有讽刺意味的是，新中国成立之初正是徐克勤应南京市军管会的指示，到南京郊区的小煤窑进行了实地调查，并向军管会建议关闭了这些小煤窑。谁能料到20年之后，徐克勤自己却被南京军区推到了“挖煤”的第一线。历史真的是给徐克勤开了一个大大的玩笑。

1969年9月起，中共中央要求疏散大中城市人口。10月，南京大学革命委员会也组织大批教师离开南京，去溧阳分校农场劳动。当时，社会上把知识分子排在“地、富、反、坏、右、叛徒、特务、走资派”之后的第九位，所以被称为“老九”，贬称“臭老九”，也属于被批判教育的对象。或许是为了改造一下“老九”吧，这次的南京大学教师从南京去溧阳是全程步行。地质系的教师则被安排在一个下雨天的晚饭后从南京出发。南京到溧阳约有90公里，老师们走了两天时间才终于走到溧阳分校农场。已经年过花甲的徐克勤脚上穿了一双登山的翻毛皮鞋，和其他老师们一样徒步前进。当时为了照顾老弱病残，以及中途因身体不适而需要照顾的人，便在行军队伍里配了一辆收容车。大家觉得徐克勤年纪大了，应该适当照顾一下，所以不断有人建议他不要再走了而是坐车。但是徐克勤坚决不肯上车，说我们搞地质的人还怕走路吗？就这样，徐克勤和地质系的绝大多数教师全程步行走到溧阳分校。据说后来有人统计了一下，在坚持走完全程的地质系老师中，只有两个人的脚上没有起泡，其中一个就是徐克勤。

在溧阳分校的那些日子，徐克勤和其他老师一起，住的是一个大棚子，睡的是大通铺。每天做的事情，除了当时风行的程式化的“早请示”“晚汇报”外，就是学习和劳动。所谓学习，主要是分小组读《毛泽东选集》，进行“斗私批修”，交代自己的“活思想”，接受“改造”。徐克勤对待劳动任务非常认真，不怕苦不怕累，更不偷懒。

徐克勤热爱地质事业、热爱野外工作，而在溧阳的这些日子里，他眼睁睁地看着自己与矿床地质之间渐行渐远，觉得不仅是浪费时间，空耗生命，而且是痛苦的磨难。徐克勤于1962年戒了烟，当时为了打发那些穷极无聊而且非常苦闷的日子，无奈又抽起了烟。不过，由于徐克勤是被打倒的“反动学术权威”，所以“文化大革命”开始后就不再享受一级教授的待遇，而是只能领取每个月80元钱的生活费。虽然当时徐克勤的长子、长女已经大学毕业参加工作，但是家里还有4个未成年子女，生活负担很重，所以他抽烟只能抽最便宜的安徽产“大铁桥”牌香烟。有一天，负责“政治学习”的人又要徐克勤“斗私批修”，交代有什么“活思想”，憋了一肚子气的徐克勤不顾自己还戴着“反动学术权威”的帽子，愤愤地说：“我现在的活思想就是想马上去野外，搞地质调查。”一语道出了一个地质学家的真实心声！

1970 年 5 月 27 日，中央批转《北京大学、清华大学关于招生（试点）的请示报告》；1971 年 4 月，国务院召开全国教育工作会议，全面开始“复课闹革命”，全国高校开始大规模招收工农兵学员。在这一形势下，徐克勤终于和其他教师一起得以离开溧阳，回到学校。不过，此时的徐克勤尚未正式“解放”，还没有恢复组织生活，工人宣传队还吩咐他“不能在公开场合随便露面”。有一次，黄汲清先生从北京来南京，其间到南京大学来访问，工人宣传队临时安排让徐克勤参加与黄汲清的见面，还特地“关照”徐克勤要穿戴整齐一些。实际上，徐克勤并不在意能不能“在公开场合露面”，他在意的是，近 5 年的“文化大革命”岁月已经让他离开自己的地质事业太久了，他急切地想要回到自己的业务中去。好在，学校和系里的图书馆都已经恢复开放，于是，徐克勤“旧帽遮颜”过校园，每天从家里走到图书馆，一头扎进书堆里。他要把失去的时间补回来，他要努力使中国的矿床地质尽快赶上世界地质科学发展的步伐。

徐克勤的次子徐晓山于 1970 年毕业后被分配到甘肃的玉门油田，1971 年是他参加工作后第一次从西北回到南京家里来探亲。那时候，徐克勤刚刚获得一点自由，所以，见到回家探亲的儿子，徐克勤非常高兴，一把拉住刚跨进家门的徐晓山说：“走，我们到无锡钓鱼去。”说完，也不顾儿子长途跋涉是否劳累，拖着他就到下关火车站买了到无锡的车票，上了火车，搞得徐晓山丈二和尚摸不着头脑。徐晓山回忆说，那天火车到达镇江站，父亲忽然提出，“我们下车吧，到长江边的焦山去玩玩，那里也可以钓鱼的”。说罢就下了火车，乘公共汽车来到焦山，父子二人在江边转了半天，也没发现什么地方可以钓鱼，于是只好又回到火车站。此时天色已晚，又下起了小雨，徐晓山建议先在镇江住宿一夜，第二天再去无锡钓鱼。徐克勤对住宿要求比较高，说火车站这里的旅店不卫生也不安全，还是先回南京家里，明天再去无锡吧。徐晓山也只能听父亲的，两人又乘火车回到南京。第二天早上，徐晓山问：“爸爸，今天什么时候去无锡啊？”徐克勤却回答说：“算了，不去了。”徐晓山被父亲的随心所欲弄得一头雾水，而笔者觉得，这件事恰恰反映出徐克勤在“文化大革命”中长期压抑的心情急需得到释放的状况，同时也折射出徐克勤性格中豪爽不羁、潇洒自适的一面，堪比王子猷雪夜访戴，乘兴而行，兴尽而返。

二、走出“文化大革命”阴影

从1972年开始，国内的政治形势总体上趋于平静，生产活动和生活秩序逐渐趋于正常，科教领域也开始恢复学术活动。南京大学也在1972年4月招收了第一批工农兵大学生，这使得大部分教师能够逐渐回到自己的教学工作岗位上。这时候，徐克勤也很快走出“文化大革命”的阴影，积极投入教学科研和地质系的事业发展中去了。为了恢复正常的地质专业教育，使工农兵学员进校后既不脱离书本，又不脱离实际，徐克勤组织全系教师再次考察和熟悉宁镇山脉、宁芜盆地和长江中下游的地质、矿产，作为学生实习的预习。当时的条件很差，一般到较近的地方去预习时，老师们乘坐的就是一辆大卡车，除了领队坐在驾驶室外，大家都是站在车上。有一天，徐克勤等人在安徽铜陵附近一个很小的火车站等候火车，等了好几个小时没有车来，大家又累又饿，但是又没什么吃的。姜凤琪发现附近有一个小店，过去一看，糖果饼干之类的都没有，但是她见到有一种纸包的乳儿糕，俗称“奶糕”——是当年喂养婴幼儿的常见食品，于是便买了几包给大家吃。徐克勤尝了一块，说“不错啊”。

由于徐克勤在国内矿床学界的崇高地位，所以，即使在他还没有完全恢复工作和回到相关岗位的时候，国内就已经有一些单位纷纷邀请他出席一些重要学术会议、参加一些重大科研活动，甚至到一些矿山去指导工作了。

最早邀请徐克勤来参加地质学术活动的是由国家科委立项的、地质部（当时叫作国家计委地质局）组织的“华东地区火山岩铁铜成矿规律和成矿预测”研究项目。该项目由陈毓川、李文达主持，参加单位有中国地质科学院矿床地质研究所、华东地质矿产研究所、北京地质学院、南京大学、合肥工业大学及苏皖两省的地勘队伍等17个单位。南京大学派卢华复、任启江等教师参加。当时国际上火山成因矿床的研究是一个热点，而徐克勤不仅是著名的矿床学家，而且对长江中下游尤其是宁芜、宁镇地区的地质、矿产和火山岩十分熟悉。所以，项目组特地聘请徐克勤为顾问专家，聘期与项目执行的时间相同，即1972～1976年，共5年。1971年年底，该项目在安徽省马鞍山市政府招待所召开了第一次会议。据当年的项目负责人、中国地质科学院研究员、中国工程院院士陈毓川回忆，徐克勤非常负责地对待这个项目，为项目的顺利进行和圆满完成做出了重要贡献。尤其是每年一次的项目工作总结会，是由徐克勤主持的，一般需要几个星期。在这期间，无论是听取项目成员的工作汇报，还是到各个野外现场实地检查，徐克勤都非常认真，并且总是能够及时发现问题，指明方向，令人敬佩。徐克勤还铁面无私，有一次发现南京大学地质系一名参加项目工作的年轻教师对一种蚀变矿物的认识有误，便当场予以指出，并强调了正确认识围岩蚀变的重要性。

在经历了多年的“文化大革命”动乱之后，能够参加这个项目的每一个地质人员都非常珍惜这次工作机会，全力以赴地投入其中，从而使得该项目的研究很快就取得了重要进展。仅仅两年之后，项目组就总结并提出了一个关于宁芜地区中生代陆相火山岩断陷盆地中“玢岩铁矿”的成矿模式，在国内地质界产生了重大影响。

1972 年 12 月 5 日，中国科学院地球化学研究所在贵阳召开全国稀有元素、稀土元素地质科研工作交流会，这是地球化学研究所自 1966 年成立以来所组织召开的第一次学术会议，也是“文化大革命”后期较早的一次全国性学术会议。会议组织者、刚恢复工作并被任命为地球化学研究所生产组副组长的涂光炽，点名邀请徐克勤参加这次会议。徐克勤接到邀请信后非常高兴，就由李兆麟陪同到了贵阳，考虑到第二天要作大会报告，平时比较注重仪表的徐克勤要去理发，就一个人去了理发店，理完发后在回宾馆的路上却由于路滑而不慎摔了一跤，造成手臂骨折。徐克勤连夜去医院打了绷带，上了夹板，第二天仍坚持上台作了学术报告。

在积极参加这些地质科研项目、学术会议、矿山考察等活动的同时，徐克勤用了更多的时间和精力来认真学习。南京大学地质系的图书资料室里，几乎天天都能见到他埋头研读的身影。事实上，20 世纪 60 年代，国际上科学技术的发展不仅未曾稍有停歇，而且正是一个取得日新月异进步的时期，其中最引人瞩目的当数 1969 年 7 月的阿波罗飞船登月成功。在地球科学领域，被称为地质学一次革命的板块构造学说也在这一期间诞生，并很快风靡全球，成为指导地质学各学科的新理论基础之一。在同位素地质学、微量元素地球化学等领域，由于仪器设备和测试技术的更新进步，也涌现了大量的新成果。而所有这些成果又都对矿床学研究产生了巨大影响，使人们对成矿作用的认识有了一个飞跃。因此，从 20 世纪 60 年代后半期到 70 年代初期，国际上矿床学领域的研究也取得了许多前所未有的重大进展，尤其以斑岩铜矿和块状硫化物矿床的成矿模式、火山成因矿床、层状矿床和层控矿床等方面的研究最为活跃。

徐克勤针对当时国际矿床学界对沉积矿床、火山成因矿床，以及层状矿床和层控矿床的研究成果，结合自己几十年在华南等地从事矿床地质研究的体会，开始酝酿对我国东南部几个断裂拗陷带内某些铁铜矿床的成因进行系统研究。他在考察宁芜铁矿时，发现当涂南区的姑山、白象山等矿床都产在三叠系地层中，从而推测除了玢岩之外，地层也可能与矿体之间存在着某种成因联系。他又联想到，虽然华南的钨矿都与燕山期花岗岩有关，但并不是所有的燕山期花岗岩都有钨矿。那么，钨除了来自花岗岩之外，还有什么别的因素控制成矿？地层与成矿有没有什么关系？这些问题引出了当时还极少有人问津、但后来被广泛接受的矿源层和层控矿床等思想。徐克勤的视野并不只是停留在宁芜地区，而是想到了华南有许多个类似的以深断裂为边界的断裂拗陷带，如长江中下游、钱塘江-信江、萍乡-乐平、闽西南-粤东等，带内沉积了较厚的上古生界和中生界的沉积物（包括火山沉积物），而这些地带又都是重要的铁、铜（铅、锌、硫）成矿带。徐克勤设想，要仿照搞华南花岗岩研究的模式，来部署开展这项研究。

与此同时，徐克勤当然也不忘继续深化对华南花岗岩及其与成矿关系的研究。1973年，他在回顾总结南京大学地质系1957年以来对华南花岗岩研究成果的基础上，亲自执笔撰写了《中国东南部不同时代花岗岩类及其与某些金属矿床的成矿关系》一文，于1974年发表于《中国科学》第一期上。

作为一个对中国地质事业有着强烈责任感的地质教育家，徐克勤不满足于自己能在“文化大革命”后很快跟上国际地质学发展的步伐，而是希望整个南京大学地质系、整个中国地质学界都能尽快地跟上国际地学发展的潮流。由于当时《南京大学学报》（包括“地质学部分”）仍处于停刊状态，于是，徐克勤提议并主持创办了南京大学地质系第一本科技情报刊物——《地质科技资料》。他请刘英俊、施央申等老师具体负责编辑，动员有关教师把国外的文献翻译成中文，集数篇文章为一期，内部出版。

1972年5月，南京大学地质系的第一期《地质科技资料》出版，在它的“前言”中写道，这本刊物“在近期主要是介绍汇编一些国内外近年来在地质科学方面的研究成果和动态报导等，它主要是供系内教师‘业务上再学习’参考之用，为使该材料能在国内蓬勃发展的地质科技事业中发挥一点微薄的作用，并答谢各地质生产、科研、院校等兄弟单位的经常惠于我们的大量地质文献资料，我们也特将它呈送各兄弟单位，以供交流和指导”。该期《地质科技资料》一共刊登了9篇文章，包括《近十年来国外地质科学一些领域的发展动向》《有关月球岩石一些资料的解释及其与地球对比》《地壳厚度、莫霍不连续面和上地幔的研究概况》等。当年的10月和12月，又出版了《地质科技资料》第二期和第三期。刊物中所有的翻译文章都注明了原文出处，但是却都没有给出翻译者的名字，而那些综述性的文章也都没有作者署名。这些《地质科技资料》及其刊登的文章不仅对南京大学地质系工农兵大学生的教学有极大的帮助，而且，由于当时国内这类刊物还比较少，所以其他地质单位知道后也纷纷前来索要，从而也对国内地质工作的恢复和发展产生了较大影响，发挥了一定作用。

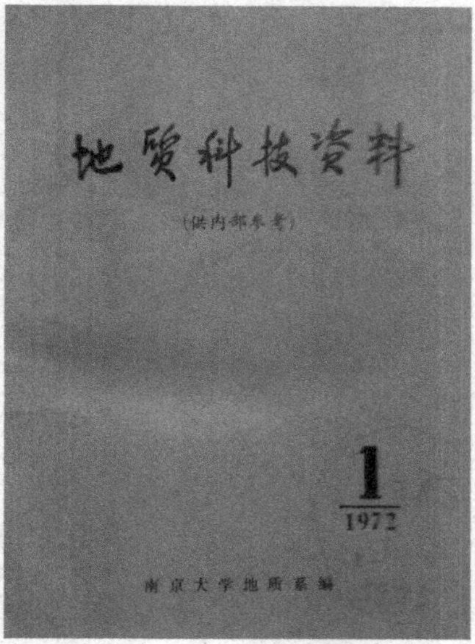

1972 年 5 月出版的南京大学地质系的第一期《地质科技资料》

1976 年，《南京大学学报》恢复正常出版。而《地质科技资料》在出版了最后两期《宁芜火山岩地区矿产专辑》后，就逐渐恢复成为《南京大学学报》的“地质学部分”，由孙岩、牟维熹负责编辑，由《南京大学学报》不定期地统一出版，公开发行。后来，《南京大学学报》的“地质学部分”又成为相对独立的《南京大学学报》(地球科学版)。到了 1995 年，便发展成为现今的《高校地质学报》。

第十一章 开启叠加成矿作用研究

一、长春讲学

1973年4月，当时的冶金工业部在长春举办全国地质干部训练班，邀请了徐克勤等全国一流的矿床地质专家去讲学、作报告。这也是冶金地质系统为了尽快从“文化大革命”的灾难中走出来，迅速恢复找矿工作和相关科学研究的重要举措。徐克勤曾经在新中国成立初期参加以竺可桢为首的考察团，赴东北老工业基地参观考察，去过鞍钢等地，但是未在东北调查过矿床，而此后也没有再出过山海关。因此，徐克勤欣然接受了邀请。训练班还随邀请函给徐克勤一并寄来了机票，但是他没有乘坐飞机，而是改乘火车。南京大学地质系当时的领导指派矿床教研组的年轻教师张承华陪同徐克勤一起前往长春。

徐克勤在长春住了1个星期，讲了4天课。讲课的题目是“花岗岩类与成矿关系，兼论内生矿床的成矿物质来源问题”。这是徐克勤在近两年时间里，深刻回顾、总结自己数十年的矿床研究成果，潜心研读、学习国内外最新文献资料，努力理解、接受国际地质科学的新理论、新思想、新方法之后，所写出的一篇长达16万字的巨著，也是徐克勤毕生的重要著作之一。它一共分为3个部分：第一部分，内生（金属）矿床的成矿物质来源问题的讨论；第二部分，花岗岩类与成矿关系；第三部分，花岗岩类的成因问题。

徐克勤在中央大学读书及赴美国留学期间，所学到的矿床学理论都是以美国矿床学家林格仑（W. Lindgren）为代表的“岩浆-热液”一元论，他在明尼苏达大学时的导师艾孟斯也是“岩浆-热液”论的代表人物之一。因此徐克勤与大多数矿床学家一样，是“岩浆-热液”理论的信奉者。不过，徐克勤从来不是一个教条主义者，而是一个善于思考的人，他在长期的地质找矿和科学研究实践中运用这些理论的同时，也一直注意理论联系实际，不断发现问题、批判继承、推陈出新。在这篇长春讲学的讲稿中，徐克勤就批判了20世纪40年代以来风行全球的单一岩浆-热液成矿模式。他指出，在“岩浆热液矿床”这一问题上，“我们要对林格仑的矿床分类或者格劳特（Grout）及布丁顿（Buddington）的从玄武岩到花岗岩浆的成矿作用的树状分布图解作根本的批判和改正，当然也要对鲍文的由玄武岩浆经过结晶分异产生花岗岩浆的理论体系作根本的批判（当然也并不全部否定鲍文在岩石学其他方面的贡献）”。在此基础上，徐克勤结合他近年来学习到的地质科学最新进展，如板块构造理论，硫、铅、铷锶等同位素地质学和元素地球化学在矿床学的应用，以及层状矿床、火山成因矿床等方面的最新成果，指出内生矿床的成矿物质大体上可以有以下 3 种来源。

一是成矿物质来源于上地幔或硅镁层，即来源于深部的岩浆，并形成正岩浆矿床和岩浆热液矿床。正岩浆矿床有 5 种类型，分别是：①橄榄岩、纯橄榄岩及蛇纹岩中的铬铁矿矿床；②纯橄榄岩、橄榄岩及辉石岩中的铂及铂族金属矿床；③角砾云母橄榄岩（金伯利岩）中的金刚石矿床；④与苏长岩、橄榄苏长岩及辉长岩或辉石橄榄岩等共生的铜镍硫化物矿床；⑤与辉长岩、斜长辉长岩、斜长岩及橄榄辉长岩共生的含钒钛磁铁矿等。而岩浆热液矿床主要有 8 种类型，涵盖了与深源岩浆有关的从岩浆作用中期到后期的所有汽化 - 热液作用形成的矿床，分别是：①与碱性岩、碱性 - 超基性岩等侵入杂岩共生的碳酸盐岩矿床；②与闪长岩类岩石共生的磷灰石 -（阳起石）- 磁铁矿矿床；③与安山岩带的火山作用相关联的铁矿床；④夕卡岩型铁或铁铜矿床；⑤夕卡岩型铜矿床；⑥黄铁矿型铜矿及铜铅锌等多金属矿床；⑦斑岩铜矿；⑧斑岩钼矿。

二是成矿物质来源于地壳硅铝层，也就是来源于经过多次花岗岩化、混合岩化所不断改造过的原始大陆地壳及古老的和各时代的地槽沉积物，包括火山岩及一部分早期侵入岩等。成矿作用主要由和花岗岩化、混合岩化及部分熔融作用而形成的壳源花岗岩浆相关联的汽化 - 热液作用，使成矿物质活化转移和集中。属于此类的成矿元素主要有 W、Sn、Be、Nb、Ta、U、Th、TR、Li、Rb、Cs、Bi、B、（Mo）、（Au）等十几种“花岗岩类特征性元素”及部分 Pb、Zn、Ag、As、Sb、Hg、（Cu）等“非花岗岩类特征性元素”。并由此形成相关的 4 种类型矿床：伟晶岩矿床、汽化 - 高温热液矿床、夕卡岩矿床和中低温热液矿床。

三是成矿物质来源与火成岩无关，主要由地下水溶液活动溶解和淋滤围岩中的金属成矿元素，从而在某些地层层位中形成层状、似层状的有关矿床，或在某些裂隙中沉淀成矿。地下水溶液的温度可以因深部环流而达到几十摄氏度到两百摄氏度。成矿物质的来源，多半来自区域内的沉积岩地层，也可能来自沉积岩层中所夹的火山岩层，或来自沉积岩盖层之下的基底岩石中，更有可能来自含矿层附近的某些经过沉积作用或火山沉积作用而达到初步富集的矿源层。

因此，徐克勤实际上已经把热液矿床的热液来源分为岩浆热液、花岗岩化 - 变质热液和地下水热液 3 类。此外，徐克勤还特别讨论了与火山作用有关的矿床，以“弥补过去传统的矿床学中对火山作用与成矿关系的忽视”，并认为“这样对找矿是有重要的指导意义的”。

徐克勤关于内生金属矿床成矿物质来源问题的这些论述，在今天看来也许并没有什么新奇之处，有些提法还值得讨论（如徐克勤本人在他后来的论著中所指出和修正的）。但是在20世纪70年代初期的中国，这些观点如果谈不上振聋发聩，那也至少是大大开拓了人们的思路。与徐克勤等人在1963年编著的《矿床学》教科书相比，也有了很大的改变。

对于花岗岩类与成矿关系，徐克勤主要立足于华南，论述了花岗岩类的形成时代和造山运动的关系、华南的大地构造分区及各时代花岗岩的分布、各时代花岗岩的演化趋势、南岭及邻区花岗岩与成矿关系。徐克勤在这一部分的开头写道："在这里，我们不打算讨论花岗岩类的分类和命名问题。这个问题已列入今后的研究计划，尚待今后进行工作。"可见，徐克勤在20世纪70年代初就已经在考虑花岗岩类的分类问题，只是由于时间不够而未能深入思考和得出结论。但是实际上，他不仅在这篇讲稿中为若干年后提出花岗岩的成因分类埋下了伏笔，而且在第三部分"花岗岩类的成因问题"中已经论及了花岗岩类的几种不同成因类型。

徐克勤在阐述花岗岩的成因时强调了两点：一是明确指出"花岗岩类不是玄武岩浆结晶分异的产物"；二是认为花岗岩类的主要成因是"混合岩化和花岗岩化（或称上层花岗岩化）"，也就是"主要经过原地或半原地的花岗岩化作用，并在此基础上发生部分'流化'（rheomorphism）现象及产生少量的派生混浆（migma）而形成的"。徐克勤进一步划分出"同构造混合岩类"和"晚构造或后构造上层块状花岗岩"两种情况。他以江西武功山岩体、广东云开大山腰古圩岩体、江西慈竹岩体为代表阐述了华南同构造混合岩类的特征，证明它们是"混合岩化和花岗岩化即碱质交代作用的产物，大多数情况下没有达到深熔程度，而是在原地形成"的。他又以江西西华山花岗岩为例阐述了上层花岗岩的特征和形成过程。徐克勤指出，西华山岩体是一个多阶段的复式岩体，有三大阶段6个岩相，3个阶段代表了3次大的岩汁活动，而每次活动都形成两个相互关联的岩相——前锋岩相和主体岩相，代表着不同程度的花岗岩化作用。所谓前锋岩相是指岩体顶部、边部的变斑状花岗岩；而主体岩相则是岩体中心部分的均粒状花岗岩。除了西华山岩体外，徐克勤又列举了江西上犹岩体、广西姑婆山岩体和福建行洛坑岩体分别作为加里东期、印支期和燕山期这3个时代的上层花岗岩的代表。

这种以花岗岩化为主导的观点，代表了徐克勤和他的同事们（王德滋、胡受奚、孙鼐等）在20世纪70年代对华南部分花岗岩成因的认识。显然，这种以花岗岩化或混合岩化作用为主形成的花岗岩，大致相当于徐克勤此后不久提出的花岗岩成因分类中的“陆壳改造型”花岗岩类。

徐克勤也认为，花岗岩类除了“通过花岗岩化或混合岩化作用产生之外，应该还有其他一些成因”，他列举了以下 3 种情形：①在构造运动带中，由安山岩浆或者石英闪长岩浆，同化了一部分硅铝层经过分异演化，产生花岗闪长岩、石英二长岩，最后产生少量花岗岩浆；②激烈的构造运动和安山岩浆喷发引起硅铝层部分重熔，形成流纹岩和花岗斑岩；③超壳深断裂，引起碱性花岗岩浆的形成。现在看来，徐克勤列出的①、②两种情形和第③种情形，分别相当于他此后不久提出的同熔型花岗岩类和幔源型花岗岩类。加上前面以花岗岩化或混合岩化作用为主形成的改造型花岗岩类，徐克勤实际上在 1973 年就已经形成了花岗岩成因类型的初步划分方案，只不过没有明确提出和公开发表而已。这与此后不久国际上流行的由澳大利亚 Chappell 和 White（1974 年）提出的 S 型、I 型花岗岩分类方案和日本矿床学家石原舜三（1976 年）提出的磁铁矿系列和钛铁矿系列花岗岩分类方案相比，甚至还要略早一些。

徐克勤强调指出：“对其他成因的花岗岩类，我们要特别重视，因为它们对成矿方面很重要。”实际上，到了 20 世纪 80 年代以后，徐克勤和南京大学地质系的其他研究者就逐渐舍弃了“前锋岩相”“主体岩相”“上层花岗岩”等术语，而开始重视并最终确认花岗岩形成的岩浆过程。

徐克勤的这篇讲课材料，在当时受到了广泛重视和欢迎，并被冶金部地质干部学习班收集到名为《矿床学》的教科书中。这个学习班及徐克勤等专家的讲课，使我国矿床地质和矿产勘查第一线的技术人员及时了解、学习和接受了国际地质学、矿床学的新进展、新思想、新理论、新方法，为我国矿床地质和找矿勘查事业走出低谷、迅速赶上世界地质科学发展水平做出了重要贡献。当时，笔者正在冶金部所属的青海冶金地质八队从事地质找矿工作，队上的总工程师也到长春参加了这个学习班，并带回来一本徐克勤的讲课稿，大家都争相借阅。

徐克勤到东北，当然并不满足于在长春讲课，而是希望借此机会，好好地实地考察一下东北丰富的矿产资源。尤其是经过了“文化大革命”的长期“伏枥”，徐克勤这匹志在千里的“老骥”，早已期待着沙场奋蹄。因此，他向主办训练班的冶金部地质局，以及东北三省的冶金地勘单位领导表达了讲课后要到东北一些主要矿山进行考察的想法。而这些部门的领导和地质人员早已仰慕徐克勤的大名，也很想邀请徐克勤光临指导。所以，讲课一结束，徐克勤就开始了考察活动，跑野外，去矿山。这一跑，就跑了 81 天！徐克勤到过的矿山很多，主要在辽宁、吉林两省，包括鞍山弓长岭铁矿、抚顺红透山铜矿、锦西杨家杖子钼矿、海城大石桥菱镁矿、磐石红旗岭镍矿、通化二密铜矿，以及大连瓦房店的金刚石矿等。

徐克勤不仅注重矿床地质，而且也十分注重区域地质。从一个矿床到另一个矿床，徐克勤在途中也不忘时时观察岩石、构造等地质现象。这几十天时间，他几乎没有休息，天天马不停蹄地在野外奔波，有时甚至连下雨天都不休息。在杨家杖子，他看了北大山又看南大山；在弓长岭遇到下大雨，鞋子都湿透了，烤干了继续观察。据同行的张承华回忆，徐克勤经常说："干活就是干活，休息就是休息，现在是干活，不谈休息。"鞍山地质队的陪同人员见徐克勤跑了这么多天野外都没有休息，担心他太累了，想让他休息一下，于是他们安排了一天时间请徐克勤到千山，名义上是去看花岗岩，其实是想带他到千山景区休息一下。千山位于辽宁鞍山的东南，由近千座状似莲花的奇峰组成，"万壑松涛百丈澜，千峰翠影一湖莲"，自然风光十分秀丽，又是道教全真派的圣地，因此成为东北地区著名的风景名胜区，被誉为"东北明珠"。可是，徐克勤在千山跑了一天，既不看风景，也不进道观，真的只看了花岗岩和地质。

在东北长春期间，徐克勤也抽空去看望了在长春地质学院工作的两位老熟人。一位是著名的古生物学家俞建章先生；另一位是工程地质学家，当年在资源委员会矿业测勘处搞水工的刘国昌先生。这也是徐克勤的一个习惯了，每到一地，只要有机会、有时间，他都会去拜访地质界的前辈、同仁。除了这次在长春探望俞建章、刘国昌外，仅笔者采访中得知的，就还有他与陈泽铭在北京拜访黄汲清，携林天瑞在北京探望张更、乐森璕，在杭州拜访朱庭祜，等等。朱庭祜是徐克勤的恩师，徐克勤在杭州参加会议，几天都在会议上忙碌，既不休息，也不游览。有一天会议主持逼着徐克勤休息，安排他去西湖，结果他还是没有去游览西湖，而是乘着这天"不让他到会场"的机会，去拜访了当时担任浙江省地质局总工程师的朱庭祜。

二、研究沉积－热液叠加成矿作用

1973 年 6 月，在长春讲课和东北野外考察结束之后。徐克勤就开始投入中国东南部几个断裂拗陷带内某些沉积－热液叠加改造型铁铜矿床的研究项目中去。

徐克勤先考察了浙江绍兴的西裘铜矿（今平水铜矿），那是当时刚刚探明的一个中型富铜矿。关于它的成因，尚未达成共识，大多数人认为它是产在安山质火山岩中的热液矿床。徐克勤在西裘矿区经过仔细观察，认为矿体所在的岩石不是安山质，而是细碧岩。因为安山岩基本上是属于陆相的火山岩，而细碧岩则不仅岩性上更偏基性，而且它主要是海相的。所以，围岩性质的这一改变，直接影响到矿床的成因和形成环境问题。徐克勤与同去考察的宋叔和等矿床学家讨论后，确定这个矿床属于优地槽型海底火山喷发沉积的黄铁矿型铜矿（即块状硫化物矿床）。而在成矿时代上，徐克勤认为西裘铜矿应该比一般认为的古生代更早，很可能是前寒武纪。徐克勤觉得这类矿床在中国东南部很少发现，具有特殊性，所以应该详细研究，于是他立即派章邦桐等人对西裘铜矿进行专题研究。

1973 年 8 月，徐克勤又考察了他比较熟悉的广东云浮大降坪硫铁矿，这个矿山为了准备大规模的露天开采，从几年前开始就对地表覆盖层不断进行剥离，因此揭露出了更多以前所看不到的地质现象。徐克勤又一次对大降坪矿床进行了详细的考察，并对 10 年前自己提出的“沉积变质 - 热液富集”成因进行再认识。他将该矿床的矿体分为贫矿与富矿两类，认为贫矿主要属于沉积作用形成，而富矿是由贫矿经过热液的改造作用富集的结果。徐克勤最终确定了该矿床先沉积、后又经热液作用富集的形成机制。

通过对这两个矿床的考察，结合他在长江中下游等地的工作经验，徐克勤认识到在中国东南部某些构造上的拗陷带中，由沉积作用和火山沉积作用形成的矿床也是一种很重要的类型。而这些拗陷带往往是由较大的断裂作为边界的，所以可以称之为断裂拗陷带。有了这个认识后，徐克勤立即发动和组织南京大学地质系的构造地质、矿床、岩石矿物、地球化学、铀矿地质等专业的一批教师，以及 1973 年、1974 年的本科毕业生，将他们分成几个组，分别到几个断裂拗陷带去进行野外地质考察和研究。先后参加这项研究工作的教师有郭令智、施央申、马瑞士、夏邦栋、刘孝善、胡受奚、章邦桐、陈武、朱金初、阮惠础、陈泽铭、王赐银、张富生、王尔康、郑素娟、牟维熹、汤俊在、叶尚夫、陈诸麒、陈祖泉、富士谷、张承华、严正富、叶俊等数十人，前往工作的地点包括南京栖霞山铅锌银矿，安徽的宁芜地区、庐枞地区、铜陵地区，湖北大冶地区，江西的瑞昌武山铜矿、铅山永平铜矿、东乡枫林铜矿，以及浙江绍兴西裘铜矿、福建龙岩马坑铁矿、广东曲江大宝山铜铅锌矿、云浮大降坪黄铁矿、海南石碌铁矿等地区和矿床。整个项目的主要研究工作从1973～1978年历时约5年。

1974年6月，徐克勤率领南京大学地质系十多位教师到安徽铜陵地区考察，在铜陵新桥铜矿的牛山露天采场，他们在中石炭统的海相黄龙灰岩中下部层状含铜黄铁矿中发现了火山凝灰岩和凝灰质砂岩的夹层，并且还专门请王德滋对这些岩石进行鉴定。王德滋在显微镜下认真观察后，对徐克勤："我可以保证这是火山碎屑岩。"徐克勤结合新桥铜矿的其他地质特征，推论该矿床应属于中石炭世海底火山喷发沉积成因的黄铁矿型铜矿，并认为该矿床形成于长江中下游海西-印支断裂拗陷带中。徐克勤还指出，这一类块状硫化物矿床与典型的火山成因块状硫化物矿床既有相同之处，也有较大差别，它们与北美的苏利文（Sulliven）、澳大利亚的麦克阿瑟河（McArthur River）和芒特艾萨（Mount Isa）等矿床比较相似，都赋存于沉积岩（或火山沉积岩）中。徐克勤进一步推测，产在我国东南部几个断裂拗陷带中的某些铁铜硫矿床很可能也像新桥那样具有海相火山喷发-沉积成因，或者是以沉积-火山沉积产物作为矿源层，再经过热液作用的叠加或改造而成矿。

中国东南部陆内断裂拗陷带，以及产于其中的沉积（火山沉积）-热液叠加改造型铁铜矿床的提出是矿床学领域一个重要的原创性发现，不仅在当时，而且在此后相当长一段时间，都引起了国内地质学界的极大关注和热烈讨论。这项研究成果，是徐克勤对中国矿床学理论的重要贡献。2009年，中国地质大学的翟裕生院士在一篇综述"叠加成矿系统"的文章中，就回顾了20世纪70年代包括徐克勤在内的我国地质学家在这一领域的贡献，并指出："叠加成矿作用的提出改变了将同生与后生截然分开的观点，肯定了成矿作用的多样性和复杂性，是矿床学的一个突破性进展，对指导找矿勘探工作有重要意义"。

徐克勤关于成矿物质来源问题的思考和研究，不仅仅体现在这些断裂拗陷带中产出的沉积-热液叠加改造型铁铜矿床上，与此同时，徐克勤也在思考自己从20世纪30年代就研究的钨矿的物质来源问题——钨都是来自于花岗岩吗？从1973年起，他独辟蹊径，提出要研究钨的矿源层问题，并且在70年代后期领导胡受奚、刘英俊等教师和研究生对赣南等地区钨的矿源层进行了系统研究，并取得重要成果。1981年10月，他在国际钨矿学术讨论会上作《华南钨矿床的区域成矿条件分析》的学术报告，提出控制华南钨矿床形成的主要因素有3个方面：①多时代矿源层的存在；②多旋回花岗岩尤其是燕山期改造型花岗岩；③有利的构造环境和地质历史。明确指出华南存在多时代的钨的矿源层，其中尤以晚元古代（震旦系）、寒武系和泥盆系的某些层位最为重要。钨的矿源层的发现，开拓了钨矿地质研究的新思路，开创了钨矿地质研究的新局面。

1974年，由陈毓川、李文达主持的火山岩铁铜成矿规律和成矿预测研究项目与云南省地矿部门共同组织，在云南昆明召开了一次全国性的火山岩成矿作用学术会议。徐克勤作为华东地区火山岩铁铜成矿规律和成矿预测研究项目的顾问专家，也被邀请参加会议。这也是“文化大革命”中很难得的一次全国性学术会议，会议的重头戏就是著名的宁芜“玢岩铁矿”成矿模式公开发布。

翟裕生院士当年也参加了会议，他回忆起会议结束后与徐克勤一起到个旧锡矿、大红山铁铜矿床等地进行野外考察的情景，说徐克勤先生“有话直说，特别淳朴”，而且“平易近人，可亲可近”。翟裕生回忆道：徐先生身体好，走路快，饭量也大，矿山上请他们吃饭时的小碟子菜，他可以吃三四碟。翟裕生称赞徐克勤先生饭量好，徐克勤说，吃饱了才有力气爬山。翟裕生还说，徐克勤先生的知识面很广，在野外考察的路上见到有农民在卖一种蘑菇，徐克勤一眼就认出来了，说这是云南一种特别好的菌类，叫鸡枞，当地陪同的人也介绍说这个鸡枞特别香。徐克勤便建议买上一点，到下面一个吃饭点可以让炊事员给大家炖鸡汤。在到了一个小饭馆用餐时，徐克勤就叫厨师拿鸡枞来炖鸡汤，果然大家都吃得很香，赞不绝口。

1973年，我国开始了新一轮寻找富铁矿的高潮。在以邯邢铁矿为代表的华北富铁矿会战之后，1975年起，中国科学院有关研究所、南京大学、中山大学，以及地质、冶金等部门的勘查队伍共同组织并参与了“海南富铁矿会战”。1975年夏，海南富铁矿会战开始，徐克勤远赴海南岛石碌铁矿等地，指导会战，考察矿山，参加会议并作学术报告。一批国内知名的地质学家如陈国达、张文佑、涂光炽等也都前往海南岛指导工作。

第十二章

改革开放赋新篇

一、改革开放的春天

1976年10月，“文化大革命”结束，共和国的历史翻开了新的一页。

1977年7月，中共十届三中全会通过《关于恢复邓小平同志职务的决议》。再次成为党和国家领导人的邓小平立即着手对科技和教育领域进行拨乱反正，并召开了一系列重要会议。

1977年8月上旬，邓小平在北京饭店召开科教工作座谈会，与中国科学院和教育部系统的33位专家学者讨论如何加快科教发展，以适应我国现代化建设的需要。在这次为期5天的座谈会上，邓小平认真听取了苏步青、唐敖庆、王大珩、邹承鲁、杨石先、高庆狮、吴健中、查全性、潘际銮、严东生、金善宝、黄家驷、张文裕、吴文俊、马大猷、温元凯等专家教授的发言，对我国科教工作的现状和存在问题有了一次较为全面和深入的了解。在此基础上，邓小平就“文化大革命”前“十七年”教育战线的评价、调动教育工作者的积极性、教育制度、学风等问题发表了重要讲话。这次会议还基本确定了要在当年立即恢复高考制度。

1977年9月27日～10月31日，全国自然科学学科规划会议在北京召开。邓小平在会上提出，高等学校既是教学中心，又是科研中心。据当时借调到教育部科技司并在会上参加地学组讨论的南京大学地质系教师张景荣回忆，到北京参加这次会议的地质系教授有徐克勤、郭令智和俞建华。给张景荣留下深刻印象的是，徐克勤给人一种长久压抑的心情终于获得释放的感觉，他非常兴奋，在会上踊跃发言。徐克勤在会上发言时指出，科学院包打天下是不科学的，现在由科学院包揽科学研究的做法是苏联模式，不能全盘照搬，欧美的许多科学研究工作都是在大学完成的，美国的著名大学都有研究中心、研究所，教授、副教授都是科研专家，还有一批包括博士后在内的年轻科研人员。徐克勤说，我国教育部系统的教授、副教授就有1万多人，这是一支强大的科研队伍，因此高校也应该是科研工作的主力军。徐克勤还说，高等学校的教师如果不搞科研，那就只能念教科书，教学质量水平提高不了，教师队伍也建设不好。徐克勤的发言受到欢迎和重视，并被刊登在呈报给中共中央政治局的《大会简报》上。这次会议制定了我国数学、物理学、化学、天文学、地学和生物学六大基础学科及有关新兴学科的发展规划，形成了《1978～1985年全国基础科学规划纲要》(草案)。

1978年3月，中共中央在北京召开全国科学大会，在6000人参加的开幕大会上，邓小平提出了“科学技术是生产力”的著名论断。这次大会打破了“文化大革命”以来对知识分子的桎梏，迎来了科学的春天。在这次大会上，南京大学共有 54 项科技成果获奖，获奖数在全国高校中名列第一。其中由地质系徐克勤领导的“华南花岗岩及成矿关系研究”成果荣获全国科学大会奖，并且被选为重大成果在北京展览馆展出。

早在 1963 年，南京大学地质系为了更好地开展花岗岩研究，就专门成立了花岗岩研究室，成员包括李兆麟、刘英俊、牟惟熹、朱金初、林承毅、彭亚鸣等一批中青年骨干教师，他们来自矿床、岩石矿物、地球化学等教研室。研究室在“文化大革命”期间被迫停止业务活动，“文化大革命”后又恢复了研究工作。1978 年，为了适应花岗岩及成矿作用研究的发展，更好地集中力量、配置资源，同时为了加强对火山成矿作用的研究，南京大学在原来花岗岩研究室的基础上成立了由徐克勤定名的花岗岩火山岩及成矿理论研究所。该研究所成立后的第一项重要任务，就是对南京大学地质系 20 多年来有关华南花岗岩及其与成矿关系研究的成果进行系统总结。

1978 年 5 月，“文化大革命”伊始被“打倒”、已经年过七旬的匡亚明复出，重新担任南京大学党委书记、校长。

徐克勤虽然在“文化大革命”期间受到冲击、遭受批判，身心都受到不少折磨，但是他完全没有对这些事耿耿于怀。对于地质系那些在“文化大革命”期间受极“左”思潮影响、曾经“积极”地批判过自己的教师，徐克勤也从不记恨。1978 年，徐克勤重新回到南京大学地质系系主任的岗位。由于他早已专心致志于教学和科研方面的工作，一心要把“文化大革命 ”耽误的时间补回来，所以根本不去过问那一段时间地质系党政领导班子的人事变更，更不在意系主任的办公室里是否有他的办公桌。他也不再兼任矿床学教研室主任，该职务由当时被学校从讲师破格直接提升为教授的胡受奚接替担任。

1977 年 10 月，国务院批转教育部《关于高等学校招收研究生的意见》，1978 年 5 月，全国共有 6 万多人参加了研究生入学考试，共录取了 1 万多人。南京大学 45 个专业招收的“文化大革命”后首批研究生共有 158 名，于 1978 年 10 月入学。当年，南京大学地质系的 7 个专业共招收了 17 名研究生。担任研究生指导老师的，除了在“文化大革命”前就招收研究生的徐克勤、张祖还、孙鼐、郭令智、肖楠森、陈旭等“老先生”外，更有王德滋、俞剑华、胡受奚、施央申、刘英俊、薛禹群、罗国煜、卢华复、周新民等一批当时年富力强、才华横溢的中青年骨干教师。

1976 年，徐克勤（右）与矿床教研室阮惠础（左）、郑素娟（中）观察岩心

笔者有幸成为“文化大革命”后首批研究生中的一员，成为徐克勤教授的硕士研究生。在此之前，笔者是一名青海高原上的地质勘探队员，从1968 年毕业离开南京大学，已经在昆仑山下、戈壁滩旁工作了整整 10 年，看惯了大漠孤烟、长河落日的景致，过惯了住帐篷、吃罐头、草原上纵马、烛光下饮酒的生活，以为自己会一直这样的工作和生活，直到退休。可是，研究生制度的恢复，完全改变了笔者的人生轨迹。

在“文化大革命”后百废待兴的岁月，学校和社会都对这批研究生寄予厚望，十分关注。他们也深知所肩负的重任，努力学习，勤奋工作，刻苦钻研，在导师们的精心指导和谆谆教诲下，圆满完成了研究生学业，并很快充实到教学、科研、生产的第一线，有效地填补了“文化大革命”造成的“人才断层”。

在被录取为研究生后，徐克勤等南京大学地质系领导又根据笔者的英语入学考试成绩，推荐笔者参加了全国范围的出国研究生选拔考试。于是，笔者又幸运地被录取成为教育部第一批出国研究生。不过，当从青海地质队来到南京大学报到后，导师徐克勤并不希望笔者马上出国，他说：“不要迷信外国，我们也能培养出优秀的研究生。”他希望笔者能够先在南京大学把专业基础学得更坚实一些，同时接受更多的科学研究训练。经历了 10 年野外地质工作，笔者当然非常珍惜在母校母系、在徐克勤老师指导下的再学习机会，而且，当时觉得出国读研似乎是相当遥远、甚至有点虚无缥缈的事情。于是，笔者向教育部提出申请，将出国研究生名额更改成为两年期的“访问学者”，在研究生毕业留校工作后，才于 1982 年赴美国进修。

1978 年，徐克勤初步总结了近 5 年来关于中国东南部几个断裂拗陷带内某些沉积 - 热液叠加改造型铁铜矿床的研究成果，在《福建地质》第 4 期发表了一篇长达 68 页的论文。文章以石炭系和中三叠统两个层位为重点，叙述和讨论了长江中下游、钱塘江－信江－萍乐和闽西南－粤东这 3 个断裂拗陷带中部分地区的铁铜矿床的成因。文章首先阐述了这些断裂拗陷带的区域地质背景和矿床的区域分布情况，接着选择了铜陵新桥、瑞昌武山、铅山永平、东乡枫林、上高七宝山、龙岩马坑、海南石碌、宁芜钟姑等矿区介绍了矿床地质特征。文章用较大篇幅先后讨论了沉积（或火山沉积）成矿作用，以及热液叠加和改造成矿作用的证据，最后提出了这一类矿床的找矿意义。文章指出：

> 对这一类矿床成因的认识，如用单一的后生论或简单的同生论，均有很大的局限性和片面性，而沉积（或火山沉积）－后期热液叠加改造则比较具有普遍性。所谓“后期”系指不同地质时代的后期，而所谓热液作用，可以是岩浆热液、花岗岩类热液、混合岩化热液或地下水热液等。而每一矿区在沉积之后，所受热液叠加改造的程度亦有所差异。

《福建地质》只是一本地方性的地质学术刊物，按照现今的标准，级别较低，更不是 SCI 检索的刊物。但是，徐克勤等发表在该刊物的这篇长文，却成为该研究项目获得 1987 年国家自然科学奖三等奖的基础和“主打”论文。

1979 年 3 月 26 日，中国地质学会第四次会员代表大会在北京召开，与 1962 年召开第三次会员代表大会已经时隔 17 年之久。大会产生了新一届（第 32 届）理事会，由黄汲清担任理事长，徐克勤等人为副理事长。同年 10 月 18 日，我国地球科学领域又一个学术性社会组织——中国矿物岩石地球化学学会在贵阳成立，涂光炽为首任理事长，徐克勤也担任该学会的副理事长。

在“文化大革命”刚刚结束的那几年，许多工作都处在“拨乱反正”的阶段，学校的教学工作也处于恢复期，经费紧张成为地质系学生野外实习的主要困难。在这种情况下，徐克勤在地质矿产界的崇高名望起了意想不到的重要作用。在河南、安徽、江西、福建、湖南、广东等地，只要听说是徐克勤的学生来实习，矿山、地质队等单位都会热情接待，大力支持，在食宿、交通、野外和井下考察、资料提供等方面都给予照顾和帮助。有些地方的地矿单位还专门拿出本单位的科研经费，用于南京大学地质系学生的毕业实习。当然，那些曾经是徐克勤学生的南京大学地质系校友们，更是对来自母校的学弟学妹们关怀有加。例如，当时在河南省地质局负责科技处工作的盛中烈就是1955年毕业于南京大学地质系的，在他的努力下，南京大学地质系安排了1977年和1978年进校的大批学生前往河南进行野外实习。徐克勤也多次到河南野外，既进行矿床地质的野外调研考察，又指导学生们的野外实习。

1979年11月，国务院发布《中华人民共和国自然科学奖励条例》，并决定自1982年起，国家授予自然科学奖项目。徐克勤等人闻讯后，立即开始着手总结自20世纪50年代中期以来开始的华南花岗岩研究成果，为申报国家自然科学奖积极准备。

1980年2月，国务院颁布《中华人民共和国学位条例》，规定中国学位分为学士、硕士、博士三级。1981年，南京大学有24个专业被教育部确定为国家首批博士点，其中包括地质系的矿床学和构造地质学两个专业。徐克勤教授也由此开始招收、培养博士研究生。

1980年4月29日～5月8日，第二届全国矿床会议在浙江杭州召开，而此前的第一届矿床会议还是在22年以前的1958年召开的，这期间经历了三年"困难时期"和"文化大革命"等苦难岁月。这是中国矿床学界一次极为重要的会议，它全面总结了我国在矿产勘查工作和矿床地质研究领域取得的成果。参加会议的代表有471人，一共安排了14个大会报告、414个分组报告，进行了广泛充分的学术交流。徐克勤在会议上作了《华南两个成因系列花岗岩类及其成矿特征》的报告。

这次全国矿床会议还完成了矿床学界的3件大事：一是确定了中国地质学会矿床地质专业委员会委员的组成名单，由地质部矿床地质研究所领导小组组长宋叔和担任主任委员，康永孚、涂光炽、徐克勤为副主任委员，陈毓川、孙延绵分别为正副秘书长；二是决定出版本专业的学术刊物《矿床地质》；三是组织编写出版专著《中国矿床》（共三大册）。会议还特别指出要"重视花岗岩类成矿作用、火山成矿作用、同生成矿作用、前寒武纪成矿作用及急缺矿种的研究"。从这次会议起，全国矿床会议固定为每4年召开1届，因此，第3届至第8届矿床会议分别于1984年在成都、1989年在西宁、1993年在北京、1998年在南京、2002年在西安、

2006年在南昌召开。之后，为了适应全国矿业经济迅速发展的形势，全国矿床会议又改为每两年召开一次，即2008年、2010年、2012年、2014年分别在北京、长春、贵阳、厦门召开了第9届、第10届、第11届、第12届全国矿床会议。最近的第13届全国矿床会议，于2016年11月在安徽合肥召开。

1980年7月，第26届国际地质大会在法国巴黎召开，改革开放后的中国地质界由中国地质学会组团参加了被誉为“地质学界奥林匹克”的大会。徐克勤领导的华南花岗岩研究被中国地质学会作为我国重大地质科研成果之一被推荐到大会上展览。徐克勤参加了大会，并在会上宣读了《论中国东南部几个断裂拗陷带中某些铁铜矿床成因问题》的论文。这也是改革开放后徐克勤首次出国参加国际学术活动。

1980年，因“文化大革命”而中止的中国科学院学部委员增补工作得以恢复。11月，中国科学院各学部进行差额、无记名投票，增选了283位学部委员。南京大学包括徐克勤在内的8位教授被增选为学部委员（1993年起改称院士）。

二、妻子病逝

正当徐克勤走出“文化大革命”的阴影，沐浴改革开放的春风，再一次积极投身地质教学和科研工作，为我国蓬勃发展的地质事业做出自己的新贡献之际，他的夫人刘光蕙却因肾病医治无效，于1981年3月在解放军南京军区总医院不幸病逝。

徐克勤夫妇结婚30周年纪念留影

（摄于1965年5月）

徐克勤夫妇结婚44周年纪念留影

（摄于1979年5月）

1973 年，徐克勤夫妇与大女儿一家在南京东郊

1976 年，徐克勤夫妇与次子在南京大学校园

人们常说，“一个成功的男人背后都有一个伟大的女人”。这句话用在徐克勤身上也十分确切。徐克勤从大学毕业起，就全身心地投入矿产资源调查和矿床地质研究中，跋山涉水，栉风沐雨，一方面是自己历尽艰辛，另一方面则是经常与妻子分开，难以顾及家庭。一个人的精力是有限的；徐克勤在地质学、矿床学领域是泰斗，是巨擘，工作上一丝不苟，业务上精益求精，但是在家庭生活上却难以胜任一家之主的角色。徐克勤每个月领了工资后，就往妻子手里一交，柴米油盐一概不管。因此，在结婚成家后漫长的 45 年里，徐克勤的妻子刘光蕙一直是徐家真正的当家人。1974 年 7 月，徐克勤的岳母去世。这位老人从抗日战争开始就和徐克勤的夫人、子女一起逃难到重庆居住，抗日战争胜利后又一直在徐克勤家，帮助操持家务，照顾孙辈，是家庭中不可或缺的一员。她数十载默默无闻地辛劳，对于勤奋忘我工作的女婿徐克勤，也是一个重要的支持。岳母去世后，妻子刘光蕙一人独自担当起管理家政、操持家务、教育子女的重任，更要照顾徐克勤的衣食住行。可谓呕心沥血，鞠躬尽瘁。

刘光蕙本人也是位知识女性，自幼读书明理，毕业于师范学校，一直从事幼儿及小学的音乐教学。去世前，她是南京汉口路小学的退休二级教师。

刘光蕙的离世，使徐克勤失去了身后的依靠，而对于徐克勤的子女们来说，更犹如失去了一棵庇荫大树，使他们真切地感到了无母何恃。因为徐克勤工作繁忙，所以实在算不上是一个称职的父亲。有人曾开玩笑地问徐克勤：你家的几个子女你能数得过来吗？徐克勤只能呵呵一笑。如果说，他对第一个儿子还比较关心，对第一个女儿还比较疼爱的话，那么，随着子女的增多，他给予子女们的关怀实在是太少太少了。徐克勤的子女们一个个长大成人，纷纷走出家门，去到祖国最需要的地方。对此，徐克勤只有鼓励，而从来不考虑自己和妻子年龄越来越大，是否需要有人在身边照顾。徐克勤的大女儿徐晓蜀于1963年毕业于南京大学化学系，毕业分配时，化学系总支书记专门询问徐克勤对于女儿毕业分配有什么考虑。徐克勤说，孩子大学毕业就是国家的人了，不要考虑家里，学校分配到哪里我们都坚决支持。结果，大女儿被分配到了位于河北保定的化工部第一胶片厂。妻子责怪徐克勤好狠心，徐克勤说，不都是在中国吗？有什么关系啊？徐克勤还说这个单位很好的，是当年苏联援建的157项重点项目之一，中苏关系破裂后处于停顿状态，特别需要大学生去参与建设。徐克勤的长子徐晓骥于1957年从部队复员回到南京后，先到南京师范大学附属中学高二年级插班继续读书，1960年考入南京大学物理学系，1965年毕业时，徐克勤又让他服从分配，到位于甘肃兰州的中国科学院近代物理研究所工作。1970年，徐克勤的次子徐晓山从南京大学地质系毕业，被分配到甘肃玉门油田工作。就这样，徐克勤的6个孩子中的前3个大学毕业后都去了外地，而且一个比一个走得远。

徐克勤的另外3个子女都因为“文化大革命”而耽误了学业，成为“上山下乡”的“知识青年”，前往苏北农村插队落户。而那时的徐克勤，正可谓泥菩萨过江——自身难保，当然更不可能对儿女的出路有任何帮助。后来，小女儿徐晓燕在“文化大革命”后期从苏北涟水农村插队的地方转到徐克勤的巢县老家农村插队，总算有乡亲照顾一下。徐晓燕在1972年作为工农兵学员考入南京大学历史系读书。按照当年的“政策”，因为她是从巢湖农村考入南京大学的，所以毕业时如果没有其他安排的话，她就必须回到安徽巢湖去分配工作。1977年春节期间，徐克勤的几个子女回家探亲，觉得父母亲正在渐渐变老，而身边却没有留下一个子女陪伴、照顾，于是一致要求父亲出面去找校领导，争取让即将毕业的徐晓燕留在南京大学，留在父母身边。可是徐克勤却觉得这是为自己牟私利，怎么也不同意，还劝子女说，我才70岁，不老，不需要子女照顾，过几年再说吧。不过，这一次子女们却不听父亲的话了，而是一再坚持他们的意见，徐克勤的妻子当然也站在子女一边。据大女儿徐晓蜀回忆，这一次争论的结果，是由她硬拉着徐克勤，冒着大雪去了当时南京大学校长章德的家。大女儿把门敲开后，就把她父亲推进了屋。徐克勤只好向校长说明来意。章德校长觉得这个要求一点儿也不过分，而且根据徐克勤家的具体情况，完全是应该的。经过校领导讨论商议之后，小女儿徐晓燕终于被安排在南京大学图书馆工作。

最少被徐克勤关心的可能是1947年出生的双胞胎儿子了，因此他们的命运也相对最为坎坷。1966年夏，他俩高中毕业，正好遇到“文化大革命”风暴，便成了所谓的“老三届”。1968年，兄弟二人都被分派到苏北淮安的农村插队。到了1975年，南京烷基苯厂建设项目上马，江苏省第一建筑工程公司派人到淮安去招收农民工来南京搞基建，大双就被招工到了南京。而小双则仍然一直在农村，直到1977年，当时社会上开始出现“知青返城”的高潮，徐克勤的妻子提醒徐克勤：“你还有一个儿子在农村呢！”徐克勤这才觉得小双继续留在淮安农村没有什么出路，应该让他也回南京来。或许是徐克勤觉得自己这个当父亲的确实没有尽到责任，有点愧对小双，于是他破天荒地亲自出马，到小双插队的淮安涟水农村去了一次。不过，徐克勤前脚刚走，小双后脚就回到了南京家中。徐克勤风尘仆仆地赶到了小双插队的农村，才知道儿子刚被公社批准返城，所以已经回家了。虽然是白跑了一趟，但是徐克勤还是非常高兴。为了表示对当地人的感谢，徐克勤请干部乡亲吃了一顿饭，而这对于徐克勤来说，也算是一件比较破天荒的事了。

徐克勤在生活上的自理能力很差，因此妻子去世之后，日常生活就遇到许多困难。尤其是每当野外工作结束回到家中，年已七旬的徐克勤面对四壁，常常不知所措。因此，南京大学地质系的同事都觉得徐克勤必须再娶一位夫人，以便照顾他的生活。

一年之后，徐克勤与他的妻妹、寡居多年的刘光淑结婚。徐克勤选择刘光淑，主要因为两个人原来就是亲戚，相互比较了解。对于徐克勤的子女们来说，原来的姨妈成了现在的继母，似乎也容易接受一些。正如徐克勤的长子所坦言：父亲能够平稳度过这最后的20年，姨妈还是有功劳的。

三、花岗岩研究成果获国家自然科学奖

从20世纪70年代中期起，徐克勤继续领导南京大学地质系对华南花岗岩及成矿作用进行系统、深入的研究，并把研究重点转向物质来源、形成机制等方面，并开始涉及花岗岩成因类型的划分。

1980年，徐克勤首次提出华南花岗岩的两个主要成因类型——过渡性地壳同熔型和陆壳改造型。在这一年发表于《南京大学学报》(地质专刊)上的、以“南京大学地质系”为作者署名的《中国东南部花岗岩类的时空分布、岩石演化、成因类型和成矿关系的研究》一文中，徐克勤把花岗岩类划分为陆壳改造型、同熔型和幔源型3种成因类型。所谓陆壳改造型花岗岩，是指由大陆地壳物质(主要是地质历史上的地槽沉积物)经混合岩化、花岗岩化和有关的再生-重熔作用最终形成的花岗岩类，它们主要是正常的花岗岩(普通的黑云母花岗岩)，通常既不与基性或中性侵入体伴生，也不和对应的同源的火山岩伴生。同熔型花岗岩形成于构造活动带，由上地幔衍生的安山质岩浆上升引起硅铝层地壳部分重熔，产生同熔岩浆，再经混染作用，结果形成了中性至酸性的侵入岩及对应的火山岩。而幔源型花岗岩分布十分有限，通常与超镁铁质岩石及海相基性火山岩有成因联系，如江南地背斜的前寒武纪本洞英云闪长岩和西裘石英闪长岩。不久，徐克勤和胡受奚等在1982年创刊的《矿床地质》第2期上，发表了《华南两个成因系列花岗岩及其成矿特征》一文，更为明确地阐述了陆壳改造型和过渡性地壳同熔型在岩石类型、演化历史、碱性组分变异特征、副矿物等方面的差异，从矿种、成矿过程、成矿特征3个方面归纳了二者与内生金属矿床的关系，并且从它们所处的地质背景入手，初步分析了华南中生代两个系列花岗岩类的板块构造模式。

徐克勤总结和提出的这一花岗岩分类方案，尤其是同熔型和改造型花岗岩，很快在国内得到广泛认可和应用。许多学者认为它可以与当时国际上流行的Chappell和White提出的I型、S型花岗岩分类方案，以及日本矿床学家石原舜三提出的磁铁矿系列和钛铁矿系列花岗岩分类方案相提并论，鼎足而三。

在徐克勤主持下，由徐克勤、郭令智、王德滋、俞剑华和胡受奚承担审稿，胡受奚、季寿元、施央申、刘英俊、王鹤年、牟惟熹、孙明志、叶俊等主要执笔的《华南不同时代花岗岩类及其与成矿关系》于1979年编写完成，1981年由科学出版社正式出版。这部系统总结南京大学地质系20多年研究华南花岗岩丰硕成果的60万字专著，成为南京大学申报1982年国家自然科学奖的最重要材料之一。

当时，国内研究华南地区花岗岩和成矿作用的还有其他地质部门、科研机构和院校，他们也取得了很出色的成果，并且也申报了国家自然科学奖。表面上看，关于华南花岗岩研究成果的报奖形成了几家竞争的局面，但是实际上，南京大学和其他单位的研究在侧重点方面有所不同，所以是相互补充和支撑的关系。经过国家科委的协调，这一项名为“华南花岗岩的地质、地球化学及成矿规律的研究”成果由南京大学牵头，三家单位（部门）合作申报，并且获得了1982年的国家自然科学奖二等奖。具体的获奖单位和获奖人包括：第一获奖单位是南京大学，获奖人有徐克勤、郭令智、张祖还、孙鼐、王德滋、俞剑华、胡受奚、季寿元、刘英俊、施央申等；第二获奖单位是中国科学院贵阳地球化学研究所，获奖人有涂光炽、郭承基、王中刚、王联魁等；第三获奖单位是地质矿产部所属的宜昌地质矿产研究所和华南5省（湘、赣、闽、粤、桂）的地质局。

国家自然科学奖对这项成果给出了以下的总体评价：

花岗岩是构成大陆地壳的基础，在地壳形成、发展和演化历史中占有十分重要的地位。华南又是太平洋成矿带的重要组成部分，区内花岗岩广为发育，约占总面积的1/5。这项研究，不仅探讨了地学领域内一个重要的基础理论课题，而且直接为矿产资源的有效寻找和开发提供具有指导性的科学依据。通过20多年的长期、系统的野外调查、室内测试分析和综合研究，对华南花岗岩已经取得了具有国际先进水平的成果，引起了国内外地质界的重视，对于推动我国地质研究水平的不断提高做出了重大贡献。

除了申报国家自然科学奖外，南京大学地质系还积极筹备了一个花岗岩及其成矿关系的国际学术会议。由于当时我国的对外开放还刚开始不久，因此举办国际性的学术会议并不容易，需要上报国务院审查批准。最后，这次花岗岩地质和成矿关系国际会议由南京大学的主管部门教育部牵头，会同外交部、国家科委、地质部和解放军总参谋部等5部委联合向国务院提交申办报告，并经过5位副总理签署批准意见，才得以顺利举办。尽管徐克勤是这次国际会议的倡导者和组织者，但是为了体现“外事无小事”的原则，并显示南京大学校方的重视，这次会议的组织委员会由南京大学副校长、著名化学家高济宇担任主席，徐克勤、郭令智担任副主席，王德滋担任秘书长。当然，徐克勤对这些安排毫不在意，他所关心的只是如何使会议顺利召开，如何把会议开得成功。为此，他尽管已经七十多岁了，但仍然全力以赴，日夜操劳，对所有重要事务都亲自过问，并落实到具体人员来负责。例如，对于会后的地质考察路线，徐克勤首先考虑了江西南部与花岗岩有关的西华山等大型钨矿，又考虑了离南京较近、而且接待条件较好的安徽黄山花岗岩。

当时，笔者即将完成自己的硕士论文，论文内容是徐克勤老师安排的对江西德兴地区的花岗岩和成矿作用关系进行研究，并请董忠泉老师进行具体指导。笔者的研究工作结果显示，徐克勤提出的同熔型和改造型两种不同成因类型的花岗岩类在德兴地区都有产出，而且年代相近，前者以德兴（铜厂）斑岩铜矿区的花岗闪长斑岩为代表；后者以大茅山花岗岩为代表。因此，笔者将论文题目定为《江西德兴地区两个系列花岗岩类的特征及成因对比》。徐克勤老师在听了笔者和董忠泉老师的汇报后，非常高兴，觉得德兴既有中国最大的斑岩铜矿，又有两种不同成因类型的花岗岩，所以也可以作为花岗岩国际会议的会后地质考察候选路线之一。于是，他指示笔者在完成硕士论文的同时，也为即将召开的花岗岩国际会议准备地质考察路线。笔者感到庆幸的是，自己没有辜负徐克勤老师的期望，在1981年下半年按时完成了毕业论文，而有关德兴地区两个不同成因系列花岗岩类及其成矿关系的研究成果也得到了国内地学界的好评。因此，德兴地区最终被确定为花岗岩国际会议的3条会后地质考察路线之一。在徐克勤老师的指导下，笔者在即将赴美进修之前为大会编写了这条路线的中英文考察指南（Guide Book）。

1982年10月26日，国际花岗岩地质和成矿关系学术研讨会（International Symposium on Geology of Granites and Their Metallogenetic Relations）在南京大学隆重召开。这是南京大学主办的第一次国际学术会议，也是由我国高校独立主办的首次国际学术会议。参加会议的171名代表来自中国、澳大利亚、希腊、日本、法国、美国、英国等国家。其中有许多是花岗岩地质和成矿领域的著名地质学家，如提出花岗岩I型、S型分类的澳大利亚的B.Chappel和A.J.R.White，希腊的S.S.Augustithis，日本的黑田吉益和津末昭生，法国的J.Dider、M.Cuney和J.Lameyre，美国的J.M.Guilbert等。国内代表除了南京大学地质系的教师和研究生外，还有中国科学院地质研究所所长、大地构造学家张文佑，中国科学院地球化学研究所所长、矿床地球化学家涂光炽，中国地质科学院地质研究所所长、矿床学家郭文魁，长春地质学院院长、岩石学家董申葆等地学泰斗，以及许多来自地质教育、科研、生产第一线的中青年专家，如桂林冶金地质学院院长袁奎荣、中国科技大学黎彤、成都地质学院夏宏远、中南矿冶学院阮道源、中国科学院地球化学研究所王中刚、地质科学院矿床地质研究所袁忠信、北京铀矿地质研究所戎嘉树、国家地震局地质研究所应思淮、宜昌地质矿产研究所张理刚、福建省地质局总工边效曾、广东省地质局总工杨超群、江西省地质科学研究所刘家远等。会议共收到论文130篇，内容涉及花岗岩及成矿作用的各个方面，其中有58篇论文在会议上宣读。会议还选择了56篇论文，收入以徐克勤、涂光炽担任主编的论文集中，该论文集在1984年以中文和英文分别由江苏科学技术出版社和科学出版社正式出版。为了保证质量，徐克勤亲自对56篇论文进行了认真的审阅。

国际花岗岩会议的成功召开，在国际花岗岩学术界产生了巨大影响。涂光炽院士认为“这次会议集花岗岩研究之大成，毫不逊色于国外召开的学术会议”。国外学者惊叹：没想到中国的花岗岩研究达到如此深度！著名岩石学家、希腊雅典国立技术大学地质系主任S.S.Augustithis在接受新华社记者采访时说，“南京大学关于华南花岗岩和成矿关系的研究，对世界岩石学做出了贡献，无论是在理论上还是在实践上都具有很大的价值和意义”，他赞扬“南京大学地质系是当之无愧的国际花岗岩研究中心之一”。

南京大学地质系开展的“华南不同时代花岗岩类及其与成矿关系”研究，是新中国成立以来地质学领域的重大科技成果之一。这项由徐克勤发起和组织领导的大规模科学研究，涉及地史学、构造地质学、岩石学、矿物学、地球化学、矿床学等多个领域，内容十分丰富。第一，它从根本上确立了华南多时代多旋回花岗岩体系；第二，它发现和总结了华南多时代花岗岩的继承、演化和发展规律，并把花岗岩的演化与地壳的发展有机地联系起来，进一步阐明了中国东南部大陆地壳成长、演化的规律性；第三，它揭示了华南多时代花岗岩类与金属矿床成矿作用的关系，总结了钨、锡、钼、铋、锂、铍、铌钽等有色和稀有金属成矿元素向多时代花岗岩演化的晚期集中，并在燕山期花岗岩中富集成矿的规律；第四，它深入探讨和系统划分了华南花岗岩的成因系列和成因类型。总之，这项研究成果使有关花岗岩的一系列实际和理论问题得到了较好的解决，对于在花岗岩地区寻找有关矿产也具有重大的指导意义。

徐克勤不仅是这项研究的发起者、组织者和领导者，更在这项研究的发展进程中起到了开拓、创新和构建理论体系的关键性作用。正如涂光炽院士在纪念徐克勤百年诞辰之际所评价的：

> 20世纪80年代是中国也是世界花岗岩研究的高峰期，举凡花岗岩分类、成因、形成机制、结晶分异、有关矿化等问题都得到较系统的整理与提高，都有着较完备而不是零碎的理论体系，确实做到了人才辈出、成果累累。这一高峰的到达是来之不易的，而徐老则起着不可或缺的指路人及掌舵者的作用。……徐老虽然已经离开我们了，但他所开创的“花岗岩事业”已经在中国土地上生根发芽，成长壮大，并将永远屹立于全球地学学术丛林之中。

涂光炽先生对徐克勤的这一评价绝非溢美之词。

的确，南京大学地质系的华南花岗岩研究项目，不仅因其重大成果攀登了学术上的高峰，而且也突出地反映了徐克勤作为一个优秀地质学家的远见卓识和作为一个科研领军人物的气魄、信心和组织能力。他知道，花岗岩是大陆地壳演化的产物，因此敏锐地预见到花岗岩及其成矿作用的研究绝不仅仅是岩石学、矿床学领域的工作，所以他不仅发动矿床学、岩石学、矿物学、地球化学等学科的教师参加，而且还组织构造地质学甚至古生物学的师生共同参与。华南花岗岩的研究能够取得重大进展和成果，是与徐克勤组织、领导南京大学地质系全系师生大兵团作战，多学科配合，组成强大的研究集体分不开的。笔者在贵阳采访了中国科学院地球化学研究所的王中刚研究员，他当年也参加了华南花岗岩研究，并且是 1982 年国家自然科学奖二等奖的获得者之一。他坦言，徐克勤先生有魄力和能力联合南京大学地质系全系的各学科之力，而相对来说，地球化学研究所的华南花岗岩研究主要只能依靠矿物岩石矿床和地球化学专业的力量了。

其实，除了南京大学地质系具有比较齐全和强大的学科配置外，各专业教师的积极参与和投入华南花岗岩研究的原因，并非简单的因为徐克勤是地质系系主任，更重要的或许是徐克勤的学术声望和人格魅力。徐克勤在担任系主任期间，与其他党政领导人员的关系一直十分融洽，对年轻教师也总是给予诚挚的提携和帮助。对于系里行政方面的日常事务，徐克勤不会事必躬亲，甚至不太过问，而是基本上让副主任张祖还教授去处理。张祖还 1933 年毕业于中央大学地质系，是徐克勤的同门师兄，学识渊博，为人谦和，办事稳重，因此能较好地协调全系事务。不过，徐克勤并非“甩手掌柜”，对于事关教学科研的重要问题，却是非常关注，而且积极承担职责，敢于指导。例如，每当暑假来临，毕业班学生准备野外实习之前，徐克勤就会到各个教研室去了解情况，询问教研组长和相关老师考虑到哪些地方去，准备解决那些问题。在听了各教研室提出的实习思路和计划后，他会提出一些方向性的意见和建议，同时也经常把他参加一些全国性学术会议所获得的信息、动态传达给大家，启发大家的思路。更重要的是，每当学生实习结束后，徐克勤必定要听取各教研室的汇报，了解他们有什么新的发现，并且及时给予指导。

陈克荣回忆说，20 世纪 70 年代末他与福建的地矿单位联系后，带领学生到闽东南的钟腾铜矿一带去实习，发现该矿床是受破火山口控制的次火山岩成矿，应该属于斑岩铜矿。徐克勤听了汇报后很感兴趣，也非常支持，并且还告诉陈克荣，他在北京地矿部开会时听程裕淇先生说，浙江桐庐有的火山岩和花岗岩之间没有明确的界线，是渐变、过渡的，提醒陈克荣注意这类现象。后来陈克荣等人就去浙江省地矿局联系，与浙江区测队的地质人员一起去桐庐考察，并安排了首位岩石学研究生周金城的论文题目，最后取得了关于浙江桐庐火山 - 侵入杂岩的重要研究成果。而关于火山 - 次火山岩、火山 - 侵入杂岩及其成矿作用的研究，在后来相当一段时间内也成为南京大学地质系的一个重要研究领域。

第十三章 积极投入国际学术活动

一、注重锡矿研究　执行 IGCP220 项目

1983 年，南京大学花岗岩火山岩及成矿理论研究所获得教育部的正式批准，成为“文化大革命”后第一批获准建立的教育部所属自然科学研究机构。该研究所最早成立于 1978 年，获教育部正式批准后，获得 50 名人员的编制，在行政上直接隶属于南京大学，挂靠在地质系，由徐克勤担任第一任所长，主要学术带头人包括王德滋、胡受奚、郭令智、施央申、刘英俊等。该研究所在总结华南地区花岗岩、火山岩及成矿作用的科学研究成果、筹备国际花岗岩学术研讨会等方面做出了重要贡献。1991 年成立的南京大学内生金属矿床成矿机制研究国家重点实验室，就以该研究所及其人员为基础和主要骨干。继徐克勤之后，刘英俊、朱金初、华仁民先后担任该研究所所长。

徐克勤在选择科研方向时，既注意贴近国家需求，又高瞻远瞩，瞄准国际学术前沿；而他在从事科研活动时，既脚踏实地，又敢于提出新问题，不断创新。前面说到的“沉积 - 后期叠加改造”研究、钨的矿源层研究等，都是如此。

国际花岗岩会议结束后，徐克勤并未停止对花岗岩与成矿作用的研究。他敏锐地觉察到，相对于钨矿高度集中于中国这一情况，锡矿在世界其他地方的分布和产出显然要更泛广一些，锡矿的矿床类型和成因也似乎比钨矿更多样和更复杂。因此，国际地质学界关

1983 年春，徐克勤（前排中）与花岗岩研究所教师及研究生考察广西大厂锡矿

于与花岗岩有关的成矿作用研究更多地偏重于锡矿而不是钨矿。徐克勤抓住这一问题，及时果断地把花岗岩有关的成矿作用研究重点向锡矿倾斜。

1983年春，徐克勤率领花岗岩研究所的朱金初、孙明志、叶俊等教师和博士生陈骏、硕士生周怀阳等前往华南考察花岗岩和相关的钨锡等矿床，而重点就是锡矿。

中国科学院院士、现任南京大学校长陈骏教授回忆了当年他考取徐克勤的博士研究生、并被安排从事锡矿研究的情景。1982年年底，地球化学专业的陈骏在刘英俊教授指导下完成了硕士研究生学业，很想继续深造。但是当时南京大学地质系只有矿床学和构造地质学两个专业有权招收博士生，因此，刘英俊老师就建议陈骏去报考徐克勤的博士研究生。对于徐克勤先生，陈骏一直十分佩服，但也敬若神明。由于从未单独接触过，所以对能否考上徐克勤的博士生心存忐忑。在面试时，徐克勤问陈骏的硕士论文研究的什么，陈骏回答说是湖南的柿竹园钨矿，徐克勤便提了许多关于钨矿的问题。经过严格的笔试、面试，陈骏成为徐克勤1983年招收的博士生。当陈骏问“徐老师，我的博士论文做哪方面的研究”的时候，徐克勤明确地回答：“锡矿”。当时陈骏还以为是徐先生的口误，便疑惑地重复问了一句“是锡矿？”因为大家都知道，徐克勤是研究钨矿的权威，华南钨矿研究又是南京大学地质系的特色，与钨矿相比，无论是徐克勤本人还是南京大学地质系都并未对锡矿进行过系统的研究。况且，陈骏自己硕士阶段也是研究的钨矿。不过，陈骏得到的是徐克勤更为肯定的回答：“锡矿，华南锡矿。”

对于这个选题，陈骏心中没底，也不太敢多问，说了声“好的”后就赶紧到图书资料室查找相关资料了。

1983年的这次华南锡矿考察，徐克勤先生的言传身教给陈骏留下了极为深刻的印象。九毛锡矿是个被发现不久、正在建设中的矿，徐克勤他们到达时，找矿的地质队员刚走，而矿山的工人正在掘进。由于坑道刚刚开挖，很小很矮，只有一人宽窄，走路时还必须低着头。徐克勤虽然当时已经76岁了，却仍坚持要进坑道。同行的人一齐劝阻他，说：“我们把标本采集上来，画好剖面请您看就可以了”。但是，徐克勤却坚持要自己去看掌子面[①]。徐克勤说：“我要下去。一方面，不看掌子面我心里不踏实；另一方面，只有在矿脉现场我才能告诉陈骏要做些什么。”徐克勤先生在坑道里弯着腰缓步前行的一幕永远铭刻在陈骏的心中。徐克勤反复强调：

① 掌子面是随着坑道不断向前开挖而不断向前移动的工作面。

"我一定要看掌子面是有原因的。搞矿床，不到第一线、不拿到第一手资料，是不行的。"所以，当徐克勤在大厂锡矿再次提出要下到400米深的坑道里时，大家就没有再激烈反对了，而是更多地讨论如何做好安全保护工作，做到万无一失。陈骏记得，那天还下着雨，路很滑，他们虽然就住在山上，但是要想进坑道，还得再爬一大段山。随行的众人几乎是连扶带抬才把徐克勤带到坑道入口。下到几百米深的坑道，里面的温度很高，热得人大汗淋漓，十分难受。这还引发了众人关于这里的热源究竟是硫化物氧化的结果还是其他原因的一场头脑风暴。徐克勤还要坚持走到掌子面前去看，但是大家担心徐克勤的身体，觉得这个地方实在不能让他再继续待下去了，于是便不容分说地把徐克勤请出了坑道。

从20世纪70年代中期起，层控矿床成为国际矿床学界的研究热点。所谓层控矿床，是指产于一定的地层中，并受一定地层层位控制的矿床。其概念最初由德国地质学家毛赫尔（A.Maucher）于1939年提出，但不同学者对于其含义、范围与分类一直存在不同认识。1976年，乌尔夫（K.H.Wolf）主编的多卷论文集《层状和层控矿床手册》（*Handbook of Strata-bound and Stratiform Ore Deposits*）问世，从而推动国际矿床学界兴起层控矿床研究的热潮。我国矿床学界对层控矿床的研究也逐渐多了起来。许多产于一定时代地层中而又未发现其与岩浆活动密切相关的热液矿床，纷纷被确认为层控矿床。对于锡矿而言，由于国内外的地质学家几乎都持有锡矿成因的唯花岗岩论，所以认为所有的锡矿都是岩浆热液矿床，都与花岗岩活动有关。然而，20世纪80年代初德国地质学家莱曼（B.Lehmann）在南美和非洲锡矿区的研究表明，锡矿也有层控矿床类型。这一发现，对锡矿成因的唯花岗岩论造成了颠覆性的影响。华南和东南亚是全世界最主要的锡矿资源产地，锡的产量、储量占全球的80%以上。那么，中国的锡矿是否也并非都属于岩浆热液矿床而是也有层控矿床呢？如果华南锡矿成因的唯花岗岩论受到挑战，那么执掌华南花岗岩研究帅旗的南京大学地质系又当如何面对呢？直到这时，陈骏才突然明白了徐克勤先生"锡矿，华南锡矿"那6个字的千钧分量。

陈骏带着收集到的包括莱曼论文在内的最新资料去见徐克勤，想确定自己的"华南锡矿"方面的博士论文选题，究竟是继续做华南花岗岩锡矿还是层控矿床的锡矿。如果是后者，它在中国到底存在不存在呢？如果不存在，一切工夫不都白费了吗？当时，"层控矿床"的思想虽然被引进来了，但是国内学者研究的也仅限于层控铜矿、层控铅锌矿等，还没人研究与沉积作用有关系的层控锡矿。就陈骏当年的学识、见识和胆识而言，他真的是难以驾驭这一重大选题的。徐克勤给陈骏的回答就是简洁明了的一句话："你就往层控矿床这一方面想。"为了消除陈骏的顾虑，鼓励陈骏在这一前沿领域抢占先机，徐克勤充满自信地说："中国这么大，锡矿这么多，我就不信没有层控类型的。"

正是在徐克勤老师的鼓励和启发下，陈骏确定了他的博士研究选题是将"华南锡矿"和"层控矿床"联系在一起，这也使他成为提出"华南层控锡矿"概念的第一位研究者，南京大学也成为我国第一家研究"层控锡矿"的教学科研单位。陈骏不辞辛苦，跑遍了华南6省十几个钨锡矿区，搜集到大量第一手资料，找到了丰富的地质论据，终于完成了20万字的博士论文——《论华南层控锡矿地质特征与形成机制》。陈骏在这篇论文中取得了几项突破性的成果：①第一次在加里东构造层底部找到了古砂锡石，把我国的古砂锡层位向前推进了两亿年；②确立了华南存在6个不同时代的锡的矿源层；③实验模拟了层控锡矿的形成过程，等等。这些成果得到国内外许多锡矿专家的高度评价。徐克勤十分郑重地把这篇博士论文推荐给南京大学"新星科学奖"评委会，并建议分别以中英文予以出版。博士毕业之后，陈骏又接受英国帝国理工学院和大英自然历史博物馆的邀请，前往英国做博士后工作，这对他后来的学术成长大有裨益。饮水思源，陈骏一直铭记导师徐克勤对自己的培养指导，他说："徐先生是位高瞻远瞩、敏于创新的老师。没有徐先生的创新思维，我是不敢把华南层控锡矿作为自己的毕业选题的。"

同济大学周怀阳教授是我国第一位搭载深潜器"蛟龙号"进行科学考察的著名海洋地质学家，他是在1982年成为徐克勤的硕士研究生的。他也清晰地回忆起1983年跟随导师徐克勤先生进行野外考察的情景。他们一行从南京到上海，在上海转车到广西柳州，他还记得当年徐克勤先生乘坐的火车卧铺票是请当时在上海工作的陈骏父亲帮着买的。到了柳州，一行人就受到很好的接待，并且在第二天就由有色地勘215队总工带领来到了南丹县大厂锡矿。周怀阳说，徐先生在野外观察地质现象非常认真，并且教导周怀阳说，"好马不吃回头草，每到一处都要尽量仔细地观察、记录和思考，要尽量把标本采够，把能够获得的第一手信息都掌握起来，不要指望下一次"——这也正是徐克勤一贯的工作态度和准则。周怀阳还回忆自己考察结束回到学校后，向徐克勤老师汇报了自己的成果、收获和下一步工作设想。因为那是周怀阳平生第一次专业方面的汇报，所以毫无章法，徐克勤听了当然很不满意，但是他并没有当面批评周怀阳，而是事后让叶俊找周怀阳，告诉他汇报中存在的问题，并且指导他如何有条理、有重点地准备好汇报材料。这件事也给周怀阳留下了深刻印象，因为这不仅使他得益匪浅，而且也感激作为导师的徐克勤耐心听完他的汇报，没有当场就提出批评。

1983 年 9 月，徐克勤来到被称为中国锡都的云南个旧参加全国钨锡铋钼地质会议，并再一次进行矿床地质考察。

20 世纪 80 年代起，随着我国改革开放的进行，包括地质学领域的中外（国际）科技合作和学术交流活动也不断增多。其中包括参加由联合国教育、科学及文化组织（UNESCO）和国际地质科学联合会（IUGS）联合举办的一项大规模科学研究计划——国际地质对比计划（IGCP）。为此，我国于 1980 年正式成立了 IGCP 的中国全国委员会，由地质部副部长、著名矿床学家程裕淇院士担任主任，徐克勤是委员之一。

1983 年，IGCP 的一个名为“东南亚和西太平洋地区锡钨花岗岩对比与资源评价”（Tin and Tungsten Granites in South-East Asia and the Western Pacific）的项目开始实施，编号为IGCP220。参加这个项目的国家有中国、美国、澳大利亚、苏联、日本、印度、马来西亚、泰国、印度尼西亚、新西兰、瑞士等。项目的负责人是泰国的 S. Suensilpong 和 T. Nozawa。徐克勤担任该项目的第二组召集人（Convener）和中国工作组协调人（Coordinator）。1983 年 11 月，徐克勤等人前往泰国清迈参加 IGCP220 项目的筹备会，会后考察了泰国的锡矿。中国参加该项目的成员还有地质科学院的陈毓川、裴荣富，有色总公司的郑之英、魏明秀，桂林矿产地质研究院的黄有德，以及南京大学的朱金初、刘昌实等。

从这个项目的名称上就可以看出，其研究内容以锡矿为主，而钨矿则相对次要。正是徐克勤从 1982 年花岗岩国际会议之后就对锡矿研究进行了一系列安排和实践，使得他在以往对锡矿研究成果的基础上，又增加了新的积累，让他在领导和开展这项国际合作研究时得心应手，游刃有余。

作为国际合作研究项目的成果展示，主要是每年召开一次相关的国际学术讨论会。IGCP220 项目分别于 1984 年 4 月在马来西亚、1986 年 7 月在澳大利亚堪培拉、1987 年 10 月在中国桂林、1988 年 10 月在日本岛根大学召开了项目工作总结及学术讨论会。这个历时 5 年的项目对东亚和西太平洋地区锡钨花岗岩及相关的地质、构造、矿床领域的科学研究起到了巨大的推动作用。徐克勤及其他中国地质学家的出色工作和优秀成果，使国外地质专家有机会较为深入地了解中国的矿床地质研究水平，从而为中国地质学界赢得了极高的声誉。1984 年 4 月，徐克勤在马来西亚会议上所作的报告《中国南部花岗岩与钨锡矿床成矿关系》受到了与会者的一致好评。加拿大著名地质学家、后来担任国际地质科学联合会主席的 Fyfe 博士认为“是这次会议最精彩的报告”；澳大利亚锡矿专家 R.G.Taylor 说“这个报告是我在这次会议上听到的第一个真正的锡矿专家的报告”。

1984 年，徐克勤（中）在马来西亚参加 IGCP220 项目会议

由于 IGCP220 项目的成功实施并取得了一系列可喜的成果，因此，为了继续进行相关的研究，从 1989 年起，又开始了一个新的国际地质对比计划——IGCP282 项目。1989 年 11 月，在南京大学召开了 IGCP282 项目的第一次会议，徐克勤和涂光炽担任该项目的顾问，南京大学的朱金初和澳大利亚的 Pollard 共同担任项目负责人。

1986 年，徐克勤在国际大陆边缘地质国际学术会议工作报告

二、重访美国

中美两国建交之后，中美科技合作也随之广泛开展。1980 年 1 月，中国地质部和美国地质调查局签订了《中美地学科技合作议定书》，两国的地质科技人员开始执行多项地质学领域的合作研究。1984 年 5～6 月，以徐克勤为首的中国地质学家一行 4 人前往美国，执行题为“火山作用与成矿关系”的中美地学合作计划第 4 号项目，主要内容是对美国西部的火山岩、斑岩及有关的矿床进行野外地质和矿床地质的考察。这是徐克勤 1945 年从美国留学归国之后，时隔近 40 年再次踏上大洋彼岸这块既熟悉又陌生的土地。历经 40 年的岁月，徐克勤已经从一位风华正茂、踌躇满志的青年才俊，变成了一位年逾古稀、硕果累累的学术巨匠。而他这一次重访美国，不再需要乘坐耗时久长的越洋轮船，已经可以从上海直飞美国旧金山了。

徐克勤在南京大学地质系陈克荣和中国地质科学院李兆鼐、尚如相陪同下，于 1984 年 5 月 7 日从上海乘飞机到达美国西海岸加利福尼亚州的旧金山。当时正在美国进修的南京大学地质系教师张富生也到机场去迎接徐克勤一行人，他还记得 4 个人中就是徐克勤托运的行李箱没有找到，查问后才知道是上海虹桥机场（当时还没有浦东机场）没有把徐克勤的行李送到当班飞机上。于是徐克勤只能拿了随身行李开始了他美国之行的活动。令徐克勤郁闷的是，他准备送给美国友人的礼品都在那个托运的行李箱里，因此在最初的几天里，他总是因为没有东西可以送给友人而深感愧疚。

徐克勤等人在旧金山机场稍作停留，便又转机前往明尼苏达开始项目安排的考察活动。

对于徐克勤来说，活动的重头戏之一是访问他的母校明尼苏达大学。故地重游，徐克勤的心潮澎湃——这里毕竟是他度过 6 年岁月的地方，而且从某种意义上说，这里也是改变他人生轨迹的地方。放眼望去，密西西比河两岸曾经熟悉的明尼苏达大学校园依然风光旖旎，而他当年的导师艾孟斯却已经作古。不过，令他自豪的是，他没有辜负他的第二母校和导师的培养，而是为他们增了光。明尼苏达大学地质系的内部消息季报 *Newsletter* 也对徐克勤的这次访问做了报道。

事实上，母校一直对 1944 届博士徐克勤（Xu Keqin, PhD’44）的活动予以关注。例如，1987 年春季的 *Newsletter* 提到“徐克勤与夫人在去年7月访问了秦皇岛的冶金地质学院，并作了关于花岗岩的报告”；而在1988年秋季的*Newsletter*上，一条关于徐克勤的消息说他“正在南京大学继续从事多种矿床的研究工作（如W、Sn、U、Nb、Ta、Au、Cu等），并指导研究生从事花岗岩研究”。

徐克勤在明尼苏达大学地质系作了一个学术报告；在系图书馆里，徐克勤看到了他自己打字的博士论文原件；他还与当时尚健在的当年费氏台实验老师见面叙旧。

除了访问明尼苏达大学外，徐克勤一行人还应威斯康星大学（University of Wisconsin-Madison）地质系系主任、著名构造地质学家Robert Yeats的邀请，访问了威斯康星大学。当年，徐克勤除了在明尼苏达大学留学外，也曾经有3个月的时间在威斯康星大学进修，学习五轴旋转台上的双变油浸法。

结束了对两所大学的访问后，美国地质调查局的地质学家便带领徐克勤一行人到南达科他州、科罗拉多州、新墨西哥州等地的一些典型火山机构和重要矿山考察。在新墨西哥州北部的Questa钼矿考察时，因为山路较陡，美国地质调查局的Ted Makee博士想在上山时搀扶徐克勤一下，徐克勤坚决不让，一定要自己走，他一边走，一边还兴致勃勃地讲着40年前自己一个人到这里来考察的情景。

1984年，徐克勤与美国地质调查局西区总部主任合影

在结束了前半段考察活动后，徐克勤等于5月13日来到了旧金山以南的美国地质调查局西区总部，它位于风景优美的小城Menlo Park，在著名的“硅谷”附近，紧邻斯坦福大学。徐克勤等人将从这里开始后半程的考察活动。

当时，笔者正好在Menlo Park做访问学者，而笔者的联系导师、美国地质调查局高级研究员、国际著名矿床学家Dennis Cox，正是这一中美合作项目“火山作用与成矿关系”的美方负责人。笔者一个人独在异乡为异客，已经快要两年时间，听说徐克勤老师来了，非常高兴，Cox 也希望笔者能积极地参与接待，陪同考察。

徐克勤到达 Menlo Park 的第二天，就应邀在这里的报告厅作了一个学术报告。报告的主持人在介绍徐克勤的时候说：这位就是大名鼎鼎的“Mr Tungsten”(“钨先生”)。原来，西方人通常称某一领域最强的人为“某某先生”，如大家熟知的“足球先生”。因此，称徐克勤为“钨先生”，无疑是推崇徐克勤为国际上当之无愧的钨矿研究第一人。

那一段时间里，笔者有幸随同徐克勤一行人一起进行野外考察。第一站是亚利桑那州。从旧金山乘飞机到达凤凰城（Phoenix），在机场租了两辆车，一辆车由 Cox 驾驶，上面坐着李兆鼐、尚如相，以及来自华盛顿 Reston 的美国地质学家 Bob Schmidt；另一辆车就由半年前刚拿到加利福尼亚州驾照的笔者来驾驶，车上是徐克勤和陈克荣两位老师。我们驾车向南到达图森市（Tucson），在酒店住下。晚饭后，正在图森的亚利桑那大学进修的薛禹群老师过来看望徐克勤先生。

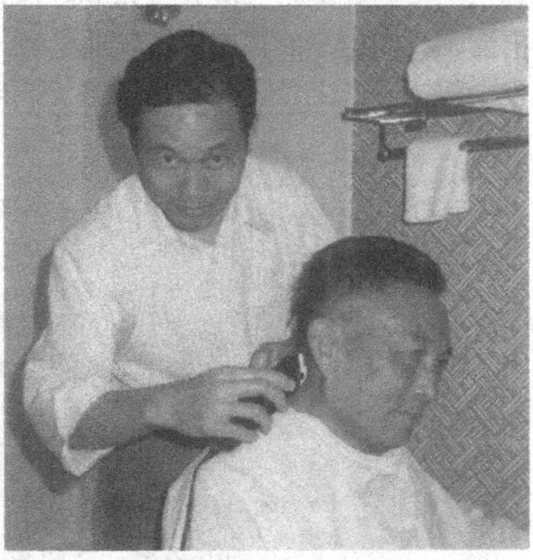

笔者在亚利桑那州图森市为徐克勤剪发

徐克勤虽然经常出野外、与大山和石头接触，但平时还是比较注意仪表和清洁卫生的。例如，及时换洗衣服、半个月理一次发，以及吃饭的碗一定要用开水烫等。此时他到美国虽然时间不久，但觉得自己的头发应该剪一剪了。然而，尽管徐克勤在国内的工资不低，但是在 1984 年的时候，出国的费用还是很低的，而且当时的外汇管理相当严格，个人很难用人民币换取美元。美国的理发店（barber-shop）却是价格不菲，所以当年公派来美国访问、留学的人几乎没有进理发店的，要理发都是中国人之间相互拿推子剪一下。笔者在美国待了近两年，都是别的同胞给笔者理发，而笔者也偶而给别人理过发。所以，那天晚上，薛禹群向中国留学生借来了理发推子，笔者就自告奋勇，荣幸地在酒店房间里为徐克勤老师理了一次发。

第二天，我们参观了亚利桑那大学的地质系及其地质博物馆。这所创建于 1885 年的大学被誉为“公立常青藤”大学之一，在美国西南部极负盛名，它的地质学科也非常优秀。

离开图森市后，一路向西行驶，那里是典型的美国西部景色，一眼望去都是沙漠和荒野，植物稀少，人迹罕至，与笔者当年工作的青海西部差不多，只是这里海拔和纬度都较低，所以能见到不少高大的管风琴仙人掌。考察的第一个矿床是阿霍（Ajo）斑岩铜矿，也是 Cox 博士自己研究过的一个铜矿。因为有人在这里开矿，所以 Ajo 就成为荒漠里的一个小镇。镇上有汽车旅馆可以住宿，而且居然还有一家名叫 Bamboo Garden Restaurant（竹园餐馆）的中国餐馆。

因为一行 7 个人中间有 5 个是中国人，而且附近也没有什么像样的西餐馆，所以在 Ajo 的几天里，几乎每顿晚饭都在竹园餐馆吃。每天尝试点不同的菜，可是由于原料就那么几种，所以几天下来就把菜单上所有的菜都吃遍了。最后一顿晚餐，就叫老板随便做一个菜单上没有的菜，老板说没问题。结果，确实有满满一盘黑乎乎的菜端了上来，并且放在了桌子中间，一开始也不知道是什么。仔细一看，原来是一盘鸡爪！美国人是不吃鸡爪的，想必老板是乘这个机会把冰箱里的多年积存的鸡爪来了个一次性出清，我们也只好望着它苦笑而已。

除了 Ajo 之外，我们还考察了 Silver Bell 和 Bisbee 两个斑岩铜矿。

1984 年，徐克勤（左一）在美国亚利桑那州考察斑岩铜矿

看了亚利桑那南部几个铜矿之后，一行人便驱车北上，去参观雄伟的大峡谷（Grand Canyon）。笔者在一年前曾经和新墨西哥大学的一群研究生

来过那里，还在山上野营，所以这次很高兴可以成为徐克勤老师一行人的向导。

陪同徐克勤一行人野外考察的第二站是美国西海岸喀斯喀特山脉（Cascade Range）的几个火山。喀斯喀特山脉由加利福尼亚州北部的拉森峰（Lassen Peak）向北延伸，经过俄勒冈州、华盛顿州一直到加拿大的不列颠哥伦比亚省南部，是由太平洋板块向北美板块俯冲而形成的环太平洋火山带的组成部分，它至少包含了十几座火山。1984 年 5 月 30 日，美国地质调查局的 Ted Mckee 博士带我们到达位于华盛顿州的圣海伦斯火山（Mount St. Helens），这是喀斯喀特山脉一连串火山中较为年轻、但是极具危险性的一座活火山。4 年前的 1980 年 5 月 18 日，圣海伦斯火山发生猛烈的爆发，引发了山北坡大规模的塌陷，山头削去了约 300 米，造成了历史记载以来最大的一次岩屑山崩。山体内的岩浆喷发形成了大规模的火山碎屑流，夷平了附近约 600 平方公里的植被和建筑物。这次火山爆发总能量相当于 27 000 枚广岛原子弹爆炸所发出的能量，直接导致了 57 人丧生，其中包括一名来自美国地质调查局的年轻地质学家。4 年后当徐克勤一行前往考察的时候，圣海伦斯火山已经比较安静。徐克勤等人乘车来到山脚下，再分批乘直升机来到火山口区。在山顶，他们不顾从地表裂隙中不断冒出的有浓重硫黄味的火山气体（fumerul），观察着火山地貌和岩石，徐克勤兴致很高，童性大发，装得煞有介事地双手高高举起一块体积很大、貌似很重而其实不重的火山浮岩（pumice），逗得大家哈哈大笑。

5 月 31 日，一行人又来到喀斯喀特山脉中另一座火山——俄勒冈州的胡德山（Mount Hood），这是一座死火山，现在是景色宜人的国家森林公园，由于海拔较高，所以虽然是初夏时节，山顶仍然白雪皑皑。我们没有上山，只在山脚下转了转，看了看它一万多年前喷发的安山质和英安质熔岩及火山碎屑岩。

徐克勤的这次美国之行，除了促进中美地学交流外，对于南京大学地质系在火山岩、次火山岩、花岗质火山 - 侵入杂岩及其成矿作用等领域的研究也是一个巨大的推动和促进。例如，王德滋在国内率先提出“次火山花岗岩”和发现 S 型火山岩，总结了中国东部的橄榄安粗岩省（Shoshonite Province），并在 20 世纪 90 年代领导了中国东南部晚中生代花岗岩和火山岩的研究。陈克荣等人研究了福建钟腾、江西德兴银山、浙江桐庐、山东七宝山等地的火山机构、火山 - 次火山岩及其成矿作用。此外，任启江、刘昌实、周金城、邱检生等人都在火山岩及其成矿作用的许多方面取得了重要的研究成果。

笔者（左）陪同徐克勤（右）、陈克荣（中）游览旧金山金门大桥

第十四章 尽心培养博士生

一、尽心培养博士生

1984年，徐克勤卸任了从1947年开始担任、长达37年的南京大学地质系系主任职务，成为名誉系主任。曾经担任系党总支书记的俞剑华教授接替徐克勤担任地质系系主任。

1985年，由徐克勤组织领导的“中国东南部海西 - 印支期断裂拗陷带中沉积（火山沉积）- 后期热液叠加型层状铁铜硫（铅锌）矿床研究”获得了国家教委的科技进步一等奖。1987年该成果又获得国家自然科学奖三等奖。

1985年7月，国务院批准了设立博士后科研流动站，试行博士后制度的方案意味着博士后制度在我国正式建立。不久，由国家科委牵头组织有关专家对申报的博士后科研流动站进行评审，经过评审后，南京大学建立了天文、物理、化学、地质4个博士后科研流动站。

徐克勤从1982年开始招收博士研究生，至1990年，共指导培养了18名博士。1982年，顾连兴成为徐克勤招收的第一位博士生，主要研究长江中下游的块状硫化物矿床。后来几年，徐克勤给博士生们安排的研究课题多为对花岗岩有关的成矿作用进行深入研究。1983年，徐克勤安排他的第二位博士生陈骏进行锡矿相关的研究。1984年，徐克勤招收徐士进为博士研究生，并安排他做花岗岩的稀土元素含量特征，意在从稀土元素特征方面来分析研究花岗岩的成因。

徐克勤培养研究生，一般是先带领他们出野外考察矿山，通常要看几个乃至十几个矿，让他们尽可能多地通过实际观察来认识矿床地质的基本情况及矿床学的研究路线和方法。而且，徐克勤也常常根据在考察过程中发现的问题，在现场就把研究生的研究方向甚至论文选题确定下来。1985年，徐克勤分春、秋两季招收了周怀阳、程海、尹琳、朱正书4名博士研究生。1986年春，徐克勤与助手朱金初、孙明志、叶俊等教师带领这4位1985级的博士生，以及一位来自法国的进修生，一起到野外去考察矿床地质。他们的第一站是湖北大冶的铜绿山，这是一个开采历史非常悠久的铜矿山，早在商周时期就已经有较大规模的采矿及冶炼活动，也是铸造青铜器的主要原料产地之一。1982年国务院颁文宣布铜绿山为全国重点文物保护单位，1984年铜绿山开建古铜矿遗址博物馆。徐克勤以前曾多次到过这个矿山，但这一次他仍然兴致勃勃地带领师生们参观了古老的铜绿山铜矿采矿遗址。接着，徐克勤一行人从湖北到湖南，又到江西、广东。转了一大圈，看了许多矿山。每到一处矿山，徐克勤都和这些年轻人一样上高山、下矿井。在湖南瑶岗仙，只见大山巍峨，小道崎岖。其他人都劝徐克勤年纪大了，就不要上山了。徐克勤对他们说："钨矿都是长在高山上的，不爬山怎么能看到钨矿？"大家没有办法，只好前后左右尽量照顾着他，和他一起爬上山。

这次考察圆满结束之际，也是徐克勤确定 4 位博士生各自研究方向之时。其中，周怀阳接着硕士阶段的课题，继续进行锡矿的研究；尹琳研究江西宜春的高度分异花岗岩及 414 铌钽矿；朱正书研究湖南柿竹园附近的斑岩锡矿；而程海则研究中国夕卡岩型白钨矿矿床的地质特征和形成机制。

1986 年，徐克勤在江西宜春 414 铌钽矿考察

由于夕卡岩型白钨矿是钨矿床的重要工业类型之一，徐克勤觉得需要对它进行更深入的研究，为此，徐克勤还亲自撰写了有关的研究提纲，详细列举了两类夕卡岩型白钨矿的有关地质、地球化学特征，为程海的博士生论文开题提供背景资料。徐克勤关照程海说："你这个课题不是研究某一个钨矿，而是所有的白钨矿，所以，你一定要尽量多看一些矿，才能写得出来。"程海遵照徐克勤的教导，不仅跑遍了华南各地的白钨矿，还专程到祁连山的甘肃塔尔沟钨矿进行实地考察。

程海在总结我国夕卡岩型白钨矿床地质特征的基础上，通过钨在斑晶 - 基质之间、熔体 - 流体之间的分配系数测定等工作，讨论了钨在岩浆起源和分异演化过程中的地球化学特点、含钨岩浆热液的形成条件，以及白钨矿的形成条件。他还根据徐克勤的指导意见，对与改造型和同熔型花岗岩有关的两类夕卡岩型白钨矿矿床的特点及差异进行了详细的对比研究。

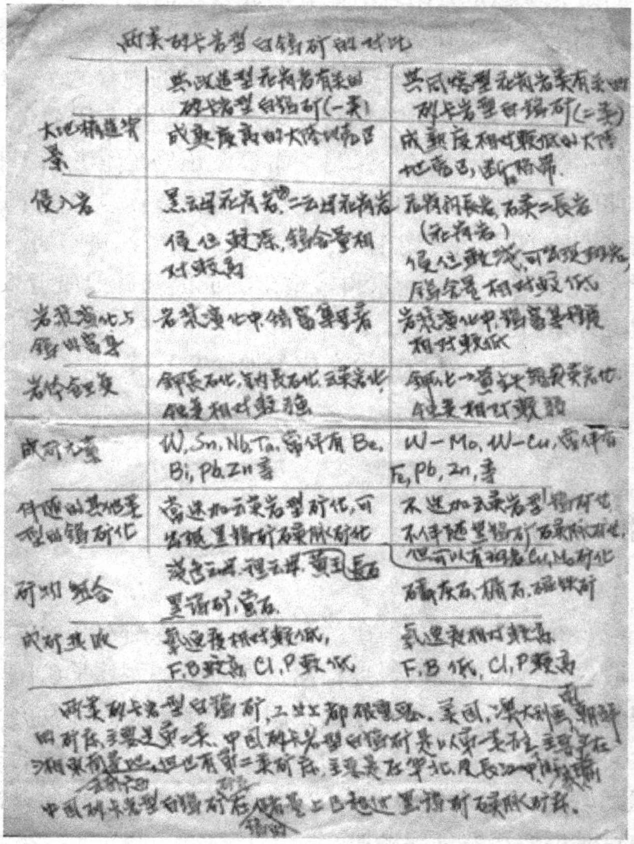

两类矽卡岩型白钨矿的对比

	与改造型花岗岩有关的矽卡岩型白钨矿(一类)	与同熔型花岗岩有关的矽卡岩型白钨矿(二类)
大地构造背景	成熟度高的大陆地壳区	成熟度相对较低的大陆地壳区，断陷带
侵入岩	黑云母花岗岩、二云母花岗岩 侵位较深，钨含量相对较高	花岗闪长岩，石英二长岩（花岗岩） 侵位较浅，可出现斑岩，钨含量相对较低
岩浆演化与钨的富集	岩浆演化中钨富集显著	岩浆演化中，钨富集程度相对较低
岩体蚀变	钾长石化，钠长石化，云英岩化，蚀变相对较强	钾化-黄铁绢英岩化，蚀变相对较弱
成矿元素	W, Sn, Nb, Ta, 常伴有Be, Bi, Pb, Zn等	W-Mo, W-Cu, 常伴有Fe, Pb, Zn, 等
伴随的其他类型的钨矿化	常迭加云英岩型矿化，可出现黑钨矿石英脉矿化	不迭加云英岩型钨矿化，不伴随黑钨矿石英脉矿化，但可以有斑岩Cu, Mo矿化
矿物组合	[illegible]	[illegible]
成矿流体	氧逸度相对较低，F, B较高，Cl, P较低	氧逸度相对较高，F, B低，Cl, P较高

两类矽卡岩型白钨矿，工业上都很重要。美国、澳大利亚、朝鲜的矿床，主要是第二类。中国矽卡岩型白钨矿是以第一类为主，主要产在湘赣南岭地区，但也有第二类矿床，主要是在华北，长江中下游等地。中国矽卡岩型白钨矿床的储量已超过黑钨矿石英脉矿床。

徐克勤为博士生程海写的两类夕卡岩型白钨矿矿床的特点对比

在徐克勤的悉心指导下，这4位博士生的论文都取得了很出色的成果，他们经过博士生期间的学习和研究，也迅速成长为年轻的科技人才。除了前面介绍过的周怀阳后来成了著名的海洋地质学家外，尹琳留在南京大学任教，后来从事非金属矿物材料和环境修复矿物材料方向的研究和具体应用；朱正书到中国地质科学院矿床地质研究所（今矿产资源研究所）工作；程海进入中国科学院地质研究所（今中国科学院地质与地球物理研究所）工作，1993年，程海来到导师徐克勤当年留学的美国明尼苏达大学，并逐渐成为高精度质谱同位素测量技术及其应用领域的佼佼者，2011

年西安交通大学全球环境变化研究院成立后，程海成为该研究院的特聘教授，并入选中央组织部“千人计划”。

笔者从 1985 年开始，成为徐克勤的第一个在职博士研究生，徐克勤老师给笔者的研究课题是云南东川铜矿的成因及地质背景，并指派阮惠础教授进行具体指导。这个研究课题实际上是 1984 年徐克勤访美期间与美国地质调查局 Cox 博士确定的中美合作研究项目的内容之一。Cox 是国际著名铜矿专家，他在翻阅文献资料时发现东川铜矿很有研究价值，从而产生兴趣而与徐克勤一起定下这一课题。而 Cox 正好是笔者当年在美国地质调查局进修期间的导师，因此徐克勤觉得笔者很适合参与这个课题。1986 年，笔者陪同 Cox 博士到云南东川、易门等多个矿区进行野外调查研究。1988 年，笔者完成博士论文《东川式铜矿的成因及其地质背景研究》。徐克勤老师指定并亲自写信联系了包括涂光炽、翟裕生、宋叔和、卢衍豪等多位院士在内的专家为笔者评审论文或参加论文答辩。

二、开展金矿研究

从 20 世纪 80 年代开始，金矿的寻找和研究逐渐在我国蓬勃开展，并很快形成一股热潮。徐克勤敏锐地指出，地质学，尤其是矿床学，作为一门应用性很强的学科，它的科研一定要跟着国家需要向前发展。所以他当机立断，决定组织力量参与到金矿的科研工作中去。而当时的国家科委已经明确认识到教育系统是我国科研的一个重要方面军，因此，在设计大型金矿研究项目时也通知教育部参加。

1984 年，国家计划委员会（以下简称国家计委）开始组织实施“国家重点实验室”建设计划，主要任务是在教育部、中国科学院等部门所属的大学和研究所中，依托原有基础建设一批国家级的重点实验室。南京大学地质系闻风而动，依托自身在矿床学、地球化学、岩石学、构造地质学等学科领域的雄厚实力和丰硕成果，启动了建设成矿作用国家重点实验室的申报工作。

为了落实金矿研究项目的申请工作和国家重点实验室的申报事宜，南京大学地质系专门组织了一个高规格的汇报组，由徐克勤亲自带队，率领王德滋、刘英俊，以及俞剑华、王赐银、张景荣等系领导来到北京。他们住在北京大学，拜访了国家计委、国家科委、国家教委、地质部、冶金部等部门及刚成立不久的国家自然科学基金委员会，向他们汇报自己的设想，介绍南京大学的优势，寻求支持，争取项目，并最终获得了国家自然科学基金委员会资助的一个重大基金研究项目。1987年，南京大学地球科学系[①]正式承担并启动了题为“中国东部金矿重要类型、成矿条件、富集规律及找矿方向研究”的研究项目。该项目由刘英俊主持，来自南京大学、北京大学、浙江大学、中山大学、中国海洋大学、天津冶金地质研究院、华东有色地勘局等多个单位的100多位研究人员参加了该项目的研究工作。徐克勤和郭令智担任该项目的学术顾问。

徐克勤从1986年开始正式投入金矿地质的研究，并且先后安排了多名博士研究生参加金矿大项目的研究工作。1986年，他安排了博士研究生陆建军研究粤西金矿。同年12月，徐克勤带领王尔康、叶俊、徐士进和陆建军等一行6人到海南岛，考察了二甲金矿等矿山。1988年4月，徐克勤又带领孙明志、叶俊、陆建军等前往粤西河台金矿进行野外考察及金矿床地质调查，并最终确定了陆建军的博士论文题目为《粤西上部陆壳演化过程中金的成矿作用》。

1987年，徐克勤将原来计划研究长江中下游铁铜金矿床的博士生孙晓明改为研究金矿；同时又安排当年入学的倪培、朱凯军两位博士生也参与到金矿地质研究之中，分别研究辽东猫岭和江西金山的金矿床。

1987年8月，徐克勤在朱金初、任启江陪同下，带领孙晓明、倪培等博士生、硕士生前往华北、东北进行了为期一个月的金矿地质野外调查，考察的金矿包括冀东的峪耳崖金矿、金厂峪金矿床，吉林桦甸夹皮沟金矿区的八家子、二道沟、三道岔、小北沟等金矿床，辽东地区的四道沟、五龙、猫岭等金矿床；此外还顺带考察了其他一些矿床，如吉林四平的山门银矿等。这次考察也确定了孙晓明、倪培两位博士的研究课题分别是“吉林夹皮沟地区太古代绿岩带金矿”和“辽东半岛的地质演化及金矿床的成因”。不久，徐克勤又确定了朱凯军的博士研究课题是“江西金山金矿的成因和成矿环境”。

笔者采访了孙晓明、陆建军、倪培等人，对于当年跟随徐克勤老师到野外考察的情景，他们都记忆犹新。无论是南下广东、海南，还是北上辽宁、吉林，80岁高龄的徐克勤始终和大家同吃同住，一起跋山涉水、下矿井钻坑道，一面认真了解矿床地质的实际情况，一面精心指导博士生们

① 南京大学地质系于1986年更名为南京大学地球科学系。

的地质观察和采样工作。

在海南二甲金矿期间，几乎天天下着小雨，可是徐克勤坚持每天都要到野外和矿山开采现场去。陪同考察的广东省地质局719队队长、书记都既紧张又担心，但是又无法劝阻徐克勤不上山，所以只能吩咐陆建军时刻紧跟并照顾好徐克勤，务必确保他的安全。在吉林夹皮沟的二道沟金矿，矿长考虑到徐克勤的年龄、身体状况和安全，反复劝说徐克勤不要下矿井，可是徐克勤根本不听，说："不下井我来干什么？"于是矿长只好通知井下做好准备，检查落实安全措施。当徐克勤一行人乘罐笼下矿时，众人就用一件棉大衣把徐克勤包裹着，并把他围在中间保护起来。在夹皮沟金矿，有一次看地表露头，一行人顺着山坡前行，遇到一条半米多宽的沟，大家都准备上来搀扶徐克勤过沟，谁知道他不让搀扶，而竟然自己一纵身就跳了过去。

倪培向笔者介绍了他第一次跟随导师徐克勤出野外过程中的几件小事。首先给他留下深刻印象的是徐克勤先生德高望重，在矿床地质界的名气大，受人尊敬。这次野外考察的第一站是河北，接待单位是冶金部天津地质研究院。但是，尽管行程和人员都已经最终确定，徐克勤却一直都没有与天津联系，只是到了临出发的前一天，才吩咐倪培给天津地质研究院发了一封电报，告知他们"徐克勤一行 × 人明天乘 × × 次火车到达"。一路上倪培心里很不踏实，不知道这封电报管不管用。但是当徐克勤他们一下火车时，就见到天津地质研究院的副院长、著名矿床学家杨敏之已经在站台上恭候了。

实际上，徐克勤一行人所到之处，当地的地矿部门都会高规格接待。例如，到了辽宁沈阳，就有辽宁省地质矿产局总工陈诗褫来接待，他也是南京大学的校友，地质系1956届毕业生。到了长春，则由吉林省地质矿产局的毕振纲局长接待、叶天竺总工陪同。到了下面的矿山或地质队，也是由技术负责人如总工、矿长等陪同考察。对此，徐克勤觉得很不自在。他经常对随行的人说，我这个人记性差，尤其记不住这些领导的姓名，你们一定要替我记好，认清楚是某局长、某书记还是某总工，不要弄错了，否则对人不礼貌。

徐克勤外出考察，一般是上车就睡觉，车辆颠簸他也能睡着，而一下车就精神抖擞。这是他几十年野外地质工作练就的"功夫"。倪培记得，在从河北到辽宁的途中，徐克勤等人乘坐的面包车还出了一次车祸，造成徐克勤膝盖受伤。但是徐克勤对此若无其事，稍加包扎后就继续上路。

有一天，徐克勤一行人在河北蓟县野外考察科马提岩，不远之处就是遵化马兰峪的清东陵了，陪同的人就顺便带大家去清东陵的大门口那里看看。因为没有时间游览景区，所以大家很想拍照留念。不过，当年的照相可完全不像现在这样方便容易。研究生们当然是没有照相机的，教师的相机也大多是从系里的器材室借出来的，胶卷也是从器材室领的。系里规定，领取的胶卷只能用于拍摄地质现象、实习情况，不可以照风景和人。不过，徐克勤体谅学生们的心情，就说，大家一起拍一张集体照吧，但是必须手里拿着地质锤，表明这是在野外地质考察。

徐克勤很注重仪表，尤其是到外单位访问或参加学术会议更格外重视。他还要求随行的人也注意衣着仪容，要给人以干净、精神的感觉，认为这也是对别人的尊重。到了河北峪耳崖金矿的第一天，徐克勤就悄悄对朱金初说，你的那个学生头发又长又乱，看上去很不整洁，你要叫他去理理发。

1987 年 9 月，澳大利亚墨尔本大学副校长访问南京大学，提出可以接受两名研究生到他们学校学习，作为中澳联合培养的博士生。其中一位是化学专业，一位是地质学专业。徐克勤知道这个消息后，想到澳大利亚金矿资源丰富，尤其西澳地区盛产绿岩带型金矿，因此决定推荐孙晓明作为中澳联合培养的博士生。徐克勤把刚从东北野外回来的孙晓明叫来，告诉他此事，并让他立即到学校的外事办公室去面见这位墨尔本大学的副校长。1988 年春天，孙晓明来到墨尔本大学，开始继续博士学业并赴西澳卡尔古利（Kalgoorlie）金矿区进行野外考察和采样。在徐克勤和墨尔本大学 R. Keays 教授的联合指导培养下，孙晓明以夹皮沟金矿、卡尔古利金矿为典型，对比研究了冀东、辽宁和澳大利亚西部太古代绿岩带的若干金矿，完成了《太古代金矿地质》的博士论文。

徐克勤在指导研究生进行科学研究时，从不给学生设置条条框框，也从不要求学生按照他设想的结果去寻找证据。他非常尊重学生根据实际材料提出的创新思路和独立见解，也鼓励年轻人开展不同观点的讨论和争鸣。孙晓明在西澳进行了一年的研究后，认为在我国东北地区所见到的金矿并不是典型的绿岩带型金矿，因为夹皮沟等金矿的围岩与西澳真正的绿岩不同，实际上是角闪岩退变质的产物。他向徐克勤汇报了自己的想法，徐克勤表示赞同。徐克勤的另外两位博士生黄标和王新光都是 1988 年招收的，都被安排研究华南的加里东期花岗岩，在讨论花岗岩的构造背景时，他们二人都运用了板块构造理论来进行分析，认为华南在加里东期发生了陆块碰撞而形成了花岗岩，但两人在陆块碰撞缝合线的位置上持有不同观点：黄标研究武功山、武夷山及邻区的加里东花岗岩，认为缝合线在武夷山一线；而王新光则认为在江西西部罗霄山一线，他们都有自己的证据。徐克勤知道这一情况后，便认真听取了他们的汇报，结果并没有进行调和，而是对他们二人各自的观点都予以支持。所以，黄标和王新光在论文中关于构造背景的讨论都保留了各自的解释。徐克勤认为，学术上就应该百家争鸣，允许有个人的见解。在论文答辩时，徐克勤还特别指出，这其实是一个好现象。

1987 年，徐克勤看到江博明在 *Precambrian Research* 上写的一篇文章，说是在冀东发现最古老的角闪石岩（amphibolite），Sm-Nd 同位素年龄为 35 亿年，便一心要去看看这 35 亿年前的石头。于是徐士进就陪他去了冀东，当时还在角闪石岩那里拍了一张照片，取名“最老的岩石和最老的地质学家”。徐士进记得徐克勤在那里见到一个放牛的老人，就上前说，你这么大年纪了还来放牛？谁知那老人却反问徐克勤说，你那么大年纪了还出来看石头啊？于是两人便说起年龄，老人说，我今年八十岁了，徐克勤说我今年也八十岁啦。两人都开怀哈哈大笑。

徐克勤就是这样一个乐观的人，甚至偶尔还会讲个笑话。就在这一次的 1987 年冀东野外，中国科学院地质研究所的王凯怡当时也在那里工作，她是南京大学地质系 1962 年的毕业生，听说徐克勤先生也来冀东了，晚饭后就来看望徐克勤。大家在一起聊天，徐克勤就说了一个笑话：有两个人出差，同住在一个房间里，晚上睡下后，有一个人打鼾声音很响，另一人难以入眠，很生气但又没办法，便起来开了灯，拿出笔墨纸张，练习毛笔书法。打鼾的人一觉醒来去上厕所，回来看到那个人写的字，便说“你这个字写的水平不低啊”，写字人“嘿嘿”一笑，说“哪里哪里，你打鼾

1988 年，徐克勤与他的几位研究生合影。左起：尹琳、朱凯军、倪培、徐克勤、孙晓明、陆建军、朱正书、周怀阳

的水平才真的很高”。

1988 年，山东省地质矿产局在济南庆祝建局 30 周年，邀请一些老专家参加，并请他们参观泰山和曲阜。博士生倪培陪同徐克勤去了。倪培回忆说，在曲阜孔庙大成殿，徐克勤叫他一定要给孔夫子磕三个头，以示尊师。在泰山，师生二人乘缆车从中天门到月观峰后，就一路步行拾级而上。当时徐克勤虽已 81 岁高龄，却不用拄拐杖，径直走过南天门，到达玉皇顶。

三、考察华东铀矿　培养博士后

1988 年 11 月 6～30 日，中国核工业地质局邀请了几位有名望的老地质学家参观考察华东 4 省的几个铀矿床，年过 80 的徐克勤被邀请参加。被邀请的专家还有中国科学院地球化学研究所的涂光炽院士、地质矿产部华东地质研究所的李文达研究员、南京大学的张祖还教授。陪同这 4 位老地质学家参加考察的是他们的助手孙明志、李朝阳、匡福祥、凌洪飞、黄标等。考察由中国核工业地质局总工程师沈锋和核工业 270 研究所总工程师蒋兴泉带队，考察江苏、安徽、浙江、江西 4 省的接待工作分别由中国核工业地质局下属的江苏南京 272 地质队、安徽芜湖 271 地质队、浙江金华 269 地质队、江西上饶 265 地质队、江西鹰潭 261 地质队和江西莲塘 270 研究所及相关铀矿矿山负责，考察起点是南京栖霞山 510 矿床，终点是江西相山 721 铀矿田，全程历时 25 天。

1988 年 11 月，徐克勤等人在南京 501 矿床顶峰眺望长江

左起：李文达、涂光炽、张祖还、徐克勤

当年参加考察的涂光炽曾在回忆文章中写道：

这是一次组织安排十分紧凑而又很有趣的地质考察，可以看到不少难以见到的自然现象，参加者都很高兴，但也不约而同地为徐老担忧，因为此时他已是80开外的老者了，是否能经受长时间剖面观察、长途跋涉和汽车颠簸？但这一路，徐老始终坚持按既定日程参加考察，兴致勃勃，情绪高涨，细致观察，经常提问。许多陪伴和在场的领导者和年轻人都很惊讶和感动。

当年陪同徐克勤参加考察的博士生黄标回忆起给他留下深刻印象的几件事情。一是徐克勤说真话，敢于在学术上争鸣。在江西乐安相山721铀矿考察后，矿山邀请各位专家作学术报告。首先作报告的涂光炽谈到了他对721铀矿形成背景的看法，徐克勤在接下来的报告中，就毫不犹豫地提出了与涂光炽不同的观点，与涂光炽讨论。二是性格好动，富有童心。在江西鹰潭龙虎山考察红层丹霞地貌的时候，面对秀美如画的山水，大家兴致甚浓。一些年轻陪同人员为了拍到更好的景色，都跪着照相。徐克勤见到后，不顾自己年事已高，也跟着学，但毕竟年纪大了，想跪下来却不怎么容易，于是他干脆就趴着照相。陪同的人担心他受伤，连忙劝他不要趴下，他笑笑说没事没事。当时正值1983年版的《射雕英雄传》热播，于是大家也就没大没小的，把徐克勤先生称为“老顽童”。

1989年，徐克勤在江西野外考察

黄标还回忆起一件事，反映出徐克勤对学生的关心。在这次考察的最后一天，组织方在江西南昌莲塘的核工业270地质研究所举行晚宴，宴会上组织方非常热情，频频举杯向客人敬酒。不胜酒力的黄标因盛情难却喝了两小杯葡萄酒，就感觉头晕，没等到宴会结束，他就回到房间躺下了。徐克勤看在眼里，记在心上。宴会一结束，徐克勤马上去看望黄标，见他仍昏昏沉沉，便询问同室的张祖还的博士凌洪飞，是不是黄标喝了很多酒，凌洪飞说好像没有喝多少啊。于是徐克勤猜测黄标是不是在闹情绪了，因为徐克勤第二天就要回南京去了，但是安排黄标继续留在南昌向塘的江西省地质调查大队，以便收集与黄标博士论文相关的地质资料。徐克勤想，或许黄标心里不想留下，而希望与自己一同回南京，但又不敢说，于是就借喝酒闹情绪吧！不久，黄标醒来，听说徐克勤先生来看过他，就连忙去见徐克勤，徐克勤就告诉黄标，明天和自己一同回南京。话一出，黄标反而一头雾水，不知何意，说“徐先生你不是讲好要我留下来收集资料的吗？怎么又要我回去了呢？”徐克勤将信将疑，说“你晚饭时不是借酒浇愁闹情绪吗？”黄标赶紧解释说：“不是不是，我实在是不能喝酒，喝一点点酒就不行了，赶紧回房间躺下，以免出丑，哪里是什么闹情绪啊！”徐克勤笑着说：“你真的这么不能喝啊？那好，这下我放心了，你明天还是去收集资料！”原来，在考察期间，徐克勤就专门抽时间带着黄标去了江西省地质勘查局，不仅联络了相关的研究人员，还将黄标引荐给当时的局长，以方便黄标今后在江西收集地质资料和进行野外考察。后来局长又将黄标介绍到江西省地质调查大队。让黄标在考察结束后趁热打铁留下来收集资料，也是徐克勤做出的适时安排。实际上，黄标在向塘地调队不仅收集了不少基础资料，还拜访了不少地质专家，给自己后来的研究工作带来了很大便利。这件事也让黄标万分感激，一直记在心头。

南京大学地球科学系不仅成功拿到了金矿研究的重大项目，而且申请的国家重点实验室也很快被列入备选计划。南京大学内生金属矿床成矿机制研究国家重点实验室于1989年由以徐克勤为首的5位教授提出可行性研究报告，同年3月经国家计委、国家科委和国家教委组织专家论证后，确认为世界银行贷款重点学科发展项目，正式批准在南京大学建立，并开始“边建设、边运行”，从而成为我国矿床领域的第一家国家重点实验室。南京大学内生金属矿床成矿机制研究国家重点实验室的成功建立，是徐克勤对南京大学矿床学及相关学科建设的又一重要贡献。1995年10月，实验室成功通过国家验收，开始正式运行和开放。

徐克勤与矿床学－地球化学学科骨干教师讨论国家重点实验室的运行

左起：胡文瑄、陈骏、胡受奚、徐克勤、王鹤年、任启江、

胡凯（站立者）、马东升、华仁民

1988年，徐克勤开始招收博士后研究人员，第一位博士后研究人员是来自中国地质大学的博士胡文瑄，他是由他的博士生导师袁见齐推荐给徐克勤的。袁见齐曾经是徐克勤的老师，他向胡文瑄介绍了徐克勤的求学经历和研究成果，尤其称颂徐克勤在华南花岗岩与成矿方面的突出贡献，说他们都称徐克勤是“华南虎”。胡文瑄读博士时的专业方向是沉积矿床，袁见齐认为徐克勤在关于沉积－热液叠加成矿作用领域的研究工作也很有成就，因此推荐胡文瑄到徐克勤那里去做博士后研究。

1988年秋，胡文瑄进入南京大学地球科学系的博士后流动站开始他的研究工作。他原本打算参加当时南京大学承担的“新疆305项目”，因为其中包含有沉积硼矿的研究内容，与他以前的研究方向基本一致，因此心里也比较有底。可是后来关于沉积硼矿的研究内容被删除了，胡文瑄开始为自己的研究工作方向而犯愁。徐克勤专门召集胡受奚等教师商量，决定让胡文瑄改做长江中下游的沉积－改造型硫化物矿床的研究工作。胡文瑄因没有从事金属矿床研究的经历，所以颇有点担心，也感到压力很大。徐克勤知道后，把胡文瑄叫了去，让他不必担心，并且答应要亲自带他到野外去考察，实地指导他的研究工作。这既让胡文瑄十分感动，又有点不敢相信。因为这时的徐克勤已经80多岁了，他还要亲自带学生出野外吗？

徐克勤说话算数。1989年4月上旬，82岁的徐克勤在富士谷和徐士进的陪同下，带着胡文瑄及其他几位学生，开始了对长江中下游安徽段沿岸的硫化物矿床野外考察。在前后近10天时间里，他们先后到了繁昌铁矿、新桥硫铁矿、铜陵多金属矿、安庆铜矿等矿山，一路上，徐克勤爬矿山，下矿井，看岩心，采标本，向同学们介绍矿山历史沿革，分析矿床地质成因，风尘仆仆，不辞辛劳。胡文瑄觉得这是他此生最难以忘怀的考察经历，让他真实地感知和认识了硫化物矿床的本来面目，真切地体会到了各种成因观点的来龙去脉和它们的实际依据。这次考察也让胡文瑄近距离接触了导师徐克勤，亲身感受到了徐克勤的知识、智慧和人格魅力。胡文瑄教授现在是南京大学地球科学与工程学院的副院长，他回忆了这次考察中三个令他至今难忘的场景。

一是徐克勤在矿石堆上的场景。80多岁的徐克勤腰已经有点弯了，但是他仍然弓着腰爬上露天采场的矿石堆，右手拿地质锤，左手翻动着矿石，认真地寻找，还时时用放大镜仔细观察，找到他认为典型的矿石后就给学生们看，给学生们讲解，每到一处都是这样。胡文瑄等人觉得徐克勤先生年纪那么大了，在七高八低的矿石堆上有危险，便说“让我们自己来找吧”。徐克勤笑着说“你们找的不好，好的矿石都被你们漏掉了”。的确如此，徐克勤找到的每一块矿石，都能够说出一个故事来，能够让学生们通过观察这块矿石上的现象，了解到矿床形成的过程。徐克勤说：“地质学家是在野外成长起来的，不是在实验室里培养出来的。”他说到自己在美国读博士的时候，几乎跑遍了美国西部的所有矿床，而且不是走马观花地看看，而是把这些矿床记在脑子里，并且不断地思考，久而久之，就会有新的体会和认识。徐克勤还说：“书本上的东西，都是别人的，不是自己的。”胡文瑄不胜感慨地说，我到了今天这个年龄，才真正体会到这是徐克勤先生的肺腑之言，也真正体会到野外实践是地质学研究工作的第一途径。

二是徐克勤下矿井的场景。在繁昌、安庆，以及后来的滁州琅琊山铜矿这些地下开采的矿山，徐克勤每次都要和其他人一样下矿井考察。从地表到深部的采矿场，人都要站在罐笼里，通过竖井下行。而罐笼并不是匀速升降，速度时快时慢，甚至突然停顿。大家都替徐克勤担心，而他全然不顾。到了地下巷道，路面不平整，坑坑洼洼，到处都是泥和水，徐克勤根本不放在心上，和年轻人一样大踏步前进。每当看到巷道两侧和顶板上有新鲜的矿石或特殊的地质现象时，徐克勤就来了精神，非常专注地敲打和观察，完全是一副忘我的神态。80 多岁高龄的徐克勤，通过言传身教，以他的敬业精神和工作态度，不仅实践和示范着教书育人的真谛，而且为胡文瑄和其他学生树立了崇高的榜样，给他们留下了宝贵的精神财富。

三是徐克勤在安庆铜矿作报告的场景。到达安庆铜矿那天已经是晚上了，矿领导在热情招待之际，表示非常希望徐克勤先生能够给他们作个报告。徐克勤一如既往的爽快答应下来，并决定在第二天下午作报告。但是，第二天上午是要下矿井的，因此，似乎没有时间来准备报告内容了。第二天吃过午饭以后，胡文瑄觉得有点累，便躺在床上想小睡一会。与胡文瑄同在一个房间的徐克勤却没有躺下，而是趴在桌之上写东西。胡文瑄看到一个 80 多岁的老人，上午下了矿井，一定非常疲劳了，但是为了下午的报告，却仍然抓紧中午的时间准备材料。胡文瑄感动之余，也有点心疼，就劝徐克勤不要再准备了，下午与矿上的同志们交流一下就行了。徐克勤说你不要管了，我还是要准备一下的。就这样，徐克勤整个中午都在准备材料，胡文瑄帮不上忙，虽然躺在床上也没有睡。那天下午的报告会非常成功，徐克勤的演讲很有激情，非常精彩，加上他那带有浓重安徽口音的普通话又很受安庆铜矿听众的欢迎，因此效果特别好。胡文瑄以前听说徐克勤学问很大，但讲课没有条理，因此还有点担心报告的效果。而结果却很令人吃惊，他甚至觉得那是他听过的最好的报告会之一。徐克勤最后还引用了章鸿钊《石雅》中“金屑散乱，光辉灿烂，若众星丽于天也”的句子，祝愿长江北岸的安庆也像南岸的铜陵一样成为长江边上一个新的铜都，从而使铜陵和安庆两地隔江辉映，呈现出一片灯火辉煌、钢花灿烂的繁荣景象。说到那里时，现场顿时反应热烈，报告会的气氛也达到了高潮。

在从事金矿研究的同时，徐克勤在花岗岩和成矿作用领域的研究仍在继续深入。1989 年，徐克勤等人发表了题为《华南花岗岩类的成因系列和物质来源》的文章，把华南花岗岩类划分为 4 个成因系列和 9 个成因类型，4 个成因系列分别为陆壳改造系列、同熔系列、碱性系列和幔源系列。其中的“碱性系列”是第一次提出，实际上就是后来非常热门的 A 型花岗岩。徐克勤等人还将它划分为大陆裂谷 A 型和大陆板块边缘 A 型这两种类型。与之前的成果相比，这种新的系列和类型划分更加注重了花岗岩类形成的（板块）构造背景、物质来源、形成机制及壳 - 幔相互作用，也加入了以前较少运用的 Rb-Sr、Sm-Nd 等同位素地球化学示踪，从而将花岗岩类的研究提升到一个新的高度。

第十五章

踏遍青山人未老

一、青海之行

1989年9月，第四届全国矿床会议在青海西宁召开。因为笔者曾经在青海从事了10年地质工作，所以笔者就陪同徐克勤和胡受奚两位老师前往青海参加会议。两位老师都是第一次来青海，笔者则是时隔12年后重返故地。20世纪80年代后期的西宁市虽然比笔者当年工作时有所发展，但仍然比较落后，根本没有星级酒店，只有一个新中国成立初期建造的带有俄罗斯风格的西宁宾馆算是条件比较好的，因此，全国矿床会议就在这里举行。时任青海省省长、一个月后就任地质矿产部副部长的宋瑞祥出席了会议开幕式。

两位老师好不容易来一次青海，笔者作为半个东道主，当然要好好为他们服务。笔者联系了原来工作的单位——青海省有色地质勘查局，提出要让徐克勤、胡受奚两位先生看几个青海的矿床，当年的同事都很热情，也很高兴能够为仰慕已久的这两位矿床学界大专家提供支持。不过，当他们听说徐克勤已经80多岁了，不免又有些担忧。因为青海的海拔高，昼夜温差大，交通和接待条件都不能和沿海经济发达地区相比，他们担心徐克勤这么大年纪了是否能吃得消。万一出什么问题，他们觉得担当不起。笔者把他们的这些忧虑告诉徐克勤，他哈哈大笑，连说没有问题没有问题。于是青海省有色地质勘查局为徐克勤和胡受奚二位老师安排了海北祁连山的红沟铜矿、海西的锡铁山铅锌矿，以及柴达木盆地的察尔汗钾盐矿这3个代表性矿山进行参观考察。

矿床会议一结束，徐克勤、胡受奚二位老师和笔者在青海省有色地质勘查局总工程师王成球陪同下从西宁乘坐火车，沿着前几年刚通车的青藏铁路（西宁—格尔木段）一路西行，到达柴达木盆地南缘的格尔木。位于格尔木市的察尔汗盐湖管理局专门派了汽车和几个人作为向导，陪同我们一起去察尔汗盐湖参观考察。

察尔汗盐湖是中国最大的盐湖，也是我国主要的钾肥生产基地。它实际上由几个盐湖组成，总面积5856平方公里。由于地处柴达木盆地的腹部，气候极其干旱，降水稀少而日照时间长，因此水分蒸发量远远高于降水量，导致湖内形成高浓度的卤水，并逐渐结晶成盐粒，使湖面板结成厚实坚硬的盐盖。那里除了光卤石、钾石盐、石盐等巨量盐类外，还有硼、锂、铷、铯等重要资源，是名副其实的聚宝盆，是大自然对人类的恩赐。我们乘坐汽车在长达32公里的著名万丈盐桥上徐徐驶过，感受它奇特壮美的风光。

从察尔汗盐湖继续向北，不一会儿就到了柴达木盆地北缘的锡铁山铅锌矿。1976年的夏天，当笔者还是青海省有色地质勘查局八队的一名地质人员时，曾经在锡铁山做过地质调查。笔者那时白天上山检查物探异常，晚饭后则到锡铁山矿部的灯光球场去打篮球。随着青藏铁路的修建、通车，再经过此地时，锡铁山铅锌矿也已经在几年前正式建成为一个大型的铅锌生产矿山，并成立了锡铁山矿务局，不仅采矿、选矿设备一应俱全，而且已经发展成为一个颇具规模的新兴矿业城镇，与当年的景象有天壤之别了。徐克勤认真察看了锡铁山铅锌矿的地质特征，并就它的成因属于喷流沉积还是火山成因块状硫化物与矿山地质人员进行了交流。

1989年，徐克勤在青海柴达木盆地

考察了锡铁山铅锌矿之后，我们返回西宁，再从西宁出发到红沟铜矿。这一条路线就全部是公路了。我们乘坐青海省有色地质勘查局安排的两辆越野车，由姜文卿高工陪同，沿青海西宁至甘肃张掖的宁—张公路，经过互助、大通等青海东部诸县农业区一路向北，那里的风光与柴达木盆地完全不同，不仅人烟较为稠密，而且阡陌交通，绿树掩映，颇似江南风光。随着地势渐渐升高，开始进入祁连山支脉冷龙岭的南麓，山脉也变得雄伟险峻。在大通回族土族自治县与门源回族自治县的交界处，就是著名的达坂山口，海拔近4000米，绝对高差达到1000米左右。那里也是青海东部地区通往甘肃河西走廊的重要关隘，曾经是古代丝绸之路南线青海道的要隘之一。陪同人员关切地询问徐克勤有没有不适的感觉，要不要吸氧，徐克勤连说没有问题。在山口，徐克勤和大家一起下车，眺望山口南北两侧的壮丽风光，并照相留念。过了山口向下，进入达坂山北坡的浩门河畔，那里据说是中国最大的油菜花海。可惜我们来的时间晚了一点，错过了油菜花期，没有见到波澜壮阔的百里花海美景。

徐克勤（中）、胡受奚（右二）及青海有色地质勘查局陪同人员
在青海北部海拔4000米的达坂山口合影

我们到达位于门源县青石嘴镇的青海有色地质七队队部，吃完午饭后稍作休息，由七队和矿山的地质人员介绍红沟铜矿的情况。红沟是一个中型块状硫化物型富铜矿床，虽然规模不大，但是品位很富，在国内所有的开采铜矿中是平均品位最高的，所以矿山的经济效益很好，也有一定的知名度。矿山的人拿来了一块特别富的铜矿石，说是铜的品位已经达到了30%，我们都不胜惊讶。徐克勤和胡受奚认真地考察了它的主矿体，徐克勤见到矿体产在上奥陶统的细碧角斑岩系中，立即想到了浙江的西裘铜矿，说二者有很多相似之处，都是海底火山喷发沉积的块状硫化物矿床。只是西裘铜矿的成矿年代更老、规模略大但品位稍低。

结束了青海之行，笔者和两位老师一起回了南京。当火车徐徐离开西宁的时候，徐克勤仍然沉浸在他考察几个矿山的情景中，并不无感慨地说："中国的确地大物博，我跑了那么多地方，看了那么多矿，没想到青海的三个矿那么有特色，像红沟那么富的铜矿我还是第一次见到，看来以后还是要多跑多看。"

"以后还是要多跑多看！"这句话出自一个82岁老人之口，不由得让笔者从心底里由衷敬佩。

二、新疆之行

时间进入了20世纪的最后1个10年。徐克勤也进入了耄耋之年。他看上去并不显苍老，而是精神矍铄，但腰板已经不像前几年那样挺拔，背也微微开始有点驼了。不过，他自己并不认为自己有多老，依然活跃在学术舞台上。他不仅继续指导年轻教师和研究生进行花岗岩和成矿作用的研究，而且对地质学其他领域的新发现、新进展也十分关注。

当时，李曙光、徐志琴、丛柏林、徐树桐等我国地质学家对大别山地区的超高压变质带研究取得了突破性的重要成果，徐克勤就提出要去大别山看看。他不顾系领导的再三劝阻，于1991年5月在季寿元、徐兆文、徐士进等教师的陪同下来到大别山区考察，安徽省地矿局的徐树桐教授曾在榴辉岩中发现金刚石包体，他负责接待徐克勤一行人。据徐兆文回忆，有一次他们要下到一条很深的峡谷底部去看地质现象，但是那里地形陡峻，不通汽车，只能走下去。于是大家就叫徐克勤和司机留在谷顶等候，其余人下去，取了标本拿上来给徐克勤看。谁知道大家正在谷底察看岩石露头时，只见徐克勤像坐滑梯那样沿着陡坡滑了下来，把大家吓了一跳。徐克勤却笑嘻嘻地说没事没事。

徐克勤在徐树桐（左三）等人陪同下在大别山地区考察

1991年8月下旬，国际硫化矿床专题学术讨论会在被称为“中国镍都”的甘肃金昌召开。徐克勤接到会议邀请后，把刚结束博士后研究、留在南京大学工作的胡文瑄叫去，让胡文瑄跟随他去参加这次会议，并鼓励胡文瑄在会议上作报告。当时胡文瑄还没有多少学术经历，参加学术会议的意识也不强。徐克勤告诉胡文瑄，年轻人必须走出去，多见世面，多交朋友，才能够增长见识，不断进步。徐克勤还专门让胡文瑄在会上讲一讲陆相火山盆地的喷流 - 沉积矿床问题。这个问题是胡文瑄受到徐克勤“沉积 - 改造”学术思想的启发，在从事博士后研究期间获得的新认识。由于这一认识与当时关于陆相火山盆地的成矿理论有所不同，因此胡文瑄担心自己人微言轻，在大会上讲述不同的观点会引起争论。徐克勤知道胡文瑄的忧虑后，鼓励胡文瑄说：“有争论不可怕，可怕的是提不出新观点，有新的认识就要大胆讲”。果然，当胡文瑄在大会上介绍完他的研究成果后，立即就有与会专家提出质疑。正当胡文瑄在思考如何回答的时候，徐克勤已经站了起来，代替胡文瑄解答问题并作出进一步的阐述。胡文瑄站在讲台上，看着导师徐克勤为学生“抵挡”专家质疑，内心十分感动。徐克勤就是这样，一贯地热情支持新的学术观点和年轻人的学术创新精神。

1992 年 5 月 20 日，是南京大学建校 90 周年纪念日。当天下午，在南京大学地球科学系举办的校庆学术报告会上，85 岁的徐克勤作了题为“新的构造 - 岩浆活动决定了金属矿床新的成矿时代和某些类型”的报告。在这篇题目听起来有点拗口的报告中，徐克勤以世界范围的金、铀、钨、锡、钼和块状硫化物等矿床为例，阐述在地质发展历史中，较为年轻的构造 - 岩浆活动对于较早存在的矿床进行了叠加和改造作用，并由此决定了这些矿床（现今）的时代和类型。这个报告也体现了他晚年的一个重要学术思想。这篇报告经过整理后，于 1993 年用英文刊登于南京大学作为对外学术交流窗口的刊物 *Annual Science Report-Supplement of JNU (NS)*。

5 月 21 日，南京大学在五台山体育馆召开了隆重的建校 90 周年庆祝大会，徐克勤和郭令智、王德滋及孙枢等校友应邀参会。

1993 年夏，中国科学院地学部受国家科委委托，组织专家评估小组，对“八五”国家科技攻关计划 85-902 项目（即著名的“新疆 305 项目”）的执行情况进行中期评估。中国科学院地学部主任涂光炽请地学部副主任孙枢担任评估小组组长，并提出了几个参加评估小组的专家人选，包括徐克勤、刘宝珺、常印佛等院士。出任组长的孙枢考虑到当时徐克勤已经 86 岁了，年龄较大，而评估工作的任务重，新疆的野外条件又比较艰苦，所以就劝徐克勤说：“徐老您是不是就不参加了？”徐克勤回答说他身体很好，表示一定要参加。作为学生的孙枢只好同意了，但是他提出了一个要求，那就是南京大学地球科学系要派一个与徐克勤先生比较熟悉的年轻教师作为助手，随徐克勤赴新疆参加评估小组活动，同时负责照顾徐克勤的日常起居。于是，南京大学地球科学系就派徐克勤的博士生、1987年留校任教的徐士进与徐克勤同行。新疆方面对这次评估非常重视，为了保证徐克勤和其他专家的身体健康，新疆305项目办公室特地聘请了当时刚从乌鲁木齐市第一人民医院院长岗位上退休的一位资深医生，作为评估小组的保健医生。在新疆的野外活动期间，这位医生就和徐克勤、徐士进同乘一辆越野车。

1993年，徐克勤（右一）与孙枢（左二）、刘宝珺（右二）等人在新疆野外

7月下旬，评估小组在乌鲁木齐听取了项目组汇报和查阅材料之后，就开始进行实地考察检查。他们从乌鲁木齐出发西行，一路上经过克拉玛依，额尔齐斯河，一直到阿尔泰山、东准格尔等地，用了几天的时间在新疆北部转了一大圈，行程约2000公里。考察的矿床包括金矿、稀有元素矿床、铜镍矿等。例如赛都金矿、阿舍勒铜矿、可可托海稀有金属矿、萨尔布拉克金矿、喀拉通克铜镍矿、库普苏金矿等。新疆地广人稀，有时候汽车一天要跑几百公里，途中没有休息的地方。徐克勤虽然年事已高，但是仍然精力充沛，一路上不用别人照顾。随行的徐士进在回忆中也提到徐克勤在野外考察途中“上车就睡觉，下车精神好”的功夫，令其他人羡慕不已。当然，更令人叹服的是徐克勤所具有的丰富野外工作经验和矿床地质积累。虽然徐克勤以前从未到过那些矿床，但是他对那些矿床类型及其特征都非常熟悉，因此，他提出的问题都十分中肯，给出的建议也非常简洁而又深刻透彻，给同行的其他专家和新疆305项目人员留下了极为深刻印象。

这次新疆之行，是徐克勤参加的最后一次野外地质工作。

1993年冬，国家自然科学基金委员会对南京大学主持的金矿重大项目成果进行了评审，评审专家对于项目组成员五年来研究工作取得的成果予以高度评价。作为该项目的学术顾问，徐克勤也参加了评审会。

1994年，南京大学地球科学系为五位德高望重的老先生祝寿。说起这次集体祝寿活动，其实也是徐克勤的意见。原来，还在几年前，地球科学系的领导就盘算着要隆重地庆贺徐克勤先生八十大寿，以表彰他对中国地质事业做出的杰出贡献，尤其是他对中央大学地质系 - 南京大学地质系 - 南京大学地球科学系所做出的不可替代的重大贡献。徐克勤得知这一消息后，马上找到系领导，说：“此事万万不可。”他语重心长地说，南京大学地球科学系能有今天的成绩，不是他一个人的功劳，而是几代教职员工乃至学生、系友的共同努力，至少在他那一代人中还有其他几位造诣深厚、功劳卓著的先生，因此，怎么能兴师动众地单独为他祝寿呢？徐克勤诚挚恳切的话语说服了系领导，系领导根据徐克勤的意见，经过讨论，决定选择当时健在的、一般被称为“五老”的五位德高望重的老教授，即徐克勤、张祖还、孙鼐、萧楠森和郭令智，由系里组织为他们集体祝寿。

不过，这五位先生虽然统称为“五老”，但他们的出生年份却大不相同，所以很难决定究竟在哪一年祝寿较为合适。5 人之中，徐克勤年龄最大，生于 1907 年，张祖还和孙鼐都生于 1910 年，而萧楠森和郭令智分别生于 1914 年和 1915 年，年纪最大的和最小的相差 8 岁。徐克勤和大家商量，决定选择 1994 年，即“五老”中年龄最小的郭令智虚岁八十那一年作为给“五老”集体祝寿的年份。而这一年，也恰是在中央大学前身东南大学的地学系中首次划分出地质组（地质系的前身）的 70 周年纪念年。

1994 年，南京大学地球科学系为徐克勤等教授（张祖还缺席）祝寿

站立者自左至右：萧楠森、孙鼐、郭令智、徐克勤，坐者为王德滋

1994年8月，徐克勤参加了在北京召开的国际矿床成因协会（IAGOD）第九届科学讨论会，并应邀用英语作了题为“控制中国东部金矿形成的重要地质因素”（*Important geological factors controlling the formation of gold deposits in East China*）的口头报告，这篇报告的内容后来作为1997年第一期的第一篇文章，发表在英文刊物 *Chinese Journal of Geochemistry* 上。这也是徐克勤最后一篇公开发表的学术论文。

1995年，徐克勤获得了第二届何梁何利基金科学与技术进步奖。香港爱国金融家何善衡、梁球琚、何添、利国伟四位先生，他们出自崇尚科学、振兴中华的热忱，各捐资1亿港元，于1994年3月30日在香港注册成立了社会公益性的慈善基金——何梁何利基金。这是一项科技奖励基金，其宗旨是通过奖励那些取得杰出成就的中国科技工作者，用来倡导尊重知识、尊重人才、崇尚科学的良好社会风尚，激励科技工作者不断攀登科学技术高峰，加速国家现代化建设进程。1994年5月13日，何梁何利基金在北京人民大会堂举行了隆重的成立庆典。1995年与徐克勤同时荣获该奖励的地球科学领域的科学家还有涂光炽、刘东生和郑绵平。

1994～1995年，徐克勤基本上赋闲在家，只是偶尔参加一些活动。虽然他有更多的时间享受天伦之乐，但是过分的闲适也让他很不习惯。徐克勤跑了一辈子野外，是个闲不住的人，所以他尽管身在南京，但一颗心却时常向往着崇山峻岭和矿坑采场。然而，令他常常感到郁闷的是，虽然总是有人夸他说“徐先生你身体很好啊”之类，但是却没有什么人邀请他到什么地方去考察指导了。此时的徐克勤，似乎处在身不由己的状态，已经再也不可能像从前那样，凭自己的意愿、靠自己的努力就能够到野外去了。

三、赣东北之行

1996年，徐克勤九十虚岁。时任南京大学校长蒋树声等领导专门为徐克勤举办了祝寿宴会，表彰他为我国地质事业、尤其是为南京大学和地球科学系做出的杰出贡献。不过，徐克勤并没有因此而感到特别高兴，他所日思夜想、魂牵梦绕的是能够再到野外、到矿山去走走，去看看。

在1993年的那次新疆之行后，徐克勤已经很长时间没有去野外考察了。随着岁月流逝，徐克勤想到野外去考察的心情愈加迫切。他一次次地向领导、老同事、身边的人提出自己想到野外去看看的愿望。南京大学地球科学系的领导们越来越感觉到，如果一直这样让徐克勤待在家里，不允许他出野外，或许会导致他郁郁寡欢，闷出病来，对他的身心反而是一种伤害。于是，系领导先安排为徐克勤做了体检，确认他身体没有问题，旅途中不会出什么大问题。并且，还与他约法三章，讲清楚这一次出去就是一次地质旅行，只能到那些汽车能到达的地方看看，不许爬山，不准下矿井，一切活动必须严格按照预先制定的行程计划进行，并听从陪同人员安排，不能临时起意提出其他额外要求，等等。徐克勤听罢，一扫愁容，欣然同意。

1996 年 5 月，年近 90 岁的徐克勤兴高采烈地踏上了他一生中最后一次野外地质考察的旅途。这次考察的地点是矿床比较集中、交通等条件也比较好的赣东北地区，包括德兴铜矿、金山金矿、银山多金属矿和永平铜矿。而这些矿山，基本上也是徐克勤自己选定的。

徐克勤知道，这很可能是他这一生最后一次野外地质考察了，而且，这还是经过自己的强烈要求才得以实现的，所以他不仅对此次野外地质考察充满了期望，也非常重视，还认真地查阅了相关矿床的最新文献资料。当徐克勤得知他在 20 世纪 70 年代末期多次去过、较为熟悉的永平铜矿也发现有相当数量的白钨矿产出时，感到非常兴奋。想到半个世纪前自己在湖南瑶岗仙第一次发现白钨矿的情景，他特别提出，要让随行的接待人员务必把紫外荧光灯带上，以便他在野外可以亲自鉴定、核实一下白钨矿。

负责接待工作的江西省有色地质勘查局和江西铜业公司等单位及其下属地质队、矿山都对徐克勤先生的这次考察活动十分重视。江西省有色地质勘查局领导，包括 1962 年毕业于南京大学地质系的张祖林副局长，多次开会研究落实考察路线、内容及相关的交通、食宿、安全保障等事项，并决定由局长助理、局副总工程师韦星林全程陪同。遵照徐克勤的要求，他们还特地带上了由局所属的江西有色地质机械厂制造的紫外荧光灯。

1996 年 5 月 16 日，徐克勤在朱金初教授及其博士研究生的陪同下，到达了南昌。17 日，江西有色地质勘查局的韦星林带领徐克勤等人从南昌出发北上，经九江向东，在湖口乘船渡过长江与鄱阳湖的交汇口（当时还没有建大桥），再一路向东到达景德镇。在景德镇的江西有色地质四队普查分队队部，徐克勤等人听取了即将要考察的金山金矿的情况介绍。5 月 18～19 日，徐克勤一行分别前往金山金矿的金矿硐和花桥金矿进行实地考察。

徐克勤、朱金初（右）和韦星林（左）在鄱阳湖湖口的轮渡上

现在担任江西省核工业地质局总工程师的韦星林对20年前接待徐克勤赣东北地质考察的情景仍记忆犹新。他回忆说，徐克勤先生虽已年迈，但是对待野外地质考察工作仍然十分认真，每次到野外去，徐克勤必然“全副武装”——头戴太阳帽，身背照相机，腰带上别着罗盘，手里拿着地质锤。无论在野外地质剖面还是在露天采矿场，徐克勤都认真地听介绍、看石头、问问题。对于金山金矿的矿石，徐克勤觉得不太容易辨认；而花桥金矿的矿石含有较多的黄铁矿，徐克勤觉得比较容易辨认一些。

5月20日，一行人来到德兴银山多金属矿。银山是个老矿山，古代就因产出白银而得名，1958年建成银山铅锌矿，20世纪80年代后期又开始成功探查了深部的铜矿，从而发展成为一个大型的铜-金-多金属矿床。徐克勤一行人参观了银山中部九龙上天矿段刚剥离的露天采场。

徐克勤等人在德兴花桥金矿露天采场

在银山矿的招待所，徐克勤还兴致勃勃地回忆起1934年他刚参加工作时，受地质调查所的委派到赣东北地区来进行矿床地质考察的情景。当年他到的第一站就是乐平市东南的乐华锰矿，而乐华锰矿和银山多金属矿分别位于乐（平）德（兴）中生代火山-沉积盆地的西部边缘和东部边缘。乐华锰矿所在的地方叫众埠街，当时这一带的治安情况不太好，所以当地政府就派了一名众埠街乡公所的警察来专门负责徐克勤的安全问题。徐克勤说，这名乡警白天背着枪跟着徐克勤到野外考察，晚上就睡在徐克勤隔壁的卧室。每天吃晚饭时，乡警都要喝酒。徐克勤记得他一边喝酒，一边得意地向徐克勤夸口说，他这辈子的酒是喝不完的。入夜，外面忽然枪声大作，惊醒了酒后酣睡的乡警，他告诉徐克勤不要出去。

徐克勤等人在德兴铜矿露天采场

结束了银山的考察后，江西铜业公司派人员和车辆将徐克勤等人先后接到德兴铜矿和永平铜矿继续考察。

岁月不饶人。徐克勤当时毕竟已经是将近90岁的老者，因此，在这次考察的后半段，他的精力明显不如刚开始的几天充沛，已经心有余而力不足了。到了考察的最后一站永平铜矿，徐克勤已经完全忘了要亲自看一看与铜矿共生的白钨矿，而江西有色地质勘查局特地为之准备的紫外荧光灯也始终没有派上用场。

在大家的努力下，近两周时间的野外考察极大地满足了徐克勤到野

1996 年，徐克勤考察赣东北后和笔者在南京大学东南大楼门口合影

外考察的心愿，而且考察过程也比较顺利，没有出意外，所以可以说是圆满成功，皆大欢喜。回到南京之后，“过了一把瘾”的徐克勤脸上的笑容明显地比考察前多了。

1996 年 8 月 4 日，第三十届国际地质大会（IGC）在中国北京召开。参加大会的有来自世界 120 多个国家和地区的约 7000 名代表，不仅为历届国际地质大会之最，而且也是北京有史以来主办的最大规模的国际学术会议之一。徐克勤也参加了这次国际地质学界的盛会。在人民大会堂举行的大会开幕式上，当时的国务院总理李鹏代表中国政府和中国人民对大会的召开表示祝贺，对前来参加会议的各国、各地区的地质学家表示热烈欢迎。在第二天举行的学术报告会上，大会主席程裕淇院士在介绍会议代表时说，这次大会最年长的代表是 90 岁的徐克勤院士时，全场代表报以热烈的掌声。

1996 年，徐克勤（中）、郭令智（左）在第三十届国际地质大会期间接受记者采访

徐克勤不仅参加了会议，而且还用英语作了关于花岗岩与钨矿的学术报告。他也全神贯注地听取其他人的学术报告，还认真地参观大会的各种展出。

1997 年 3 月，在徐克勤 90 岁生日之际，徐克勤的学生们和南京大学地球科学系矿床学科组的老师们再次欢聚一堂，共同为敬爱的徐克勤老师庆生。

1997 年 3 月，徐克勤及夫人和笔者合影

1997 年秋，徐克勤由倪培陪同，到北京参加院士会议，这也是他的最后一次出差了。得知 90 岁高龄的徐克勤到了北京，不仅在北京的几乎所有的南京大学地质系校友前来拜访，而且在京的矿床学界同仁也纷纷前来探望这位受人尊敬的矿床学前辈。

四、最后的日子

但是，徐克勤毕竟年龄大了，加上长期艰苦的野外地质调查和繁忙的教学科研工作，他的身体状况逐渐变差。1998 年，徐克勤安装了心脏起博器。1999 年 3 月，92 岁的徐克勤因肺部感染、发热，先后住了两次医院，每次住院时间都是 1 个月左右。从此以后，徐克勤就变得容易生病。2000 年，徐克勤开始出现了轻度的阿尔茨海默症症状。

2001 年，徐克勤和夫人搬出居住了几十年的老宿舍楼，住进新落成的南京大学院士楼，与此同时，徐克勤到江苏省人民医院住院的次数也更为频繁了，每次住院的时间也更长了。地球科学系的领导、同事都很关心徐克勤的健康情况，但是已经爱莫能助。徐克勤的子女们更是异常紧张。

1999 年夏，徐克勤和夫人在居住的南秀村 7 号院门口散步

2002 年 9 月，徐克勤因肺部感染最后一次住进江苏省人民医院的病房，住院时间近 3 个月。徐克勤在南京的孩子轮流到医院值班照料，在外地工作的大儿子和大女儿也轮流回南京探望父亲。

在这些生病、住院的日子里，徐克勤虽然身体已经极其虚弱，但仍然心情平和、态度乐观。他的子女们都清楚地记得这样一件事：弥留之际的徐克勤看到病房的窗台上放着一个吃过的咸鸭蛋壳，在微风中轻轻晃动，便清了清嗓子，念出这样的两句话："风吹鸭蛋壳，财去人安乐。"这两句近乎"谶言"的诗句，便成为徐克勤留在世间的最后话语。

2002 年 12 月 19 日，在连续几天凄风苦雨之后的一个阴冷的早晨，徐克勤走完了他 95 岁的人生道路，永远离开了这个世界。

附录一　徐克勤年谱

1907年　3月15日，出生于安徽省巢县（今巢湖市）烔炀河镇军徐村。

1917年　进入私塾上学。

1922年　春，进入巢县私立明强小学。

1924年　夏，小学毕业。

1924年　秋，进入东南大学附属中学（今南京师范大学附属中学）初中。

1928年　春，进入江苏省立南京中学高中。

1930年　夏，考入国立中央大学。

1934年　7月，从中央大学地质系毕业。

1934年　9月，进入实业部地质调查所工作，任技佐。

1934年　9月，加入中国地质学会成为会友。

1934年　开始在江西进行地质调查。

1934年　年底至1935年春　在赣南调查钨矿地质。

1935年　5月，与刘光蕙结婚。

1936年　春夏，与黄汲清等在赣西、湘东考察。

1936年　长子徐晓骥出生。

1936年　10月至1938年春　在南岭东段进行矿产资源调查。

1937年　2月，成为中国地质学会正式会员。

1937年　任地质调查所技士。

1937年　11月，随地质调查所西迁。

1938年　在《地质论评》发表《中国钨矿成因及分类之我见》。

1939年　6月，在西康荥经地区调查矿床地质。

1939年　11月，赴美国明尼苏达大学地质系学习。

1941年　获硕士学位，入选为美国自然科学荣誉学会会员。

1942年　夏秋，在美国西部11个州考察矿床地质。

1943年　著作《江西南部钨矿地质志》出版。

1943 年　在 *Economic Geology* 发表 *Tungsten Deposits of Southern Kiangsi, China*。

1944 年　获美国明尼苏达大学博士学位。

1945 年　11 月，回国，任中央地质调查所技正。

1946 年　4～9 月，在广西等地进行地质矿产调查。

1946 年　10 月，被聘为中央大学教授。

1947 年　6 月，担任中央大学地质系系主任。

1947 年　7 月中旬，在湖南资兴瑶岗仙发现夕卡岩型白钨矿。

1948 年　暑假，再赴湖南瑶岗仙进行钨矿调查。

1948 年　10 月，当选中国地质学会候补理事，被聘为《中国地质学会志》编辑。

1949 年　8 月，当选为中国地质学会理事。

1949 年　7 月，参加全国自然科学工作者代表大会筹备会；赴东北三省参观。

1949 年　8 月起，担任南京大学地质学系系主任。

1950 年　3 月，主持华东工业部南京地质探矿专修学校的教学工作。

1950 年　8 月，被任命为国家地质工作计划指导委员会成员。

1950 年　夏，在铜陵发现新屋里铜矿（后称凤凰山铜矿）；在安徽当涂发现马山硫铁矿。

1950 年年底　在南京太平门外发现岔路口硫铁矿。

1951 年　任华东地质调查所筹备处主任。

1951 年　夏，考察内蒙古白云鄂博铁矿。

1953 年　夏，考察四川白水河地区铜矿。

1954 年　夏秋，率专科毕业生赴云南、贵州、四川三省进行毕业实习。

1954 年　8 月下旬，带领毕业生到四川攀枝花工作，确认它是巨型的钒钛磁铁矿。

1954 年　10 月 2 日，向地质部提交报告，并建议立即对攀枝花铁矿进行勘探。

1954 年　当选为江苏省人民代表大会代表。

1955 年　考察山西的地质矿产。

1955 年　在宁芜地区指导毕业生建立龙王山、大王山、姑山、娘娘山四个火山活动旋回。

1956 年　3 月，加入中国共产党。

1956 年　3 月，被评为一级教授。

1956年　首次招收研究生。

1956年　夏末，再次考察湖南瑶岗仙钨矿，并撰文总结两类钨矿在成因上的关系。

1957年　夏，应地质部邀请总结第一个五年计划的钨矿地质工作成果。

1957年　冬，在江西南康龙迴和上犹陡水首次发现加里东期花岗岩。

1958年　和郭令智等在皖南休宁琅斯发现雪峰期花岗岩。

1960年　发表《江西南部加里东期花岗岩的发现》一文。

1962年　在广州地质普查会议上作《论华南四大旋回花岗岩》的报告。

1963年　3月，参加铀矿床地质学术会议。

1963年　夏，与二机部三所合作进行华南铀矿地质考察。

1963年　成立南京大学地质系花岗岩研究室。

1964年　8～10月，在江西、广西、湖北进行地质考察。

1964年　南京大学地质系关于华南花岗岩的研究被列为全国十大科技成果之一。

1965年　《华南不同时代花岗岩及其与成矿关系》作为国家科委科学技术报告（第1415号）出版。

1972年　写成《花岗岩类与成矿关系，兼论内生矿床的成矿物质来源问题》一文。

1972年起　担任华东火山岩铁铜成矿规律和成矿预测项目专家。

1972年　12月，在贵阳参加全国稀有稀土元素地质科研工作交流会。

1973年　4～6月，在长春冶金部地质干部培训班讲学并考察东北地质矿产。

1973年　夏，考察西裘铜矿和大降坪硫铁矿，开始中国东南部断裂拗陷带内某些沉积 - 热液叠加改造型铁铜矿床的研究。

1974年　在《中国科学》发表《中国东南部不同时代花岗岩类及其与某些金属矿床的成矿关系》。

1974年　6月，在铜陵新桥发现中石炭世海底火山喷发沉积成因黄铁矿型矿床。

1974年　在昆明参加全国火山岩成矿作用学术会议。

1975年　夏，参与并指导海南富铁矿会战。

1977年　9～10月，在北京参加全国自然科学学科规划会议。

1978年　3月，华南花岗岩研究成果获全国科学大会奖。

1978年　在《福建地质》发表总结沉积-热液叠加改造矿床研究成果的长篇论文。

1979年　任中国地质学会副理事长。

1979年　任中国矿物岩石地球化学学会副理事长。

1980年　5月，任中国地质学会矿床地质专业委员会副主任。

1980年　7月，参加巴黎第26届国际地质大会并作报告。

1980年　当选为中国科学院学部委员（院士）。

1980年　任国务院学位委员会学科评议组成员。

1982年　开始招收博士研究生。

1982年　在南京大学主持召开国际花岗岩地质和成矿关系学术研讨会。

1982年　华南花岗岩研究成果获国家自然科学奖二等奖。

1983年　任南京大学花岗岩火山岩及成矿理论研究所首任所长。

1984年　任南京大学地球科学系名誉系主任。

1984年　访问美国。

1984～1988年　主持联合国教育、科学及文化组织IGCP220项目（"东南亚和西太平洋锡钨花岗岩对比与资源评价"）中国工作组工作。

1985年起　招收在职博士研究生。

1986年　2月，率教师及博士生考察海南岛金矿。

1986年　春，率教师及博士生考察湖北、江西、湖南、广东等地的矿床。

1987年　8月，率教师及博士生考察华北、东北金矿床。

1987年　"中国东南部海西-印支期断裂拗陷带中沉积-后期热液叠加型层状矿床研究"获国家自然科学奖三等奖。

1987年　赴冀东考察古老的角闪石岩。

1988年　4月，率教师及博士生考察粤西河台金矿。

1988年　招收博士后研究人员。

1988年　11月，考察华东四省几个铀矿床。

1989年　4月，率教师及博士后考察安徽沿江硫化物矿床。

1989年　发表《华南花岗岩类的成因系列和物质来源》，把华南花岗岩类划分为4个成因系列和9个成因类型。

1989年　9月，赴青海西宁参加第四届全国矿床会议并考察若干矿山。

1991年　5月，赴大别山区考察榴辉岩。

1991年 8月，在甘肃金昌参加国际硫化矿床学术讨论会。

1992年 5月，在南京大学校庆科学报告会上作学术报告。

1993年 夏，参加“新疆305项目”中期野外地质考核。

1994年 8月，参加在北京召开的国际矿床成因协会第九届科学讨论会并作报告。

1995年 获第二届何梁何利基金科学与技术进步奖。

1996年 5月，赴赣东北地区几个矿山参观考察。

1996年 8月，在北京参加第三十届国际地质大会并作学术报告。

1997年 秋，到北京参加院士会议。

1998年 安装心脏起搏器。

2002年 12月19日，在南京逝世。

附录二　徐克勤主要著述目录
（仅列出第一作者论著）

[1] 徐克勤，丁毅.1938. 中国钨矿成因及分类之我见. 地质论评，3（2）：305-325.

[2] 徐克勤，彭琪瑞.1939. 西康荥经铁矿矿业述略. 地质论评，4（3-4）：195-202.

[3] 徐克勤，丁毅.1943. 江西南部钨矿地质志. 地质专报. 甲种第17号 :360.

[4]Hsu Kechin.1943.Tungsten Deposits of Southern Kiangsi, China. Econ. Geol., 38(6): 431-474.

[5] 徐克勤.1957. 湖南钨铁锰矿矿区中夕卡岩型钙钨矿床的发现，并论两类矿床在成因上的关系. 地质学报，37（2）：117-152.

[6] 徐克勤，刘英俊，俞受鋆.1959. 中国钨矿的类型及其分布规律. 南京大学学报（自然科学），2:31-54.

[7] 徐克勤，刘英俊，俞受鋆，等.1960. 江西南部加里东期花岗岩的发现. 地质论评，20（3）：112-114.

[8] 徐克勤，胡受奚，俞受鋆，等.1962. 南岭及其邻区不同时代的花岗岩类侵入体及其成矿专属性的推讨. 南京大学学报（地质学），1:1-19.

[9] 徐克勤，胡受奚，俞受鋆.1963. 矿床学. 北京：高等教育出版社.

[10] 徐克勤，孙鼐，王德滋，等.1963. 华南多旋回的花岗岩类的侵入时代、岩性特征、分布规律及其成矿专属性的探讨. 地质学报，43（1）：1-26, 43（2）：141-155.

[11] 南京大学地质系.1966. 华南不同时代花岗岩类及其成矿关系研究. 北京：中国工业出版社.

[12] 徐克勤.1973. 花岗岩与成矿关系，兼论内生矿床的成矿物质来源问题. 冶金部长春地质干部学习班讲课稿.

[13] 南京大学地质系.1974. 中国东南部不同时代花岗岩类及其与某些

金属矿床的成矿关系．中国科学，1：52-62.

[14]Ke-Chin Hsu. 1974. Granite rocks of different geological periods of southeastern China and their genetic relations to certain metallic mineral deposits. Scientia Sinica XVII. (1): 55-72.

[15] 徐克勤，朱金初，等 .1978. 我国东南部几个断裂拗陷带中沉积（或火山沉积）热液叠加类铁铜矿床成因的探讨．福建地质，4:1-68.

[16] 南京大学地质系 .1980. 中国东南部花岗岩类的时空分布、岩石演化、成因类型和成矿关系的研究．南京大学学报（地质专刊）.

[17]Department of Geology, Nanjing University. 1980. Investigation on the time and spatial distribution of granitic rocks of southeastern China, their petrographic evolution, petrogenetic types, and metallogenetic relations. Journal of Nanjing University, Special Issue on Geological Science, 1-56.

[18] 徐克勤，朱金初，任启江 .1980. 论中国东南部几个断裂拗陷带中某些铁铜矿床的成因问题 // 国际交流地质学术论文集（三）：成矿作用和矿床．北京：地质出版社．

[19] 徐克勤，胡受奚，孙明志，等 .1981. 华南钨矿床的区域成矿条件分析 // 钨矿地质讨论会论文集，北京：地质出版社，243-258.

[20] 南京大学地质系 .1982. 华南不同时代花岗岩及其成矿关系．北京：科学出版社．

[21] 徐克勤，胡受奚，孙明志，等 .1982. 华南两个成因系列花岗岩及其成矿特征．矿床地质，1（2）：1-14.

[22] 徐克勤，胡受奚，孙明志，等 .1983. 论花岗岩的成因系列——以华南中生代花岗岩为例．地质学报，57（2）：107-118.

[23] 徐克勤，孙鼐，王德滋，等 .1984. 华南花岗岩成因与成矿 // 徐克勤，涂光炽．花岗岩地质与成矿关系．南京：江苏科学技术出版社，1-20.

[24] 徐克勤，朱金初 .1987. 华南钨锡矿床的时空分布和成矿控制 // 锡矿地质讨论会论文集．北京：地质出版社，50-59.

[25]Xu Keqin, Cheng Hai. 1988. A study on scheelite-bearing skarns.In: Fifth International Symposium on Sn/W Granites in Southeast Asia and the Western Pacific,IGCP220, Matsue, Japan. 240-244 .

[26] 徐克勤，徐士进，朱金初，等 .1989. 华南含钨、锡、钽（铌）花岗岩及有关矿床产出的地质环境和地球化学差异．南京大学学报（地球科学），（1、2 合刊）：1-12.

[27] 徐克勤，朱金初，刘昌实，等 .1989. 华南花岗岩类的成因系列和物

质来源 . 南京大学学报（地球科学），（3）：1-18.

[28] 徐克勤，陆建军，倪培 .1992. 与金矿床有关花岗岩类的岩石地球化学特征 . 桂林冶金地质学院学报，12（1）：1-11.

[29] 徐克勤，华仁民 .1993. 努力探索和揭示花岗岩类的奥秘 . 大自然探索，12（3）：28-30.

[30]Xu Keqin, Xu Shijin, Lu Jianjun.1993.Younger periods of tectonic-magmatic activities determine newer periods of ore formation with some superimposition and transformation of the preexisting ores. Annual Science Report-Supplement of JNU (NS), Vol.29, English Series I.

[31] 徐克勤，王鹤年，周建平 . 等 .1996. 论华南喷流 - 沉积块状硫化物矿床 . 高校地质学报，2（3）：241-256.

[32]Xu Keqin, Ni Pei, Zhu Jinchu. 1997. Important geological factors controlling the formation of gold deposits in East China. Chinese Journal of Geochemistry, 16(1) :1-7.

附录三　本书采访对象名单

（按出生时间排序）

（1）刘孝善，生于 1922 年，南京大学教授。1948 年考入中央大学地质系，因国家需要 1952 年提前从南京大学地质系毕业并留校任教。

（2）季寿元，生于 1924 年，南京大学教授。1947 年毕业于中央大学地质系。

（3）李玶，生于 1924 年，中国地震局地质研究所研究员，中国工程院院士。1947 年毕业于中央大学地质系。

（4）裴荣富，生于 1924 年，中国地质科学院研究员，中国工程院院士。1948 年毕业于清华大学地学系。

（5）王德滋，生于 1927 年，南京大学教授，中国科学院院士。1946 年考入中央大学地质系，1950 年毕业于南京大学地质系。

（6）韩同蓉，生于 1927 年，南京大学教师，曾任南京大学地质系党总支副书记。1949 年考入南京大学地质系，1952 年因国家需要提前从南京大学地质系毕业。

（7）钱祥麟，生于 1929 年，北京大学教授。1948 年考入中央大学地质系，1952 年因国家需要提前从南京大学地质系毕业；1958 年获苏联莫斯科地质勘探学院副博士学位。

（8）胡受奚，生于 1929 年，南京大学教授。1952 年毕业于浙江大学地质地理系，同年进入南京大学任教。

（9）翟裕生，生于 1930 年，中国地质大学教授，中国科学院院士，曾任中国地质大学校长。1952 年毕业于北京大学地质系并进入北京地质学院任教，1957 年毕业于长春地质学院研究生班。

（10）童杭寿，生于 1931 年，核工业北京地质研究院研究员。1955

年毕业于南京大学地质系；1956～1960年在苏联留学。

（11）薛禹群，生于1931年，南京大学教授，中国科学院院士。1952年毕业于唐山工学院。

（12）夏邦栋，生于1932年，南京大学教授。1953年毕业于重庆大学地质系。

（13）孙枢，生于1933年，中国科学院地质与地球物理研究所研究员，中国科学院院士。1950年考入南京大学地质系，1952年因国家需要提前毕业。

（14）李兆麟，生于1933年，中山大学教授。1955年毕业于南京大学地质系。

（15）卢华复，生于1933年，南京大学教授。1955年毕业于北京地质学院，曾在昆明工学院任教，1959年考取南京大学研究生。

（16）俞受鋆，生于1933年，中山大学教授。1956年毕业于北京地质学院，同年进入南京大学成为徐克勤的首届研究生。

（17）姜凤琪，生于1933年，南京大学教授。1958年毕业于南京大学地质系。

（18）张富生，生于1933年，南京大学教授。1958年毕业于南京大学地质系。

（19）罗谷风，生于1934年，南京大学教授。1955年毕业于南京大学地质系。

（20）陈毓川，生于1934年，中国地质科学院研究员，中国工程院院士。1952年就读于南京大学地理系，1959年毕业于苏联（乌克兰）顿涅茨理工大学地质勘查系。

（21）王中刚，生于1934年，中国科学院地球化学研究所研究员。1954年毕业于南京大学地质系。

（22）陈泽铭，生于1934年，南京大学教授。1955年毕业于南京大学地质系。

（23）林天瑞，生于1934年，南京大学教授。1955年毕业于南京大学地质系。

（24）郑绵平，生于1934年，中国地质科学院研究员，中国工程院院士。1956年毕业于南京大学地质系。

（25）赵懿英，生于1934年，南京大学教授。1956年毕业于南京大学地质系。

（26）章邦桐，生于1934年，南京大学教授。1961年毕业于苏联莫斯科地质勘探学院。

（27）姚金炎，生于1935年，中国有色桂林矿产地质研究院研究员。1956年毕业于南京大学地质系。

（28）王鹤年，生于1935年，南京大学教授。1956年毕业于北京地质学院，同年进入南京大学成为徐克勤的首届研究生。

（29）姚莲英，生于1935年，核工业北京地质研究院高级工程师。1956年毕业于南京大学地质系。

（30）张利民，生于1936年，东华理工大学教授。1954年毕业于南京大学地质系。

（31）朱金初，生于1936年，南京大学教授。1961年毕业于苏联列宁格勒大学地质系。

（32）刘昌实，生于1937年，南京大学教授。1959年毕业于南京大学地质系。

（33）陈克荣，生于1937年，南京大学教授。1959年毕业于南京大学地质系。

（34）郑素娟，生于1937年，南京大学教授。1961年毕业于北京大学地质系。

（35）孙岩，生于1937年，南京大学教授。1961年毕业于南京大学地质系。

（36）邱德同，生于1937年，南京大学教授。1965年毕业于北京地质学院。

（37）富士谷，生于1938年，南京大学教授。1961年毕业于南京大学地质系。

（38）张景荣，生于1938年，南京大学教授。1963年毕业于南京大学地质系。

（39）张承华，生于1939年，中盐淮安盐化集团有限公司高级工程师。1964年毕业于南京大学地质系，1964～1980年在南京大学任教。

（40）孙明志，生于1939年，南京大学教授。1962年毕业于南京大学地质系。

（41）柳志青，生于1939年，浙江大学教授。1963年毕业于南京大学地质系。

（42）叶俊，生于1939年，南京大学教授，三江学院副校长、党委副书记、纪委书记。1963年毕业于南京大学地质系，同年成为徐克勤的研究生。曾在甘肃省地质矿产局工作。

（43）徐晓蜀，生于1939年，徐克勤先生的长女，上海胶片厂高级工程师。1963年毕业于南京大学化学系。曾在化工部第一胶片厂工作。

（44）丁悌平，生于1941年，中国地质科学院研究员。1963年毕业于中南矿冶学院。

（45）嵇全生，生于1943年，江西省冶金工业厅高级工程师。1968年毕业于南京大学地质系。

（46）顾连兴，生于1944年，南京大学教授。1967年毕业于北京大学地质系。1978年、1982年成为徐克勤的硕士、博士研究生。曾在江苏省有色地质勘查局工作。

（47）严仁德，生于1944年，江西钨业集团公司高级工程师。1967年毕业于南京大学地质系。

（48）孙淦，生于1945年，上海海文集团培训中心副校长。1967年毕业于南京大学地质系。

（49）徐晓山，生于1946年，徐克勤的次子，南京大学教师。1970年毕业于南京大学地质系，曾在玉门油田、江苏省地质矿产局等单位工作。

（50）杨树锋，生于1947年，浙江大学教授，中国科学院院士。1975年毕业于南京大学地质系。1978年、1982年就读南京大学硕士、博士研究生。

（51）方长泉，生于1949年，南京大学教授。1977年毕业于南京大学地质系。

（52）徐兆文，生于1950年，南京大学教授。1978年毕业于南京大学地质系。

（53）任震鹏，生于1951年，南京大学教师。1978年毕业于南京大学地质系。

（54）徐士进，生于1952年，南京大学教授。1978年毕业于南京大学地质系，1980年、1984年成为徐克勤的硕士、博士研究生。

（55）陈骏，生于1954年，南京大学教授、校长，中国科学院院士。1979年毕业于南京大学地质系，1983年成为徐克勤的博士研究生。

（56）毛景文，生于1956年，中国地质科学院研究员。1979年毕业于河北地质学院。

（57）尹琳，生于1957年，南京大学教授。1982毕业于南京大学地质系，1982年、1985年成为徐克勤的硕士、博士研究生。

（58）程海，生于1959年，美国明尼苏达大学教授，西安交通大学教授。1982毕业于南京大学地质系，1985年成为徐克勤的博士研究生。

（59）胡文瑄，生于1959年，南京大学教授。1982年毕业于山东矿业学院，同年考入武汉地质学院北京研究生部（现中国地质大学），1988获博士学位后，进入南京大学博士后流动站成为徐克勤指导的博士后研究人员。

（60）韦星林，生于1960年，江西省核工业地质局总工程师。曾任江西有色地质勘查局副局长兼总工程师。1982年毕业于昆明工学院地质系。

（61）周怀阳，生于1961年，同济大学教授。1982毕业于南京大学地质系，1982年、1985年成为徐克勤的硕士、博士研究生。曾在国家海洋局第二海洋研究所、中国科学院广州地球化学研究所工作。

（62）陆建军，生于1962年，南京大学教授。1983年毕业于南京大学地质系，1983年、1986年成为徐克勤的硕士、博士研究生。

（63）孙晓明，生于1963年，中山大学教授。1983年毕业于南京大学地质系，1986年成为徐克勤的博士研究生。

（64）黄标，生于1963年，中国科学院南京土壤研究所研究员。1983年毕业于南京大学地质系，1988年成为徐克勤的博士研究生。

（65）倪培，生于1963年，南京大学教授。1984年毕业于南京大学地质系，1987年成为徐克勤的博士研究生。

（66）凌洪飞，生于1963年，南京大学教授。1984年毕业于南京大学地质系。

参考文献

[1] 侯德封 .1936. 近三年之中国矿产概况及其在世界上之地位 . 地质论评，1（2）：157-173.

[2] 高平 .1936. 中国东南部中生代末期花岗岩之分布与地质构造之关系 . 地质论评，1（4）：407-416.

[3] 张兆瑾 .1937. 中国钨矿之成因及分类 . 地质论评，2（5）：461-470.

[4] 黄汲清 , 徐克勤 .1937. 江西萍乡煤田之中生代造山运动 . 中国地质学会会志 (第 16 卷丁文江纪念册)，177-193.

[5] 胡伯素 .1938. 中国钨矿分类之我见 . 地质论评，3（1）：33-40.

[6] 金耀华 , 杨博泉 .1943. 云南文山玉树乡母鸡冲间地质矿产 . 地质论评，8（1-6）：17-40.

[7] 金耀华 , 杨博泉 .1943. 云南文山老君山白钨矿床之成因及其意义（节要）. 地质论评，8（1-6）：170-171.

[8] 黄汲清 .1945. 中国主要地质构造单元（第三版）. 北京：地质出版社 .

[9] 严坤元 . 江西花岗岩之时代问题 . 地质论评，11（1-2）：85-94.

[10] 黄懿 , 朱福湘 . 1948. 紫外光灯检视赣南矿物之初步成果（节要）. 地质论评，13（1-2）：136-139.

[11] 黎盛斯 .1949. 湘西白钨矿之发现 . 地质论评，14（1-3）：71-72.

[12] 南岭区域地质测量普查大队 .1959. 南岭侵入岩（初步综合研究报告）. 北京：地质出版社，23-25.

[13] 张景荣 .1983. 华南花岗岩研究的重大成果是如何取得的 . 高教战线，1: 32-34.

[14] 华仁民 .1990. 矿床学家、地质教育学家徐克勤 // 黄汲清 , 何绍勋 . 中国现代地质学家传 (第一卷). 长沙：湖南科学技术出版社，342-353.

[15] 龚放 , 冒荣 .1996. 南京大学 . 长沙：湖南教育出版社 .

[16]《中国矿床发现史》编委会 .1996. 中国矿床发现史（江西卷）. 北京：地质出版社 .

[17]《江西省地质矿产志》编纂委员会 .1998. 江西省地质矿产志 . 北京：方志出版社 .

[18]《中国矿床发现史》编委会 .2001. 中国矿床发现史（综合卷）. 北京：地质出版社 .

[19] 童杭寿 .2002. 良师徐克勤院士 // 高澎 . 永恒的魅力——校友回忆文集 . 南京：南京大学出版社，152-156.

[20] 涂光炽 .2003. 缅怀徐克勤先生——我终生敬佩和尊重的学长 . 高校地质学报 , 9（4）：499.

[21] 王德滋 .2003. 华南花岗岩研究的开拓者——纪念徐克勤院士逝世一周年 . 高校地质学报 , 9（4）：500-501.

[22] 华仁民 .2003. 徐克勤先生在矿床学领域的杰出贡献——纪念敬爱的导师徐先生逝世一周年 . 高校地质学报，9（4）：502-504.

[23] 孙明志 , 徐士进 .2003. 回忆与思考——纪念徐克勤老师逝世一周年 . 高校地质学报，9（4）：505-509.

[24] 黄汲清 .2004. 我的回忆——黄汲清回忆录摘编 . 北京：地质出版社 .

[25] 张本仁 .2007. 终生铭记恩师徐克勤院士的教诲 //《徐克勤文集》编辑委员会 . 徐克勤文集 . 北京：科学出版社，11-14.

[26] 卢华复 .2007. 忆徐克勤先生二三事 //《徐克勤文集》编辑委员会 . 徐克勤文集 . 北京：科学出版社，15-16.

[27] 俞受鋆 , 王鹤年 .2007. 跟随徐克勤导师的第一次野外地质考察 //《徐克勤文集》编辑委员会 . 徐克勤文集 . 北京：科学出版社，17-18.

[28] 宋广波 .2008. 丁文江年谱 . 哈尔滨：黑龙江教育出版社 .

[29] 南京大学地球科学与工程学院 .2008. 饮水思源——名师传略 .

[30] 翟裕生 , 王建平 , 彭润民 , 等 . 2009. 叠加成矿系统和多成因矿床研究 . 地学前缘，16（6）：282-290.

[31] 王德滋 .2011. 南京大学地球科学与工程学院简史 . 南京：南京大学出版社 .

[32] 王德滋 .2012. 往事杂忆——王德滋自述 . 南京：南京大学出版社 .

[33] 孙鸿烈 .2013.20 世纪中国知名科学家学术成就概览（地学卷）. 北京：科学出版社 .

后　记

为徐克勤先生写传记是我在二十几年前就有的想法，而且在退休后越来越成为我一个迫切的心愿。这不仅由于徐克勤是我的老师，更因为徐克勤是一位值得树碑立传的伟大科学家。

1990年，由黄汲清、何绍勋主编的《中国现代地质学家传》第一卷出版，其中的“徐克勤”这一篇是我所写。这是我第一次正式撰写介绍徐克勤先生的文章。虽然受篇幅所限，只能将徐克勤先生的生平和学术成就写得非常概略，但是在撰写的过程中，我第一次对徐克勤先生有了一个比较全面的了解，也第一次萌生了以后为徐克勤先生写传记的想法。

在后来的二十多年中，又有许多类似的介绍科学家、地质学家的图书出版，其中关于徐克勤的那一篇都由我来承担。正因为有了这一次次的撰写，我有理由不断地向徐克勤先生本人了解他一生中经历的各种事情，尽量弄清它的原委、过程、结果以及他自己的感受，有时候，我还请徐克勤先生自己写成文字给我。

2002年12月，徐先生离开了我们。2007年徐先生百年诞辰之际，南京大学地球科学系举行了隆重的纪念活动，包括举办国际学术会议和出版《徐克勤文集》，以及由我们这些徐克勤先生的弟子发起，为敬爱的老师雕塑了铜像。

光阴荏苒，岁月易逝。再过几年，那些第一次跨进朱共山楼的地球科学与工程学院一年级新生们，可能有许多人不知道门厅中央的徐克勤铜像是什么人了。

因此，正如王德滋先生在为本书写的序言中指出的：“将徐克勤先生的生平、研究成果、贡献以及学术思想完整地表述出来，是我们南京大学地质人责无旁贷的一件事。而且，随着时间的流逝，了解和熟悉徐克勤先生的人会越来越少。因此，这又是一件刻不容缓的事情。”

2014年春节后，在一次有十几位徐克勤弟子参加的聚会上，大家达成了共识，由我来撰写徐先生的传记；而且，当时就商定，这本传记要在2017年3月徐先生110年诞辰之前问世，作为纪念活动的内容之一。在场的陈骏校长和王汝成院长都表态全力支持。

承担《徐克勤传》的写作任务，既是我自告奋勇，也被认为是众望所归。虽然我一直觉得胸有成竹，但是真正开始动笔，却感到这不是一件那么容易的事情。徐克勤先生已经仙逝，不会再给我提供任何材料，而那些与他共事的同仁，也大多已经离世。虽然我以前写过不少介绍徐克勤先生的文字，但是那些都只是“简介”而已，只有几千字或者万把字，与一本“传记”的内容和篇幅相比，相差太远了。到哪里去找那么多的素材？我不禁有些担忧和惶恐，甚至颇有些“受命以来，夙夜忧叹”的感觉了。

没有退路，我唯有下定决心，奋勇向前。幸亏时间还算充裕，徐克勤先生的学生们也大多健在。采访尽可能多的人，记录与徐克勤先生相关的各种“口述历史”，是我收集材料的最重要途径。因此，当这本书最终得以交付出版的时候，我心中最想表达的是感谢那些曾经给我鼓励和帮助的前辈和同仁，感谢本书的所有采访对象能接受我的采访，他们中有一半左右已经是所谓的“八零后”，更有几位已是九十多岁高龄了。

因为是传记，故所写之事，必须真实可靠。这也是本书坚持的原则。有些被采访者告诉我一些他“听说”的故事，尽管比较有趣，但因为无法核实，所以仍弃之不用。对于有些事件，不同的叙述者有不同的版本，我尽力多方求证，取其中之较可靠者。但尽管如此，恐本书中仍有细节之处存在谬误。尤其需要说明的是，尽管我已经采访了六十多位与徐克勤先生有过接触的前辈、同事和学生，但是必定仍有一些比较了解徐克勤先生的人士尚未采访到，而这也可能会给本书留下些许不尽如人意之处。

不过，相信本书基本上能够比较完整地反映徐克勤先生作为一位优秀地质学家的真实人生，这也是此刻最能使我感到宽慰的。

最后，我特别要感谢王德滋和孙枢两位先生。从我一开始着手构思《徐克勤传》，王先生就鼎力支持，热情鼓励，还给予了许多具体的帮助；而孙先生不仅对我写《徐克勤传》表示赞许，而且亲自为本书联系安排了出版事宜。

华仁民

2016年9月28日